新能源汽车技术解析

第 2 版

崔胜民　编著

化学工业出版社
·北京·

内 容 简 介

本书全面、系统地解析了新能源汽车技术，介绍了纯电动汽车、增程式电动汽车、混合动力电动汽车、燃料电池电动汽车的类型、组成、原理及特点等内容，重点讲解了电动汽车的动力电池及其管理系统、驱动电机及其控制器、整车控制器、充电技术、传动系统参数匹配、制动能量回收、能量管理控制、仿真分析等关键技术，对每一类新能源汽车都给出了实例介绍。

本书层次分明，内容新颖，条理清晰，使用了大量的图片以及具体的实例，通俗易懂，实用性强。

本书可供新能源汽车行业的工程技术人员及相关专业的本科生、研究生参考，还可供新能源汽车爱好者阅读。

图书在版编目（CIP）数据

新能源汽车技术解析/崔胜民编著．—2版．—北京：化学工业出版社，2021.1（2023.8重印）
ISBN 978-7-122-38035-7

Ⅰ.①新⋯ Ⅱ.①崔⋯ Ⅲ.①新能源-汽车-研究 Ⅳ.①U469.7

中国版本图书馆 CIP 数据核字（2020）第 243944 号

责任编辑：陈景薇　　　　　　　　　　　装帧设计：王晓宇
责任校对：赵懿桐

出版发行：化学工业出版社（北京市东城区青年湖南街 13 号　邮政编码 100011）
印　　装：北京天宇星印刷厂
710mm×1000mm　1/16　印张 21¾　字数 417 千字　2023 年 8 月北京第 2 版第 3 次印刷

购书咨询：010-64518888　　　　　　　售后服务：010-64518899
网　　址：http://www.cip.com.cn

凡购买本书，如有缺损质量问题，本社销售中心负责调换。

定　　价：79.00 元　　　　　　　　　　　　　　　版权所有　违者必究

第2版前言

　　石油短缺、环境污染、气候变暖是全球汽车产业面对的共同挑战，发展新能源汽车已成为趋势，新能源汽车必将成为21世纪汽车工业发展的热点。《中国制造2025》明确提出纯电动和插电式混合动力汽车、燃料电池电动汽车是国内未来重点发展的方向，并分别提出了2025年的发展目标；继续支持电动汽车、燃料电池电动汽车发展，提升动力电池、驱动电机等核心技术的工程化和产业化能力，形成从关键零部件到整车的完整工业体系和创新体系，推动新能源汽车同国际先进水平接轨。

　　本书围绕纯电动汽车、增程式电动汽车、混合动力电动汽车和燃料电池电动汽车，全面、系统地解析了新能源汽车技术。全书共分四篇：第一篇介绍了电动汽车的组成与原理、电驱动系统、驱动系统布置形式、技术条件和特点、动力电池及其管理系统、高压系统与低压系统、各种充电技术、驱动电机及其控制器、驱动电机系统接口、整车控制器功能与设计、制动能量回收控制策略和仿真、传动系统参数匹配与性能仿真、动力性和经济性分析等；第二篇介绍了增程式电动汽车的组成与原理、控制策略设计与仿真等；第三篇介绍了混合动力电动汽车的组成与原理、动力耦合类型、传动系统参数匹配、能量管理策略等；第四篇介绍了燃料电池电动汽车的组成与原理、燃料电池发电系统、各种燃料电池、车载储氢技术、传动系统参数匹配、能量控制策略等。

　　第2版相对于第1版，更新并增加了一些新的内容，比如第一篇纯电动汽车部分，增加了电动汽车的电驱动系统、电动汽车高压系统与低压系统、纯电动汽车传动系统参数匹配与性能仿真实例；第三篇混合动力电动汽车部分，增加了混合动力电动汽车的构型和传动系统参数匹配仿真实例；第四篇燃料电池电动汽车部分，增加了燃料电池电动汽车传动系统参数匹配仿真实例。

　　本书在编写过程中，引用了相关参考文献中的部分内容，特向其作者表示深切的谢意。

　　由于笔者学识有限，书中不足之处在所难免，恳盼读者给予指正。

编著者

目录

第一篇 纯电动汽车

第一章 概述
第一节 纯电动汽车组成与原理 ……………………………………… 2
第二节 电动汽车的电驱动系统 ……………………………………… 4
第三节 纯电动汽车驱动系统布置形式 …………………………… 12
第四节 纯电动汽车技术条件 ……………………………………… 24
第五节 纯电动汽车特点 …………………………………………… 26

第二章 纯电动汽车电源系统
第一节 动力电池主要性能指标 …………………………………… 27
第二节 动力电池主要类型 ………………………………………… 31
第三节 动力蓄电池循环寿命测试 ………………………………… 50
第四节 电池管理系统 ……………………………………………… 54
第五节 电动汽车高压系统与低压系统 …………………………… 65
第六节 电动汽车充电技术 ………………………………………… 73

第三章 纯电动汽车驱动电机系统
第一节 电机主要性能指标 ………………………………………… 101
第二节 直流电机 …………………………………………………… 102
第三节 无刷直流电机 ……………………………………………… 106
第四节 异步电机 …………………………………………………… 110
第五节 永磁同步电机 ……………………………………………… 114
第六节 开关磁阻电机 ……………………………………………… 120
第七节 轮毂电机 …………………………………………………… 123
第八节 电机控制器 ………………………………………………… 126
第九节 驱动电机系统接口 ………………………………………… 130
第十节 驱动电机系统发展规划 …………………………………… 132

第四章 纯电动汽车整车控制器
第一节 整车控制器组成与原理 …………………………………… 134
第二节 整车控制器基本功能 ……………………………………… 136

第三节　整车控制器设计要求 ………………………………………… 138

第五章　纯电动汽车制动能量回收系统

第一节　制动能量回收系统组成与原理 ………………………………… 140
第二节　制动能量回收控制策略 ………………………………………… 142
第三节　制动能量回收系统仿真 ………………………………………… 145

第六章　纯电动汽车传动系统参数匹配与性能仿真

第一节　驱动电机参数匹配 ……………………………………………… 149
第二节　传动系统的传动比匹配 ………………………………………… 152
第三节　动力电池参数匹配 ……………………………………………… 153
第四节　传动系统参数匹配与性能仿真实例 …………………………… 156

第七章　纯电动汽车动力性和经济性

第一节　纯电动汽车动力性 ……………………………………………… 165
第二节　纯电动汽车经济性 ……………………………………………… 173

第八章　纯电动汽车实例

第二篇　增程式电动汽车

第九章　概述

第一节　增程式电动汽车组成与原理 …………………………………… 192
第二节　增程式电动汽车特点 …………………………………………… 198

第十章　增程式电动汽车控制策略

第一节　增程式电动汽车控制策略类型 ………………………………… 200
第二节　增程式电动汽车控制策略设计 ………………………………… 202
第三节　增程式电动汽车动力系统建模与仿真 ………………………… 206

第十一章　增程式电动汽车实例

第三篇 混合动力电动汽车

第十二章 概述

第一节 混合动力电动汽车分类 …… 220
第二节 混合动力电动汽车构型 …… 225
第三节 混合动力电动汽车组成与原理 …… 229
第四节 混合动力电动汽车动力耦合类型 …… 243
第五节 混合动力电动汽车特点 …… 248

第十三章 混合动力电动汽车传动系统参数匹配

第一节 发动机和驱动电机参数匹配 …… 251
第二节 机械变速结构传动比匹配 …… 253
第三节 蓄电池参数匹配 …… 254
第四节 传动系统参数匹配仿真实例 …… 255

第十四章 混合动力电动汽车的能量管理

第一节 混合动力电动汽车的能量管理策略 …… 267
第二节 混合动力电动汽车的模糊逻辑能量管理策略 …… 269

第十五章 混合动力电动汽车实例

第四篇 燃料电池电动汽车

第十六章 概述

第一节 燃料电池电动汽车类型 …… 284
第二节 燃料电池电动汽车组成与原理 …… 289

第三节　燃料电池电动汽车特点 …………………………… 296

第十七章　燃料电池

第一节　燃料电池性能指标 ………………………………… 298
第二节　燃料电池发电系统 ………………………………… 299
第三节　燃料电池主要类型 ………………………………… 301
第四节　车载储氢技术 ……………………………………… 315

第十八章　燃料电池电动汽车传动系统参数匹配

第一节　驱动电机参数匹配 ………………………………… 321
第二节　燃料电池参数匹配 ………………………………… 323
第三节　辅助动力源参数匹配 ……………………………… 324
第四节　传动系统传动比匹配 ……………………………… 325
第五节　传动系统参数匹配仿真实例 ……………………… 326

第十九章　燃料电池电动汽车能量控制策略

第一节　On/Off 控制策略 …………………………………… 333
第二节　功率跟随控制策略 ………………………………… 334
第三节　瞬时优化最佳能耗控制策略 ……………………… 336

第二十章　燃料电池电动汽车实例

参考文献

第一篇
纯电动汽车

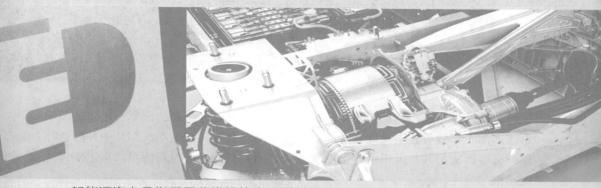

　　新能源汽车是指采用非常规的车用燃料作为动力来源（或使用常规的车用燃料、采用新型车载动力装置），综合车辆的动力控制和驱动方面的先进技术，形成技术原理先进，具有新技术、新结构的汽车。

　　非常规的车用燃料指除汽油、柴油、天然气、液化石油气、乙醇汽油、甲醇等之外的燃料。因此，人们熟知的天然气汽车、液化石油气汽车、甲醇汽车等，都不属于新能源汽车，而属于节能汽车。

　　新能源汽车主要包括纯电动汽车、混合动力电动汽车和燃料电池电动汽车，其中混合动力电动汽车又分为插电式混合动力电动汽车和非插电式混合动力电动汽车。我国把非插电式混合动力电动汽车划分到节能汽车系列中。

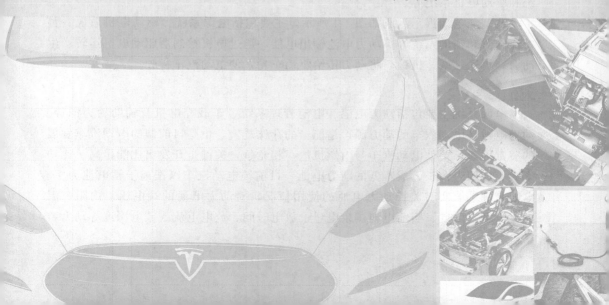

第一章 概　述

纯电动汽车是指驱动能量完全由电能提供、由电机驱动的汽车。电机的驱动电能来源于车载可充电储能系统或其他能量储存装置。纯电动汽车是一种绿色环保的交通运输工具，采用可再生电能替代燃油。目前，国内新能源汽车主要以纯电动汽车为主。

第一节　纯电动汽车组成与原理

内燃机汽车主要由发动机、底盘、车身和电气设备4大部分组成，发动机把燃料燃烧产生的热能变成机械能，再通过底盘上的传动机构，将动力传给驱动车轮，使汽车行驶。纯电动汽车与内燃机汽车相比，取消了发动机，底盘上的传动机构发生了改变，根据驱动方式不同，有些部件已被简化或省去；增加了电源系统和驱动电机系统等。

典型纯电动汽车组成如图1-1所示，主要包括电源系统、驱动电机系统、整车控制器和辅助系统等。动力电池输出电能，通过电机控制器驱动电机运转产生动力，再通过减速机构，将动力传给驱动车轮，使电动汽车行驶。

1. 电源系统

电源系统主要包括动力电池、电池管理系统、车载充电机及辅助动力源等。动力电池是电动汽车的动力源，是能量的存储装置，也是目前制约电动汽车发展的关键因素，要使电动汽车与内燃机汽车相竞争，关键是开发出比能量高、比功率大、使用寿命长、成本低的动力电池。目前纯电动汽车以锂离子蓄电池为主。电池管理系统实时监控动力电池的使用情况，对动力电池的端电压、内阻、温度、电解液浓度、当前电池剩余电量、放电时间、放电电流或放电深度等动力蓄

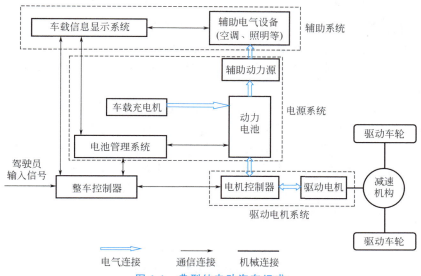

图 1-1 典型纯电动汽车组成

电池状态参数进行检测,并按动力电池对环境温度的要求进行调温控制,通过限流控制避免动力蓄电池过充电、过放电,对有关参数进行显示和报警,其信号流向辅助系统的车载信息显示系统,以便驾驶员随时掌握并配合其操作,按需要及时对动力电池充电并进行维护保养。车载充电机是把电网供电制式转换为对动力电池充电要求的制式,即把交流电转换为相应电压的直流电,并按要求控制其充电电流。辅助动力源一般为 12V 或 24V 的直流低压电源,它主要给动力转向、制动力调节控制、照明、空调、电动窗门等各种辅助用电装置提供所需的能源。

2. 驱动电机系统

驱动电机系统主要包括电机控制器和驱动电机。电机控制器是按整车控制器的指令、驱动电机的转速和电流反馈信号等,对驱动电机的转速、转矩和旋转方向进行控制。电机在纯电动汽车中被要求承担着电动和发电的双重功能,即在正常行驶时发挥其主要的电动功能,将电能转化为机械旋转能;而在减速和下坡滑行时又被要求进行发电,承担发电机功能,将车轮的惯性动能转换为电能。

3. 整车控制器

整车控制器根据驾驶员输入的加速踏板和制动踏板的信号,向电机控制器发出相应的控制指令,对电机进行启动、加速、减速、制动控制。在纯电动汽车减速和下坡滑行时,整车控制器配合电源系统的电池管理系统进行发电回馈,使动力蓄电池反向充电。整车控制器还对动力蓄电池充放电过程进行控制。对于与汽车行驶状况有关的速度、功率、电压、电流及有关故障诊断等信息还需传输到车载信息显示系统进行相应的数字或模拟显示。

4. 辅助系统

辅助系统包括车载信息显示系统、动力转向系统、导航系统、空调、照明及除霜装置、刮水器和收音机等,借助这些辅助设备来提高汽车的操纵性和乘员的舒适性。

未来电动汽车的车载信息显示系统将全面超越传统汽车仪表的现有功能,系统主要功能包括全图形化数字仪表、GPS导航、车载多媒体影音娱乐、整车状态显示、远程故障诊断、无线通信、网络办公、信息处理、智能交通辅助驾驶等。未来的车载信息显示系统是人、车、环境的充分交互,集电子、通信、网络、嵌入式等技术为一体的高端车载综合信息显示平台。

如图1-2所示为某纯电动汽车的结构。

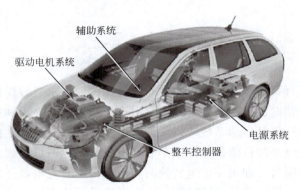

图1-2 某纯电动汽车的结构

第二节 电动汽车的电驱动系统

一、电驱动系统的定义

图1-3 电驱动系统

电驱动系统主要由电机、电机控制器和机械传动装置组成,它的结构形式直接影响电动汽车驱动系统的布置形式,如图1-3所示。

随着电动汽车技术的不断发展,电驱动系统集成化已经成为必然趋势。通过集成化,车企一方面可以简化主机厂的装配,提高产品合格率;另一方面可以大规模缩减供应商数量，还可以达到轻量化、节约成本等目的。

三合一电驱动系统是指将电机、电控和减速器集成为一体，目前已成为电动汽车电驱动系统的主流。

二、博世（BOSCH）的电驱动系统

德国博世公司的电驱动系统的产品系列按照设计可实现输出功率从50kW到300kW、转矩从1000N·m到6000N·m不同的变形产品，用以覆盖纯电动汽车和混合动力电动汽车对电驱动系统的不同需求；可以安装在小型乘用车、越野车甚至轻型商用车上。

图1-4所示为博世的三合一电驱动系统，它由永磁同步电机、电机控制器和二级减速器集成在一起。其输出功率为150kW，输出转矩为3800N·m，质量为90kg；功率密度为1.67kW/kg，可用于总质量7.5t以内的车型。

图1-4　博世的三合一电驱动系统

三合一电驱动系统将原来独立的电机、电机控制器和减速器集成到一个外壳当中，使得整个电驱动系统成本更低、体积更小、效率更高。生产成本降低的同时，其体积降低超过20%。

博世的三合一电驱动系统可安装于纯电动汽车、混合动力电动汽车，包括前轮驱动或后轮驱动，包括轿车、SUV，甚至是轻型商用车上。

博世的电驱动系统具有以下特点。

① 高度集成化。博世充分利用其完整的产品线，进行高度整合后将电机、电机控制器和减速器合三为一，体积上的大幅减少更能支持新能源车型紧凑的动力布局。

② 简化冷却管路和功率驱动线缆。高度集成的另一个好处就是电机和控制器的冷却管路整合而简化了管线布置。模块内部集成大功率交流驱动母线进一步降低了线缆成本。

③ 平台化设计灵活，适配不同车型。它可以适用于多种类型的车辆，可以安装在纯电动汽车和混合动力电动汽车的前后车轴上。

三、吉凯恩（GKN）的电驱动系统

英国的吉凯恩公司将电机、电机控制器和减速器置于同一个封装空间，如图1-5所示。

图1-5 吉凯恩的三合一电驱动系统

吉凯恩的三合一电驱动系统采用轻量化设计，传动部件实现了12.5的传动比，该设计可适应更高的电机转速。该系统可提供高达2000N·m的转矩和70kW的功率，足以使车辆在纯电动模式下达到125km/h的最高速度。此外，在全轮驱动模式下，纯电动模式比传统机械系统的提速能力强很多。整套装置的重量只有20.2kg，且体积较小，长、宽、高分别为457mm、229mm、259mm，便于在有限空间内安装。

该装置采用了机电驱动离合器，在不需要纯电动或混合动力驱动时，可以通过一个集成的切断装置将电机从传动系统中断开。还对齿轮和轴承布置进行了优化，实现更高的效率、更好的NVH性能和耐久性。

吉凯恩的同轴电驱动系统Co-axial eAxle如图1-6所示，单挡，两级减速，减速比为10。

吉凯恩电驱动系统可安装于纯电动汽车和混合动力电动汽车上。

图1-7所示是吉凯恩的双速三合一电驱动系统，两挡，两级减速，电机功率为120kW，最大输出转矩为3500N·m，每个后轮转矩可达2000N·m。

图1-6 吉凯恩的同轴电驱动系统

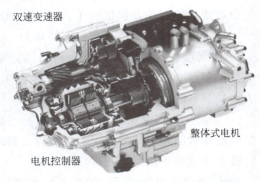

图1-7 吉凯恩的双速三合一电驱动系统

四、采埃孚（ZF）的电驱动系统

德国 ZF 公司研发的适用于小型和中型轿车的电驱动系统，如图 1-8 所示。其驱动单元安装于车桥中部，最大输出功率为 120kW，能保证在低速情况下就能输出高转矩值。

图 1-8 ZF 的轿车电驱动系统

ZF 研发的适用于客车和卡车的中央电驱动系统，如图 1-9 所示。它可以快速对传统客车和卡车实现电动化，取消传统发动机和变速器，在原变速器位置放置该电驱动系统，而传动轴和后桥以及整个后悬挂系统都保持不变。

ZF 另一款三合一电驱动系统如图 1-10 所示，它把电机、电机控制器及减速器集成为一体，适合于前驱或后驱。

图 1-9 ZF 的中央电驱动系统

图 1-10 ZF 三合一电驱动系统

ZF 的轮边双电机驱动桥 AVE130 如图 1-11 所示，两个驱动电机布置在车桥两侧，通过侧减速器和轮边减速器实现减速增扭驱动车轮。轮边双电机驱动系统便于实现电子差速与转矩协调控制，可回收制动能量，具有能量利用率高的独特优势。AVE130 轮边电驱动桥和传统的低地板门式车桥安装空间要求相同，客车制造商无需额外开发针对电动化的设计平台，因此大大降低了成本。另一方面，AVE130 兼容蓄电池、超级电容、燃料电池或架空接触网等几乎所有传统能源方案。

图 1-11　ZF 的 AVE130 轮边双电机驱动桥

另外，ZF 还有多种形式的轮边电驱动桥。带有中央减速的轮边电驱动桥 AV130 如图 1-12 所示，主减速器偏置的轮边电驱动桥如图 1-13 所示。

图 1-12　带有中央减速的轮边电驱动桥 AV130

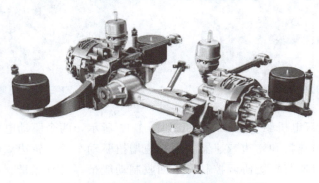

图 1-13　主减速器偏置的轮边电驱动桥

五、麦格纳（Magna）的电驱动系统

加拿大麦格纳公司的1eDT330电驱动系统如图1-14所示，主要用于纯电动汽车。其最大输出转矩为3300N·m，最大输入转矩为2×320N·m（两个电机），质量（不带油液）为150kg（包括电机），长、宽、高分别为512mm、631mm、367mm，输入轴和输出轴中心距为215mm，减速比为5.50，适用电机功率为77~150kW，适用电压为300~400V。

图1-15所示为麦格纳的高集成电驱动系统（低），主要用于纯电动汽车和混合动力电动汽车，其峰值功率为76kW，最高转速为13500r/min，最大输出转矩为1600N·m，逆变器参数分别为360V、350A。

图1-14　麦格纳的1eDT330电驱动系统　　图1-15　麦格纳的高集成电驱动系统（低）

图1-16所示为麦格纳的高集成电驱动系统（中），主要用于纯电动汽车和混合动力电动汽车，其峰值功率为140kW，最高转速为18000r/min，最大输出转矩为3800N·m，逆变器参数分别为450V、500A。

图1-17所示为麦格纳的高集成电驱动系统（高），主要用于纯电动汽车和混合动力电动汽车，其峰值功率为253kW，最高转速为16500r/min，最大输出转矩为5300N·m，逆变器参数分别为460V、960A。

图1-18所示为麦格纳的1eDT200单挡减速器，最大输出转矩为2500N·m，最大输入转矩为200N·m，质量（不带油液）为20kg，长、宽、高分别为230mm、455mm、318mm，输入轴和输出轴中心距为157.5mm，减速比为8.61或9.89（二选一），适用电机功率为15~90kW，适用电压为48~400V。

图1-19所示为麦格纳的2eDT200两挡变速器，最大输出转矩为2500N·m，最大输入转矩为200N·m，质量（不带油液）为26kg，长、宽、高分别为245mm、462mm、300mm，输入轴和输出轴中心距为188mm，减速比分别为

12.06和8.61,适用电机功率为55～90kW,适用电压为300～400V,电机换挡。

图1-16 麦格纳的高集成电驱动系统(中)

图1-17 麦格纳的高集成电驱动系统(高)

图1-18 麦格纳的1eDT200单挡减速器

图1-19 麦格纳的2eDT200两挡变速器

六、东风德纳的电驱动桥

东风德纳公司的eS4500r刚性电驱动桥如图1-20所示,最高转速为14000r/min,峰值功率为180kW,最大输出转矩为4500N·m,应用于小型纯电动载货卡车。

东风德纳eS5700r电驱动桥如图1-21所示,功率为130kW,车轮转矩为5700N·m,质量为305kg,最大承载量为6t,车轴最大承载量为3.5t,最高车速为80km/h,适合于3级卡车。

东风德纳eS9000r电驱动桥如图1-22所示,电机功率为237kW,电机转矩为300N·m,车轮转矩为5700N·m,工作电压为400～650V,车桥质量为

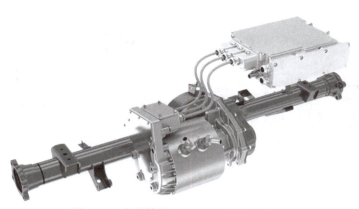

图 1-20　东风德纳 eS4500r 刚性电驱动桥

图 1-21　东风德纳 eS5700r 电驱动桥

图 1-22　东风德纳 eS9000r 电驱动桥

370kg，适合于 4～6 级卡车。

东风德纳针对 6～8t 城市物流电动卡车、8m 城市公交纯电动客车、7m 纯电动旅游客车，推出了"四合一"结构特点的纯电动驱动桥 EP-Axle8，如图 1-23 所示。该电驱动桥集成了电机、减速器、传动轴、差速器等，具有传动效率高、尺寸小等特点。其中，电机峰值功率为 150kW，峰值转矩为 635N·m，最高转速达到 8000r/min。

图 1-23　东风德纳的电驱动桥 EP-Axle8

相比普通传动系统，该电驱动系统大大减小了系统空间，更方便车辆内部结构的布局。

七、比亚迪的电驱动系统

比亚迪公司开发的三合一电驱动系统，几乎满足了全部轿车对动力性和加速性的需求，见表 1-1。

表 1-1　比亚迪开发的三合一电驱动系统

项目	40kW 平台	70kW 平台	120kW 平台	180kW 平台
驱动系统				
适用车重/t	<1.1	1.2～1.6	1.7～2.2	2.3～2.7
最高转速/(r/min)	14000	14000	14000	14000
峰值转矩/(N·m)	120	180	280	330
峰值功率/kW	42	70	120	180
总成质量/kg	53	63	80	92

第三节　纯电动汽车驱动系统布置形式

纯电动汽车驱动系统布置形式是指驱动轮数量、位置以及驱动电机系统布置的形式。驱动系统是电动汽车的核心部分，其性能决定着电动汽车行驶性能的好坏。电动汽车的驱动系统布置取决于电机驱动方式，可以有多种类型。电动汽车的驱动方式主要有后轮驱动、前轮驱动和四轮驱动。

一、后轮驱动方式

后轮驱动方式是传统的布置方式，适合中高级电动轿车和各种类型电动客货车，有利于车轴负荷分配均匀，汽车操纵稳定性、行驶平顺性较好。

后轮驱动形式主要有传统后驱动布置形式、电机-驱动桥组合后驱动布置形式、单电机整体后驱动布置形式、双电机整体后驱动布置形式、轮边电机后驱动布置形式、轮毂电机后驱动布置形式等，其中以单电机整体后驱动布置形式和双电机整体后驱动布置形式为主。

1. 传统后驱动布置形式

传统后驱动布置形式如图 1-24 所示，它与传统内燃机汽车后轮驱动系统的布置方式基本一致，将发动机换成电机，去掉变速器和离合器，让电机和传动轴直接相连，后驱动桥不变，一般用于改造型电动汽车。图 1-25 所示为传统后驱动布置的实车。

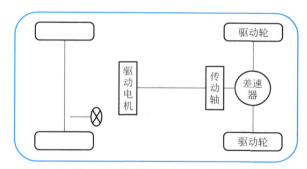

图 1-24　传统后驱动的布置形式

图 1-25　传统后驱动布置的实车

2. 电机-驱动桥组合后驱动布置形式

电机-驱动桥组合后驱动布置形式如图1-26所示。它取消了离合器、变速器和传动轴，但具有减速差速机构，把驱动电机、固定速比的减速器和差速器集成为一个整体，通过2个半轴来驱动车轮。此种布置形式的整个传动长度比较短，传动装置体积小，占用空间小，容易布置，可以进一步降低整车的重量；但对电机的要求较高，不仅要求电机具有较高的启动转矩，而且要求具有较大的后备功率，以保证电动汽车的启动、爬坡、加速超车等动力性。一般低速电动汽车采用这种布置形式。

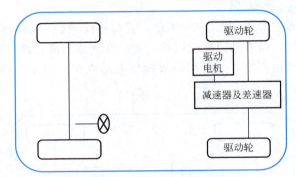

图1-26 电机-驱动桥组合后驱动布置形式

电机-驱动桥组合后驱动布置形式采用的驱动桥与内燃机汽车驱动桥不同，需要电动汽车专用后驱动桥，如图1-27所示。

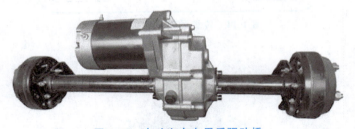

图1-27 电动汽车专用后驱动桥

3. 单电机整体后驱动布置形式

单电机整体后驱动的布置形式如图1-28所示，它取消了机械式差速器，采用一个电机，通过固定的减速器，驱动两个车轮。

图1-29所示为比亚迪唐EV600后置后驱电动汽车，后驱动系统由一台永磁同步电机和一个单速减速器组成，峰值功率为180kW，峰值转矩为330N·m。

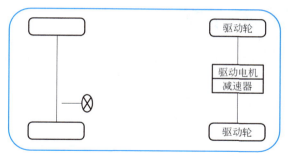

图 1-28　单电机整体后驱动的布置形式

图 1-29　比亚迪唐 EV600 后置后驱电动汽车底盘平视图

图 1-30 所示为特斯拉 Model S 后置后驱电动汽车。它属于单电机整体后驱动布置形式，电机在后，后轮驱动。

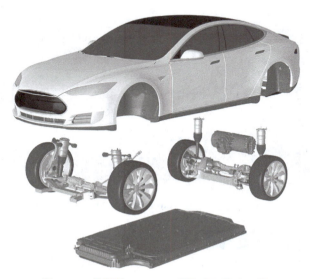

图 1-30　特斯拉 Model S 后置后驱电动汽车

4. 双电机整体后驱动布置形式

双电机驱动系统取消了机械式差速器，两个电机通过固定速比减速分别驱动两个车轮；每个电机的转速可以独立地调节控制，便于实现电子差速，不必选用机械差速器。电子差速器的优点是体积小，质量轻，在汽车转弯时可以实现精确的电子控制，提高电动汽车的性能。双电机整体后驱动的布置形式如图 1-31 所示。

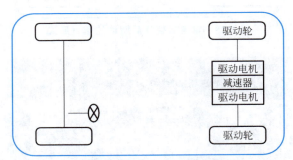

图 1-31　双电机整体后驱动的布置形式

上汽荣威 Marvel X 纯电动汽车采用了双电机后驱动系统，如图 1-32 所示。双电机由两个永磁同步电机并联组成，最大输出功率分别为 85kW 和 52kW，最大输出转矩分别为 255N·m 和 155N·m，总功率为 137kW，峰值转矩为 410N·m；两个电机之间通过电控耦合器实现连接。

图 1-32　上汽荣威 Marvel X 双电机后驱动系统

5. 轮边电机后驱动布置形式

轮边电机后驱动布置形式如图 1-33 所示，轮边电机与减速器集成后融入驱动桥上，采用刚性连接，减少高压电器数量和动力传输线路长度；优化后的驱动系统可降低车身高度、提高承载量、提升有效空间。

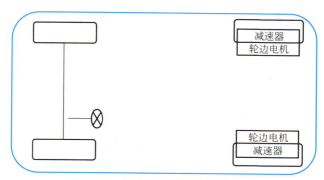

图 1-33 轮边电机后驱动布置形式

轮边电机后驱动布置形式可用于电动客车。如图 1-34 所示为某电动客车采用的轮边电机后驱动桥实物。

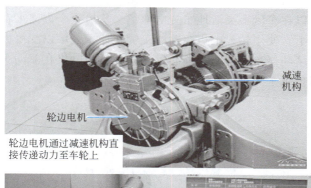

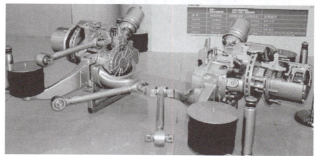

图 1-34 某电动客车采用的轮边电机后驱动桥实物

6. 轮毂电机后驱动布置形式

轮毂电机后驱动布置形式如图 1-35 所示,轮毂电机直接安装在车轮上,此时,轮毂是电机的转子,羊角轴承座是定子。

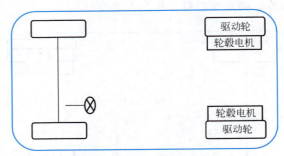

图 1-35　轮毂电机后驱动布置形式

如图 1-36 所示为轮毂电机后驱动的纯电动汽车，它大大减少了零部件数量和动力系统的体积，让车辆的动力系统变得更加简单，大大提高了车内空间的实用性和利用率。每个车轮独立的轮毂电机相比一般电动汽车，也省掉了传动半轴和差速器等装置，同样节省了大量空间且传动效率更高。将动力蓄电池放置在传统的发动机舱中，而将辅助蓄电池、电机控制器、充电机等布置在车尾附近，根据实际需要，可以在车辆上灵活地布置电池组。从另一个方面来看，在满足目前空间需求的前提下，使用轮毂电机驱动的车辆在体积上可以变得更加小巧，这将改善城市中的拥堵和停车等问题。同时，独立的轮毂电机在驱动车辆方面灵活性更高，能够实现传统车辆难以实现的功能或驾驶特性。

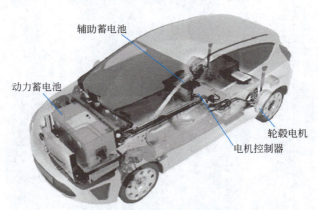

图 1-36　轮毂电机后驱动的纯电动汽车

轮边电机和轮毂电机在原理上可以实现任何一种驱动形式。

二、前轮驱动方式

前轮驱动纯电动汽车结构紧凑，有利于其他总成的安排，在转向和加速时行驶稳定性较好；前轮驱动兼转向，结构复杂，上坡时前轮附着力减小，易打滑。

前轮驱动方式适合于中级及中级以下的电动轿车。

前轮驱动方式主要有电机-驱动桥组合前驱动布置形式、单电机整体前驱动布置形式、双电机整体前驱动布置形式、轮边电机前驱动布置形式、轮毂电机前驱动布置形式等，其中以单电机整体前驱动布置形式为主。

1. 电机-驱动桥组合前驱动布置形式

电机-驱动桥组合前驱动布置形式如图 1-37 所示。

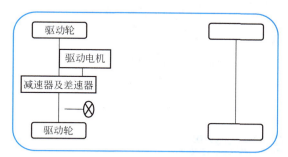

图 1-37 电机-驱动桥组合前驱动布置形式

电机-驱动桥组合前驱动布置形式需要电动汽车专用前驱动转向桥，如图 1-38 所示。

图 1-38 电动汽车专用前驱动转向桥

2. 单电机整体前驱动布置形式

单电机整体前驱动布置形式如图 1-39 所示，是目前国内电动轿车主流布置形式。

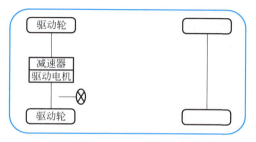

图 1-39 单电机整体前驱动布置形式

图 1-40 所示为长城欧拉 iQ 前驱电动汽车，电驱动系统由一台永磁同步电机和一个单速变速箱组成，电机的峰值功率为 120kW，峰值转矩为 280N·m。

图 1-40　长城欧拉 iQ 前驱电动汽车

3. 双电机整体前驱动布置形式

双电机整体前驱动布置形式如图 1-41 所示。

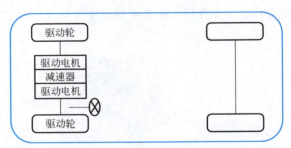

图 1-41　双电机整体前驱动布置形式

4. 轮边电机前驱动布置形式

轮边电机前驱动布置形式如图 1-42 所示。

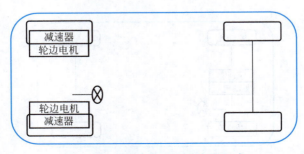

图 1-42　轮边电机前驱动布置形式

5. 轮毂电机前驱动布置形式

轮毂电机前驱动布置形式如图 1-43 所示。

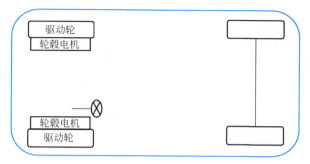

图 1-43　轮毂电机前驱动布置形式

三、四轮驱动方式

四轮驱动适合要求动力性强的电动轿车或城市 SUV，与四轮驱动内燃机汽车相比，四轮驱动纯电动汽车能够取消部分传动零件，提高空间的利用率和动力的传递效率。

四轮驱动形式主要有前后单电机驱动布置形式、前后双电机驱动布置形式、前后轮边电机驱动布置形式和前后轮毂电机驱动布置形式等。

1. 前后单电机驱动布置形式

前后单电机驱动布置形式如图 1-44 所示。

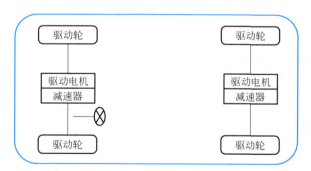

图 1-44　前后单电机驱动布置形式

图 1-45 所示为路虎捷豹 I-PACE 前后单电机驱动系统，电机为永磁同步电机，最大输出功率为 147kW，最大输出转矩为 348N·m。

图1-45　路虎捷豹I-PACE前后单电机驱动系统

2. 前后双电机驱动布置形式

前后双电机驱动布置形式如图1-46所示。

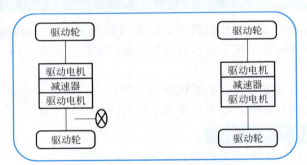

图1-46　前后双电机驱动布置形式

特斯拉双电机四轮驱动如图1-47所示。

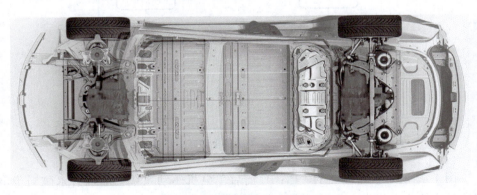

图1-47　特斯拉双电机四轮驱动

3. 前后轮边电机驱动布置形式

前后轮边电机驱动布置形式如图 1-48 所示。轮边电机通过减速器与驱动轮相连。

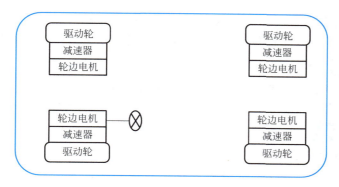

图 1-48 前后轮边电机驱动布置形式

4. 前后轮毂电机驱动布置形式

前后轮毂电机驱动布置形式如图 1-49 所示。轮毂电机直接与驱动轮相连。

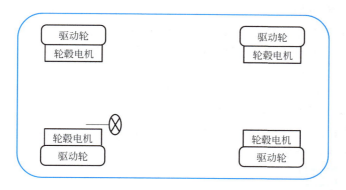

图 1-49 前后轮毂电机驱动布置形式

电机四轮驱动可以极大地节省空间，并且每个车轮都是一个独立的动力单元，因此能够实现对每一个车轮进行精准的转矩分配，反应更快、更直接，效率更高，这是目前传统四轮驱动汽车无法做到的。轮边电机和轮毂电机驱动布置形式是纯电动汽车驱动系统布置形式的发展趋势。

随着电机技术和变速技术的发展，会有更多种驱动系统布置形式出现。电动汽车驱动系统布置的原则是简单、节省空间、效率高。

第四节　纯电动汽车技术条件

纯电动汽车主要以纯电动乘用车为主，GB/T 28382—2012《纯电动乘用车　技术条件》规定了座位数在5座及以下的纯电动乘用车的技术条件。

1. 重量分配

车辆的电机及动力蓄电池系统应合理布置，重量分布均衡；车辆的动力蓄电池（包含电池箱及箱内部件）总重量与整车整备重量的比值，不宜大于30%。

2. 行李舱容积

车辆应具有适宜的行李舱容积，对于4座及5座车辆，按GB/T 19514—2004《乘用车　行李舱　标准容积的测量方法》测量，行李舱容积不宜小于$0.3m^3$。

3. 安全要求

车辆的特殊安全、制动性能、乘员保护等应符合以下要求。

① GB/T 18384.1—2015《电动汽车　安全要求　第1部分：车载可充电储能系统（REESS）》、GB/T 18384.2—2015《电动汽车　安全要求　第2部分：操作安全和故障防护》、GB/T 18384.3—2015《电动汽车　安全要求　第3部分：人员触电防护》对纯电动汽车特殊安全的规定。

② GB 21670—2008《乘用车制动系统技术要求及试验方法》对制动性能的规定。

③ GB 11551—2014《汽车正面碰撞的乘员保护》和GB 20071—2006《汽车侧面碰撞的乘员保护》对乘员保护的规定。

④ 车辆在设计时应考虑车辆启动、速度低于20km/h时，能够给车外人员发出适当的提示性声响。

4. 动力性能要求

车辆的动力性能应满足以下要求。

（1）30min最高车速　30min最高车速是指电动汽车能够持续行驶30min以上的最高平均车速。按照GB/T 18385—2005《电动汽车　动力性能　试验方法》规定的试验方法测量30min最高车速，其值应不低于80km/h。

（2）加速性能　按照GB/T 18385—2005规定的试验方法测量车辆0～50km/h和50～80km/h的加速性能，其加速时间应分别不超过10s和15s。

（3）爬坡性能　按照GB/T 18385—2005规定的试验方法测量车辆爬坡速度和最大爬坡度，车辆通过4%坡度的爬坡速度不低于60km/h；车辆通过12%坡度的爬坡速度不低于 30km/h；车辆最大爬坡度不低于 20%。

5. 低温启动性能要求

车辆在 −20℃±2℃ 的试验环境温度下，浸车 8h 后，应能正常启动、行驶。

6. 续驶里程

按照 GB/T 18386—2017《电动汽车 能量消耗率和续驶里程 试验方法》工况法测量续驶里程，其值应大于 80km。

7. 操纵稳定性

按照 QC/T 480—1999《汽车操纵稳定性指标限值与评价方法》进行操纵稳定性试验，其指标应满足 QC/T 480 的要求。

8. 可靠性要求

车辆的可靠性应满足以下要求。

（1）里程分配 可靠性行驶的总里程为 15000km，其中强化坏路 2000km，平坦公路 6000km，高速公路 2000km，工况行驶 5000km（工况行驶按照 GB/T 19750 中的要求进行）；可靠性行驶试验前的动力性能试验里程以及各试验间的行驶里程等可计入可靠性试验里程。

（2）故障 整个可靠性试验过程中，整车控制器及总线系统、动力蓄电池及管理系统、电机及电机控制器、车载充电机等系统和设备不应出现危及人身安全、引起主要总成报废、对周围环境造成严重危害的故障（致命故障）；也不应出现影响行车安全、引起主要零部件和总成严重损坏或用易损备件和随车工具不能在短时间内排除的故障（严重故障）。

（3）车辆维护 车辆的正常维护和充电应按照车辆制造厂的规定；整个行驶试验期间，不应更换动力系统的关键部件，如电机及其控制器、动力蓄电池及管理系统、车载充电机等。

（4）性能复试 可靠性试验结束后，进行 30min 最高车速、续驶里程复试。其 30min 最高车速复测值应不低于初始所测值的 80%，且应不低于 70km/h；工况法续驶里程复试值应不低于初始所测值的 80%，且应不低于 70km。

9. 车辆上安装的动力蓄电池的要求

车辆上安装的动力蓄电池应满足以下要求。

（1）一般要求 动力蓄电池根据其类型，应符合 QC/T 742—2006《电动汽车用铅酸蓄电池》、QC/T 743—2006《电动汽车用锂离子蓄电池》或 QC/T 744—2006《电动汽车用金属氢化物镍蓄电池》的要求。

（2）低温容量 在环境温度为 −20℃ 时，动力蓄电池模块容量与常温下的容量比应不小于 70%；动力蓄电池根据其类型，试验方法参照 QC/T 742、QC/T

743 或 QC/T 744 中相应的条款。

第五节　纯电动汽车特点

纯电动汽车与内燃机汽车相比，具有以下优点。

(1) 零排放　纯电动汽车使用电能，在行驶中无废气排出，不污染环境。

(2) 能源效率高　电动汽车的能源效率已超过汽油机汽车，特别是在城市中运行，汽车走走停停，行驶速度不高，电动汽车更加适宜。电动汽车停止时不消耗电量，在制动过程中，电机可自动转化为发电机，实现制动减速时能量的再利用。

(3) 结构简单　因使用单一的电能源，省去了发动机、变速器、油箱、冷却和排气系统等，所以结构较简单。

(4) 噪声低　电动汽车无内燃机产生的噪声，电机噪声也较内燃机小。

(5) 节约能源　电动汽车的应用可有效地减少对石油资源的依赖。向蓄电池充电的电力可以由煤炭、天然气、水力、核能、太阳能、风力、潮汐等能源转化。除此之外，如果夜间向蓄电池充电，还可以避开用电高峰，有利于电网均衡负荷，减少费用。

纯电动汽车与内燃机汽车相比，具有以下缺点。

(1) 续驶里程较短　目前电动汽车尚不如内燃机汽车技术完善，尤其是动力蓄电池的寿命短，使用成本高，储能量小，一次充电后续驶里程较短。

(2) 成本高　目前，纯电动汽车主要采用锂离子蓄电池，成本较高。

(3) 安全性　锂离子蓄电池的安全性有待进一步提高。

(4) 配套不完善　电动汽车的使用还远不如内燃机汽车使用方便，还要加大配套基础设施的建设。

随着电动汽车技术的突破，特别是动力蓄电池容量和循环寿命的提高，以及价格的降低，电动汽车的推广使用一定会得到大的发展。

第二章 纯电动汽车电源系统

纯电动汽车电源系统主要由动力电池、电池管理系统、车载充电机、辅助电源等组成，其功用是向用电装置提供电能、监测动力电池使用情况以及控制充电设备向蓄电池充电。

第一节 动力电池主要性能指标

电动汽车上的动力电池主要是化学电池，即利用化学反应发电的电池，可以分为原电池、蓄电池和燃料电池；物理电池一般作为辅助电源使用，如超级电容器。

动力电池是电动汽车的储能装置，要评定动力电池的实际效应，主要是看其性能指标。动力电池性能指标主要有电压、容量、内阻、能量、功率、输出效率、自放电率、使用寿命等，根据动力电池种类不同，其性能指标也有差异。

1. 电压

电池电压主要有端电压、标称（额定）电压、开路电压、工作电压、充电终止电压和放电终止电压等。

（1）端电压　电池的端电压是指电池正极与负极之间的电位差。

（2）标称电压　标称电压也称额定电压，是指电池在标准规定条件下工作时应达到的电压。标称电压由极板材料的电极电位和内部电解液的浓度决定。铅酸蓄电池的标称电压是2V，金属氢化物镍蓄电池的标称电压为1.2V，磷酸铁锂电池的标称电压为3.2V，锰酸锂离子电池的标称电压为3.7V。

（3）开路电压　电池在开路条件下的端电压称为开路电压，即电池在没有负载情况下的端电压。

(4) 工作电压　工作电压也称负载电压，是指电池接通负载后处于放电状态下的端电压。在电池放电初始的工作电压称为初始电压。

(5) 充电终止电压　蓄电池充足电时，极板上的活性物质已达到饱和状态，再继续充电，电池的电压也不会上升，此时的电压称为充电终止电压。铅酸蓄电池的充电终止电压为2.7～2.8V，金属氢化物镍蓄电池的充电终止电压为1.5V，锂离子蓄电池的充电终止电压为4.25V。

(6) 放电终止电压　放电终止电压是指电池在一定标准所规定的放电条件下放电时，电池的电压将逐渐降低，当电池再不宜继续放电时，电池的最低工作电压称为放电终止电压。如果电压低于放电终止电压后电池继续放电，电池两端电压会迅速下降，形成深度放电。这样，极板上形成的生成物在正常充电时就不易再恢复，从而影响电池的寿命。放电终止电压和放电率有关，放电电流直接影响放电终止电压。在规定的放电终止电压下，放电电流越大，电池的容量越小。金属氢化物镍蓄电池的放电终止电压为1V，锂离子蓄电池的放电终止电压为3.0V。

2. 容量

容量是指完全充电的蓄电池在规定条件下所释放的总的电量，单位为A·h或kA·h，它等于放电电流与放电时间的乘积。单元电池内活性物质的数量决定单元电池含有的电荷量，而活性物质的含量则由电池使用的材料和体积决定，通常电池体积越大，容量越高。电池的容量可以分为额定容量、n小时率容量、理论容量、实际容量、荷电状态等。

(1) 额定容量　额定容量是指在室温下完全充电的蓄电池以I_1（A）电流放电，达到终止电压时所放出的容量。

(2) n小时率容量　n小时率容量是指完全充电的蓄电池以n小时率放电电流放电，达到规定终止电压时所释放的电量。

(3) 理论容量　理论容量是把活性物质的质量按法拉第定律计算而得到的最高理论值。为了比较不同系列的电池，常用比容量的概念，即单位体积或单位质量的电池所能给出的理论电量，单位为A·h/L或A·h/kg。

(4) 实际容量　实际容量也称可用容量，是指蓄电池在一定条件下所能输出的电量，它等于放电电流与放电时间的乘积，其值小于理论容量。实际容量反映了蓄电池实际存储电量的大小，蓄电池容量越大，电动汽车的续驶里程就越远。在使用过程中，电池的实际容量会逐步衰减。国家标准规定新出厂的电池实际容量大于额定容量值为合格电池。

(5) 荷电状态　荷电状态（State Of Charge，SOC）是指蓄电池在一定放电倍率下，剩余电量与相同条件下额定容量的比值，反映蓄电池容量变化的特性。SOC=1即表示蓄电池为充满状态。随着蓄电池的放电，蓄电池的电荷逐渐减少，此时蓄电池的充电状态可以用 SOC 值的百分数的相对量来表示电池中电荷的变化状态。一般蓄电池放电高效率区为 50%～80% SOC。对蓄电池 SOC 值的估算已成为电池管理的重要环节。

3. 内阻

电池的内阻是指电流流过电池内部时所受到的阻力，一般是蓄电池中电解质、正负极群、隔板等电阻的总和。电池内阻越大，电池自身消耗掉的能量越多，电池的使用效率越低。内阻很大的电池在充电时发热很严重，使电池的温度急剧上升，对电池和充电机的影响都很大。随着电池使用次数的增多，由于电解液的消耗及电池内部化学物质活性的降低，蓄电池的内阻会有不同程度的升高。电池内阻通过专用仪器测量得到。

绝缘电阻是电池端子与电池箱或车体之间的电阻。

4. 能量

电池的能量是指在一定放电制度下，电池所能输出的电能，单位为 W·h 或 kW·h。它影响电动汽车的续驶里程。电池的能量分为总能量、理论能量、实际能量、比能量、能量密度、充电能量、放电能量等。

(1) 总能量　总能量是指蓄电池在其寿命周期内电能输出的总和。

(2) 理论能量　理论能量是电池的理论容量与额定电压的乘积，指一定标准所规定的放电条件下，电池所输出的能量。

(3) 实际能量　实际能量是电池实际容量与平均工作电压的乘积，表示在一定条件下电池所能输出的能量。

(4) 比能量　比能量也称质量比能量，是指电池单位质量所能输出的电能，单位为 W·h/kg。常用比能量来比较不同的电池系统。

比能量有理论比能量和实际比能量之分。理论比能量是指 1kg 电池反应物质完全放电时理论上所能输出的能量；实际比能量是指 1kg 电池反应物质所能输出的实际能量。由于各种因素的影响，电池的实际比能量远小于理论比能量。

电池的比能量是综合性指标，它反映了电池的质量水平。电池的比能量影响电动汽车的整车质量和续驶里程，是评价电动汽车的动力电池是否满足预定的续驶里程的重要指标。

(5) 能量密度　能量密度也称体积比能量，是指电池单位体积所能输出的电能，单位为 W·h/L。

(6) 充电能量　充电能量是指通过充电机输入蓄电池的电能。

(7) 放电能量　放电能量是指蓄电池放电时输出的电能。

5. 功率

电池的功率是指电池在一定的放电制度下，单位时间内所输出能量的大小，单位为 W 或 kW。电池的功率决定了电动汽车的加速性能和爬坡能力。

（1）比功率　单位质量电池所能输出的功率称为比功率，也称质量比功率，单位为 W/kg 或 kW/kg。

（2）功率密度　从蓄电池的单位质量或单位体积所获取的输出功率称为功率密度，单位为 W/kg 或 W/L。从蓄电池的单位质量所获取的输出功率称为质量功率密度；从蓄电池的单位体积电池所获取的输出功率称为体积功率密度。

6. 输出效率

动力电池作为能量存储器，充电时把电能转化为化学能储存起来，放电时把电能释放出来。在这个可逆的电化学转换过程中，有一定的能量损耗。通常用电池的容量效率和能量效率来表示。

（1）容量效率　容量效率是指电池放电时输出的容量与充电时输入的容量之比，即

$$\eta_c = \frac{C_o}{C_i} \times 100\% \tag{2-1}$$

式中，η_c 为电池的容量效率；C_o 为电池放电时输出的容量，$A \cdot h$；C_i 为电池充电时输入的容量，$A \cdot h$。

影响电池容量效率的主要因素是副反应。当电池充电时，有一部分电量消耗在水的分解上。此外，自放电以及电极活性物质的脱落、结块、孔率收缩等也降低容量输出。

（2）能量效率　能量效率也称电能效率，是指电池放电时输出的能量与充电时输入的能量之比，即

$$\eta_E = \frac{E_o}{E_i} \times 100\% \tag{2-2}$$

式中，η_E 为电池的能量效率；E_o 为电池放电时输出的能量，$W \cdot h$；E_i 为电池充电时输入的能量，$W \cdot h$。

影响能量效率的原因是电池存在内阻，它使电池充电电压增加，放电电压下降。内阻的能量损耗以电池发热的形式损耗掉。

7. 自放电率

自放电率是指电池在存放期间容量的下降率，即电池无负荷时自身放电使容量损失的速度，它表示蓄电池搁置后容量变化的特性。自放电率用单位时间容量降低的百分数表示，其表达式为

$$\eta_{\Delta c} = \frac{C_a - C_b}{C_a T_t} \times 100\% \tag{2-3}$$

式中，$\eta_{\Delta c}$ 为电池自放电率；C_a 为电池存储前的容量，$A \cdot h$；C_b 为电池存

储后的容量，A·h；T_t 为电池存储的时间，常以天、月为单位。

8. 放电倍率

电池放电电流的大小常用"放电倍率"表示，即电池的放电倍率用放电时间表示或者说以一定的放电电流放完额定容量所需的小时数来表示，由此可见，放电时间越短，即放电倍率越高，则放电电流越大。

放电倍率等于放电电流与额定容量之比。根据放电倍率的大小，可分为低倍率（＜0.5C）、中倍率（0.5～3.5C）、高倍率（3.5～7.0C）、超高倍率（＞7.0C）。

例如，某电池的额定容量为20A·h，若用4A电流放电，则放完20A·h的额定容量需用5h，也就是说以5倍率放电，用符号C/5或0.2C表示，为低倍率。

9. 使用寿命

使用寿命是指电池在规定条件下的有效寿命期限。电池发生内部短路或损坏而不能使用，以及容量达不到规范要求时电池使用失效，这时电池的使用寿命终止。

电池的使用寿命包括使用期限和使用周期。使用期限是指电池可供使用的时间，包括电池的存放时间。使用周期是指电池可供重复使用的次数，也称循环寿命。

除此之外，成本也是一个重要的指标。目前，电动汽车发展的瓶颈之一就是电池价格高。

第二节　动力电池主要类型

电动汽车用动力电池主要有铅酸蓄电池、金属氢化物镍蓄电池、锂离子蓄电池、新体系电池、超级电容器等。

一、铅酸蓄电池

铅酸蓄电池是指正极活性物质使用二氧化铅，负极活性物质使用海绵状铅，并以硫酸溶液为电解液的蓄电池。铅酸蓄电池主要用在低速电动汽车上。

1. 铅酸蓄电池的分类

铅酸蓄电池分为免维护铅酸蓄电池和阀控密封式铅酸蓄电池。

（1）免维护铅酸蓄电池　免维护铅酸蓄电池由于自身结构上的优势，电解液的消耗量非常小，在使用寿命内基本不需要补充蒸馏水。它具有耐振、耐高温、体积小、自放电小的特点。使用寿命一般为普通铅酸蓄电池的2倍。市场上的免维护铅酸蓄电池也有两种：第一种在购买时一次性加电解液以后使用中不需要添加补充液；另一种是电池本身出厂时就已经加好电解液并封死，用户根本就不能加补充液。

（2）阀控密封式铅酸蓄电池　阀控密封式铅酸蓄电池在使用期间不用加酸加水维护，电池为密封结构，不会漏酸，也不会排酸雾，电池盖子上设有溢气阀（也叫安全阀），其作用是当电池内部气体量超过一定值，即当电池内部气压升高到一定值时，溢气阀自动打开，排出气体，然后自动关闭，防止空气进入电池内部。

阀控密封式铅酸蓄电池分为玻璃纤维（AGM）和胶体（GEL）电池两种。AGM电池采用吸附式玻璃纤维棉作隔膜，电解液吸附在极板和隔膜中，电池内无流动的电解液，电池可以立放工作，也可以卧放工作；GEL电池以二氧化硅（SiO_2）作凝固剂，电解液吸附在极板和胶体内，一般立放工作。无特殊说明，皆指AGM电池。

电动汽车使用的动力电池一般是阀控密封式铅酸蓄电池。

2. 铅酸蓄电池的结构

铅酸蓄电池的基本结构如图2-1所示。它由正负极板、隔板、电解液、溢气阀、外壳等部分组成。极板是铅酸蓄电池的核心部件，正极板上的活性物质是二氧化铅，负极板上的活性物质为海绵状纯铅；隔板是隔离正、负极板，防止短路，作为电解液的载体，能够吸收大量的电解液，起到促进离子良好扩散的作用；电解液由蒸馏水和纯硫酸按一定比例配制而成，主要作用是参与电化学反应，是铅酸蓄电池的活性物质之一；溢气阀位于蓄电池顶部，起到安全、密封、防爆等作用。

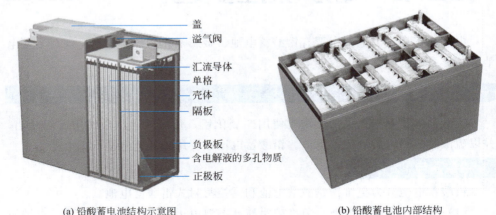

(a) 铅酸蓄电池结构示意图　　　　(b) 铅酸蓄电池内部结构

图2-1　铅酸蓄电池的基本结构

3. 铅酸蓄电池的工作原理

使用铅酸蓄电池时，把化学能转换为电能的过程叫放电。在使用后，借助于直流电在电池内进行化学反应，把电能转变为化学能而储蓄起来，这种蓄电过程叫作充电。铅酸蓄电池是酸性蓄电池，其化学反应式为

$$PbO + H_2SO_4 \longrightarrow PbSO_4 + H_2O$$

充电时，把铅板分别和直流电源的正、负极相连，进行充电电解，阴极的还原反应为

$$PbSO_4 + 2e \longrightarrow Pb + SO_4^{2-}$$

阳极的氧化反应为

$$PbSO_4 + 2H_2O \longrightarrow PbO_2 + 4H^+ + SO_4^{2-} + 2e$$

充电时的总反应为

$$2PbSO_4 + 2H_2O \longrightarrow Pb + PbO_2 + 2H_2SO_4$$

随着电流的通过，$PbSO_4$ 在阴极上变成蓬松的金属铅，在阳极上变成黑褐色的二氧化铅，溶液中有 H_2SO_4 生成，如图 2-2 所示。

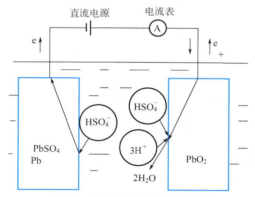

图 2-2　铅酸蓄电池放电示意图

放电时蓄电池阴极的氧化反应为

$$Pb \longrightarrow Pb^{2+} + 2e$$

由于硫酸的存在，Pb^{2+} 立即生成难溶解的 $PbSO_4$。

阳极的还原反应为

$$PbO_2 + 4H^+ + 2e \longrightarrow Pb^{2+} + 2H_2O$$

同样，由于硫酸的存在，Pb^{2+} 也立即生成 $PbSO_4$。

放电时总的反应为

$$Pb + PbO_2 + 2H_2SO_4 \longrightarrow 2PbSO_4 + 2H_2O$$

蓄电池充电的时候，随着电池端电压的升高，水开始被电解，当单体电池电

压达到约 2.39V 时，水的电解不可忽视。水电解时阳极和阴极的化学反应式分别为

$$H_2O \longrightarrow \frac{1}{2}O_2 + 2H^+ + 2e$$

$$2H^+ + 2e \longrightarrow H_2$$

阳极给出电子，阴极得到电子，从而形成了回路电流。端电压越高，电解水也越激烈，此时充入的大部分电荷参加水电解，形成的活性物质很少。

4. 对铅酸蓄电池的要求

电动汽车对铅酸蓄电池有以下要求。

（1）外观　用目测法检测蓄电池外观时，外壳不得有变形及裂纹，表面干燥、无酸液，且标志清晰、正确。

（2）极性　用电压表检查蓄电池极性时，电池极性应与标志的极性符号一致。

（3）外形尺寸及质量　蓄电池外形尺寸、质量应符合相关标准。

（4）端子　端子的位置以及端子的外观、结构等具体要求由用户与厂家协商决定。

（5）3h 率额定容量　蓄电池按规定试验时，第一次容量应不低于额定值的 90%；蓄电池应在第 10 次容量试验或之前达到额定值，且最终放电容量不应高于企业提供额定值的 110%。

（6）大电流放电　完全充电的蓄电池在温度为 20℃±5℃ 的环境中静止 5h，然后以 $3I_3$（A）的电流恒电流放电到单体蓄电池电压为 1.5V 终止，放电时间应不少于 40min；完全充电的蓄电池在温度为 20℃±5℃ 的环境中静止 5h，然后以 $9I_3$（A）的电流恒电流放电 3min，单体蓄电池电压应不低于 1.4V。

（7）快速充电能力　蓄电池按规定方法放电时，充电容量应不小于额定值的 70%。

（8）-20℃低温放电　完全充电的蓄电池在温度为 -20℃±2℃ 环境中搁置 20h，并在该环境中以 $6I_3$（A）的电流连续放电至单体蓄电池电压为 1.4V，放电时间应不少于 5min；完全充电的蓄电池在温度为 -20℃±2℃ 环境中搁置 20h，并在该环境中以 I_3（A）的电流连续放电至单体蓄电池电压为 1.4V，容量应不低于额定值的 55%。

（9）安全性　蓄电池按规定方法完全充电后，以 $0.7I_3$（A）的电流连续充电 5h，然后目视检查蓄电池外观，外壳不得出现漏液、破裂等异常现象。

（10）密封反应效率　对于阀控密封式铅酸蓄电池，按规定方法试验时，其密封反应效率应不低于 90%。

（11）水损耗　对于免维护铅酸蓄电池，按规定方法试验时，按额定容量计

算,其水损耗应不大于 3g/(A·h)。

(12) 荷电保持能力　蓄电池按规定方法试验时,其常温容量应不低于储存前容量的 85%;高温容量应不低于储存前容量的 70%。

(13) 循环耐久能力　蓄电池按规定方法试验时,当蓄电池容量降至额定值的 80% 时,循环次数应不少于 400 次。

(14) 耐振动性能　蓄电池按规定方法进行试验,试验期间,蓄电池放电电压应无异常;试验后,检查蓄电池应无机械损伤,无电解液渗漏。

具体试验方法参照 QC/T 742—2006《电动汽车用铅酸蓄电池》。

二、金属氢化物镍蓄电池

金属氢化物镍蓄电池也称镍氢蓄电池,是指正极使用镍氧化物、负极使用可吸收释放氢的储氢合金、以氢氧化钾为电解质的蓄电池。金属氢化物镍蓄电池在混合动力电动汽车上应用较多。

电动汽车用金属氢化物镍蓄电池可分为方形和圆柱形两种。

1. 金属氢化物镍蓄电池的结构

圆柱形金属氢化物镍蓄电池结构如图 2-3 所示,主要由正极、负极、分离层、外壳、电解液等组成。金属氢化物镍蓄电池正极是活性物质氢氧化镍,负极是储氢合金,分离层是隔膜纸,用氢氧化钾作为电解质,在正、负极之间有分离层,共同组成金属氢化物镍单体电池。在金属铂的催化作用下,完成充电和放电的可逆反应。在圆柱形电池中,正、负极用隔膜纸分开卷绕在一起,然后密封在金属外壳中。在方形电池中,正负极由隔膜纸分开后叠成层状密封在外壳中。

电动汽车用金属氢化物镍蓄电池的基本单元是单体电池,按使用要求组合成不同电压和不同电荷量的金属氢化物镍蓄电池总成,如图 2-4 所示。

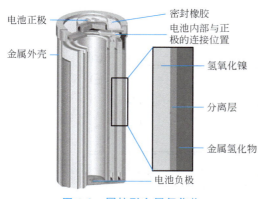

图 2-3　圆柱形金属氢化物镍蓄电池的基本结构

图 2-4　电动汽车用金属氢化物镍蓄电池总成

2. 金属氢化物镍蓄电池的工作原理

金属氢化物镍蓄电池是将物质的化学反应产生的能量直接转化成电能的一种装置。金属氢化物镍蓄电池的性能特点主要取决于本身体系的电极反应。

充电时正、负极的电化学反应为

$$Ni(OH)_2 - e + OH^- \longrightarrow NiOOH + H_2O$$

$$2MH + 2e \longrightarrow 2M^- + H_2$$

放电时正、负极的电化学反应为

$$NiOOH + H_2O + e \longrightarrow Ni(OH)_2 + OH^-$$

$$2M^- + H_2 \longrightarrow 2MH + 2e$$

3. 金属氢化物镍蓄电池的规格和外形尺寸

金属氢化物镍蓄电池结构示意图如图 2-5 所示。

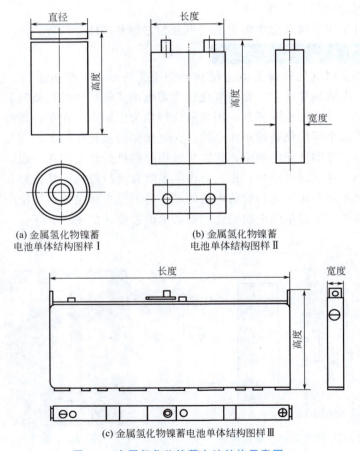

(a) 金属氢化物镍蓄电池单体结构图样Ⅰ

(b) 金属氢化物镍蓄电池单体结构图样Ⅱ

(c) 金属氢化物镍蓄电池单体结构图样Ⅲ

图 2-5　金属氢化物镍蓄电池结构示意图

金属氢化物镍蓄电池最大外形尺寸见表 2-1。

表 2-1　金属氢化物镍蓄电池最大外形尺寸

序号	标称电压 /V	额定容量 /(A·h)	最大外形尺寸/mm		
			长度(直径)	宽度	高度
1	1.2	6	33.0	—	61.5
2	1.2	6	60.0	20.5	83.5
3	1.2	40	83.0	28.5	158.5
4	1.2	60	100.5	29.0	184.0
5	7.2	6	276.0	22.0	120.0

注：1. 表中所列尺寸是优选值，不绝对限值电池容量。
　　2. 表中所列尺寸是最大值，外形尺寸小于等于 60mm 时，负公差是 0～－2mm；外形尺寸大于 60mm、小于等于 120mm 时，负公差是 0～－3mm；外形尺寸大于 120mm 时，负公差是 0～－4mm。
　　3. 表中所列高度值是包含端子或泄气阀的两个高度值中的较大者。

4. 金属氢化物镍蓄电池的要求

金属氢化物镍蓄电池的要求分为单体蓄电池的要求和蓄电池模块的要求。单体蓄电池是构成蓄电池的最小单元，一般由正极、负极及电解质等组成，其标称电压为电化学偶的标称电压；蓄电池模块是指一组相连的单体蓄电池的组合。

对金属氢化物镍单体蓄电池具有以下要求。

（1）外观　在良好的光线条件下，用目测法检查单体蓄电池的外观，外壳不得有变形及裂纹，表面平整、干燥、无碱痕、无污物，且标志清晰。

（2）极性　用电压表检查蓄电池的极性时，电池极性应与标志的极性符号一致。

（3）外形尺寸及质量　单体蓄电池的外形尺寸及质量应符合生产企业提供的技术条件。

（4）室温放电容量　单体蓄电池按规定方法进行试验时，其放电容量应不低于额定容量，并且不超过额定容量的 110%，同时所有测试对象初始容量极差不大于初始容量平均值的 5%。

对金属氢化物镍蓄电池模块具有以下要求。

（1）外观　在良好的光线条件下，用目测法检查蓄电池模块的外观，外观不得有变形及裂纹，表面平整干燥、无外伤，且排列整齐、连接可靠、标志清晰等。

（2）极性　用电压表检查蓄电池模块的极性时，蓄电池极性应与标志的极性符号一致。

（3）外形尺寸及质量　蓄电池模块的外形尺寸及质量应符合生产企业提供的技术条件。

(4) 室温放电容量 蓄电池模块按规定方法进行试验时,其放电容量应不低于额定值,并且不超过额定容量的110%,同时所有测试对象初始容量极差不大于初始容量平均值的7%。

(5) 室温倍率放电容量 按照厂家提供电池类型分别进行试验,高能量蓄电池模块按规定方法进行试验时,其放电容量应不低于初始容量的90%;高功率蓄电池模块按规定方法进行试验时,其放电容量应不低于初始容量的80%。

(6) 室温倍率充电性能 蓄电池模块按规定方法试验时,其放电容量应不低于初始容量的80%。

(7) 低温放电容量 蓄电池模块按规定方法试验时,其放电容量应不低于初始容量的80%。

(8) 高温放电容量 蓄电池模块按规定方法试验时,其放电容量应不低于初始容量的90%。

(9) 荷电保持与容量恢复能力 蓄电池模块按规定方法试验时,其室温荷电保持率应不低于初始容量的85%,高温荷电保持率应不低于初始容量的70%,容量恢复应不低于初始容量的95%。

(10) 耐振动性 蓄电池模块按规定方法进行耐振动性试验时,不允许出现放电电流锐变、电压异常、蓄电池壳变形、电解液溢出等现象,并保持连接可靠、结构完好。

(11) 储存 蓄电池模块按规定方法试验时,容量恢复应不低于初始容量的90%。

(12) 安全性 蓄电池模块按规定方法进行短路、过放电、过充电、加热、针刺、挤压等试验时,应不爆震、不起火、不漏液。

具体试验方法参照 GB/T 31486—2015《电动汽车用动力蓄电池电性能要求及试验方法》和 GB/T 31485—2015《电动汽车用动力蓄电池安全要求及试验方法》。

三、锂离子蓄电池

锂离子蓄电池是用锰酸锂、磷酸锂或钴酸锂等锂的化合物作正极,用可嵌入锂离子的碳材料作负极,使用有机电解质的蓄电池。目前纯电动汽车上应用的储能装置主要是锂离子蓄电池。

1. 锂离子蓄电池的分类

按照锂离子蓄电池的外形,可以分为方形锂离子蓄电池和圆形锂离子蓄电池,如图 2-6 所示。

按照锂离子蓄电池正极的材料不同,汽车用锂离子蓄电池主要分为锰酸锂离子蓄电池、磷酸铁锂离子蓄电池、钴酸锂离子蓄电池、镍钴锰锂离子蓄电池等。

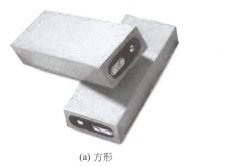

(a) 方形　　　　　　　　　(b) 圆形

图 2-6　锂离子蓄电池的实物

(1) 锰酸锂离子蓄电池　锰酸锂离子蓄电池是指正极使用锰酸锂材料的电池,其标称电压达到 3.7V,以成本低、安全性好被广泛使用。锰酸锂($LiMn_2O_4$)具有尖晶石结构,其理论容量为 148mA·h/g,实际容量为 90~120mA·h/g,工作电压范围为 3~4V。主要优点是锰资源丰富、价格便宜、安全性高、比较容易制备。缺点是理论容量不高;材料在电解质中会缓慢溶解,即与电解质的相容性不太好;在深度充放电的过程中,材料容易发生晶格畸变,造成电池容量迅速衰减,特别是在较高温度下使用时更是如此。

(2) 磷酸铁锂离子蓄电池　磷酸铁锂离子蓄电池是指用磷酸铁锂作为正极材料的锂离子蓄电池。磷酸铁锂($LiFePO_4$)具有橄榄石晶体结构,其理论容量为 170mA·h/g,在没有掺杂改性时其实际容量已高达 110mA·h/g。通过对磷酸铁锂进行表面修饰,其实际容量可高达 165mA·h/g,已经非常接近理论容量,工作电压为 3.4V 左右。磷酸铁锂具有高稳定性、更安全可靠、更环保并且价格低廉的特性。磷酸铁锂正极材料被认为是最有发展前途的动力电池正极材料。其缺点是电阻率较大,电极材料利用率低。

目前,正极材料广泛采用碳复合磷酸铁锂。碳复合磷酸铁锂正极材料按照充放电特性和使用要求分为能量型和功率型。

(3) 钴酸锂离子蓄电池　钴酸锂离子蓄电池是指用钴酸锂作为正极材料的锂离子蓄电池。钴酸锂离子蓄电池电化学性能优越,易加工,性能稳定,一致性好,比容量高,综合性能突出;但是安全性较差,而且成本高。

(4) 镍钴锰锂离子蓄电池　镍钴锰锂离子蓄电池是指用镍钴锰三元材料作为正极的锂离子蓄电池。镍钴锰锂离子蓄电池能量密度大,功率密度高,循环寿命长,易加工,且安全性较好。

几种正极材料的比较见表 2-2。

表 2-2　几种正极材料的比较

正极材料	锰酸锂	磷酸铁锂	钴酸锂	镍钴锰锂
振实密度/(g/cm³)	2.2～2.4	1.0～1.4	2.8～3.0	2.0～2.3
比表面积/(m²/g)	0.4～0.8	12～20	0.4～0.6	0.2～0.4
克容量/(mA·h/g)	100～120	110～140	135～145	140～165
标称电压/V	3.7	3.2	3.6	3.5
循环次数/次	≥500	≥2000	≥300	≥800
原料成本	低	低	很高	高
制备工艺	比较容易	较难	容易	比较容易
环保性	环保	环保	环保(含钴)	环保(含镍、钴)
安全性	良好	优秀	差	较好
高温性能	差	很好	差	较好
低温性能	较好	差	好	较好
倍率性能	较差	较差	好	好

2. 锂离子蓄电池的结构

锂离子蓄电池主要由正极、负极、隔膜板、电解液和安全阀等组成。圆形锂离子蓄电池的基本结构如图 2-7 所示。

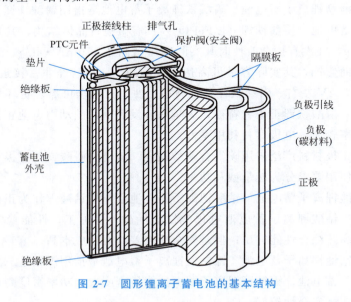

图 2-7　圆形锂离子蓄电池的基本结构

（1）正极　正极物质由含锂的过渡金属氧化物组成，在锰酸锂离子蓄电池中以锰酸锂为主要原料，在磷酸铁锂离子蓄电池中以磷酸铁锂为主要原料，在镍钴锂离子蓄电池中以镍钴锂为主要材料，在镍钴锰锂离子蓄电池中以镍钴锰锂为主要材料。在正极活性物质中再加入导电剂、树脂黏合剂，并涂覆在铝基体上，呈细薄层分布。

（2）负极　负极活性物质是由碳材料与黏合剂的混合物再加上有机溶剂调和制成糊状，并涂覆在铜基上，呈薄层状分布。

（3）隔膜板　隔膜板的功能是关闭或阻断通道，一般使用聚乙烯或聚丙烯材料的微多孔膜。所谓关闭或阻断功能是指电池出现异常温度上升时，阻塞或阻断作为离子通道的细孔，使蓄电池停止充放电反应。隔膜板可以有效防止因外部短路等引起的过大电流而使电池产生异常发热现象。这种现象即使产生一次，电池也不能正常使用。

（4）电解液　电解液是以混合溶剂为主体的有机电解液。为了使主要电解质成分的锂盐溶解，必须具有高电容率，并且具有与锂离子相容性好的溶剂，即不阻碍离子移动的低黏度的有机溶液为宜，而且在锂离子蓄电池的工作温度范围内，必须呈液体状态，凝固点低，沸点高。电解液对于活性物质具有化学稳定性，必须良好适应充放电反应过程中发生的剧烈的氧化还原反应。又由于使用单一溶剂很难满足上述严酷条件，因此电解液一般混合不同性质的几种溶剂使用。

（5）安全阀　为了保证锂离子蓄电池的使用安全性，一般对外部电路进行控制或者在蓄电池内部设有异常电流切断的安全装置。即使这样，在使用过程中也有可能出现其他原因引起蓄电池内压异常上升，这时，安全阀释放气体，以防止蓄电池破裂。安全阀实际上是一次性非修复式的破裂膜，一旦进入工作状态，便保护蓄电池使其停止工作，因此是蓄电池的最后保护手段。

3. 锂离子蓄电池的工作原理

锂离子蓄电池的正极材料必须有能够接纳锂离子的位置和扩散路径，目前应用性能较好的正极材料是具有高插入电位的层状结构的过渡金属氧化物和锂的化合物，如锂化合物 $LiCoO_2$、$LiNiO_2$ 或尖晶石结构的 $LiMn_2O_4$，这些正极材料的插锂电位都可以达到 4V 以上；负极材料一般采用锂碳层间化合物 Li_xC_6；电解液一般采用溶解有锂盐 $LiPF_6$、$LiAsF_6$ 的有机溶液。

如图 2-8 所示为锂离子蓄电池的工作原理，充电时，锂离子在正极脱嵌，通过电解质进入负极，同时由于隔膜的作用，电子只能通过外电路从正极流向负极，形成充电电流，保持正、负极电荷平衡。同理，放电时锂离子在负极脱嵌，流向正极，电子在外电路形成放电电流。

锂离子蓄电池的正、负极的电化学反应为

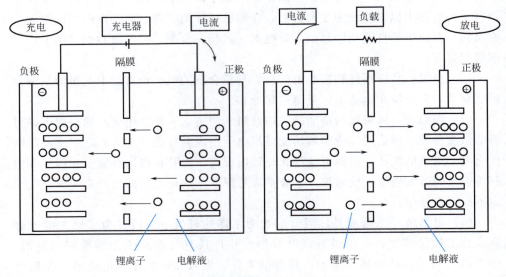

图 2-8 锂离子蓄电池的工作原理

$$LiMO_2 \rightleftharpoons Li_{1-x}MO_2 + xLi^+ + xe$$

$$nC + xLi^+ + xe \rightleftharpoons Li_xC_n$$

总反应为

$$LiMO_2 + nC \rightleftharpoons Li_{1-x}MO_2 + Li_xC_n$$

式中，M 表示 Co、Ni、Fe、W 等。

例如，以 $LiCoO_2$ 为正极材料、石墨为负极材料的锂离子蓄电池，正、负极的电化学反应为

$$LiCoO_2 \rightleftharpoons Li_{1-x}CoO_2 + xLi^+ + xe$$

$$6C + xLi^+ + xe \rightleftharpoons Li_xC_6$$

总反应为

$$LiCoO_2 + 6C \rightleftharpoons Li_{1-x}CoO_2 + Li_xC_6$$

电池反应过程中既没有消耗电解液，也不产生气体，只是锂离子在正负极间移动，所以锂离子蓄电池的结构可以做成完全封闭的。此外，正常条件下，电池充放电过程中没有其他副反应，所以锂离子蓄电池充电效率很高，甚至达到 100%。

4. 锂离子蓄电池的规格和外形尺寸

锂离子蓄电池单体结构示意图如图 2-9 所示。

锂离子蓄电池最大外形尺寸见表 2-3。

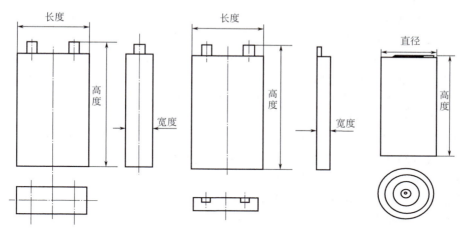

(a) 锂离子蓄电池单体结构图样Ⅰ　　(b) 锂离子蓄电池单体结构图样Ⅱ　　(c) 锂离子蓄电池单体结构图样Ⅲ

图 2-9　锂离子蓄电池单体结构示意图

表 2-3　锂离子蓄电池最大外形尺寸

序号	标称电压 /V	额定容量 /(A·h)	最大外形尺寸/mm		
			长度(直径)	宽度	高度
1	3.6	8	66.0	18.0	148.0
2	3.6	100	343.0	18.5	254.0
3	3.2	2	26.0	—	65.0
4	3.2	15	72.0	29.0	120.0
5	3.2	15	136.0	8.0	230.0
6	3.2	20	92.0	34.0	146.0
7	3.2	20	110.0	25.0	120.0
8	3.2	50	100.0	28.0	376.0

注：1. 表中所列尺寸是优选值，不绝对限值电池容量。
　　2. 表中所列尺寸是最大值，外形尺寸小于等于 60mm 时，负公差是 0～-2mm；外形尺寸大于 60mm、小于等于 120mm 时，负公差是 0～-3mm；外形尺寸大于 120mm 时，负公差是 0～-4mm。
　　3. 表中所列高度值是包含端子或泄气阀的两个高度值中的较大者。

5. 锂离子蓄电池的要求

锂离子蓄电池的要求分为单体蓄电池的要求、蓄电池模块的要求以及蓄电池总成的要求。其中对锂离子单体蓄电池的要求和对金属氢化物镍单体蓄电池的要求是一样的；对锂离子蓄电池模块的要求与对金属氢化物蓄电池模块的要求相比，只有低温放电容量、荷电保持与容量恢复能力不同，其他是一样的。

锂离子蓄电池模块低温放电容量要求是，锂离子蓄电池模块按规定方法进行试验时，其放电容量应不低于初始容量的70%；锂离子蓄电池模块荷电保持与容量恢复能力要求是，锂离子蓄电池模块按规定方法进行试验时，其室温及高温荷电保持率应不低于初始容量的85%，容量恢复应不低于初始容量的90%。

锂离子蓄电池总成是指由一个或若干个锂离子蓄电池模块、电路设备（保护电路、锂离子蓄电池管理系统、电路和通信接口）等组成的，用来为用电装置提供电能的电源系统。对锂离子蓄电池总成主要有以下技术要求。

（1）锂离子蓄电池的一致性　锂离子蓄电池的一致性是指组成锂离子蓄电池模块和总成的单体蓄电池性能的一致性特性。这些性能主要包括实际电能、阻抗、电极的电气特性、电气连接、温度特性差异、衰变速度等多种复杂因素。这些因素的差异，将直接影响运行过程中输出电参数的差异。组成锂离子蓄电池模块和总成的蓄电池的一致性特性应在规定的负荷条件和荷电状态下进行试验。锂离子蓄电池的一致性特性分为充电状态一致性特性和放电状态一致性特性。若没有具体规定，应以放电状态测试的一致性特性为锂离子蓄电池模块或总成的一致性特性。

锂离子蓄电池的一致性划分为5个等级，见表2-4。一致性指数超过5级的为不合格产品。

表 2-4　锂离子蓄电池一致性等级和规范

一致性等级	1级	2级	3级	4级	5级
一致性指数	≤5F	≤8F	≤11F	≤14F	≤18F

（2）正极和负极输出连接　组成锂离子蓄电池总成的锂离子蓄电池模块正极和负极连接可采用螺栓连接方式或可插拔连接器连接方式。正极和负极连接处应有清晰的极性标志。正极采用红色标志和红色电缆，负极采用黑色标志和黑色电缆。

（3）接口和协议　组成锂离子蓄电池总成的蓄电池管理系统的接口和协议包括电路接口和接口协议、通信接口和通信协议。其中电路接口和接口协议包括充电控制导引接口和接口协议、单体蓄电池电压监测电路接口和接口协议、充放电控制电路接口和接口协议、I/O充放电接口电路和接口协议；通信接口和通信协议包括内部通信接口和通信协议、充放电通信接口和通信协议、用户通信接口和通信协议。蓄电池总成接口和通信协议应符合JB/T 11138—2011《锂离子蓄电池总成接口和通信协议》的规定。

（4）额定电能　当采用标称电压相同的锂离子蓄电池模块组成锂离子蓄电池总成时，蓄电池总成的额定电能值等于组成动力锂电池总成中电能最小的蓄电池模块的电能与模块数量的乘积。当采用不同标称电压的蓄电池模块组成蓄电池总成时，蓄电池总成的额定电能等于由蓄电池模块的额定电能除以蓄电池模块标称电压最小值与蓄电池总成标称电压的乘积。

（5）电源功率消耗　特指组成锂离子蓄电池总成的蓄电池管理系统电路消耗的峰值功率，应符合制造厂商提供的产品技术文件的规定。

（6）标称电压　采用锂离子蓄电池模块组成的锂离子蓄电池总成的标称电压见表2-5。

表2-5　采用锂离子蓄电池模块组成的锂离子蓄电池总成的标称电压

模块数量/个	12V系列	24V系列	36V系列	48V系列	72V系列
2	24V	48V	72V	96V	144V
3	36V	72V	—	144V	216V
4	48V	96V	144V	—	288V
5	60V	120V	—	240V	360V
6	72V	144V	—	288V	432V
7	—	—	—	336V	—
8	96V	—	288V	384V	—
9	—	—	—	432V	—
10	120V	240V	—	480V	—
11	—	—	396V	—	—
12	144V	288V	—	—	—
13	—	312V	—	—	—
14	—	336V	—	—	—
15	—	—	—	—	—
16	—	384V	—	—	—

注：锰酸锂动力电池模块没有12V系列的锂离子蓄电池模块。

（7）使用寿命　锂离子蓄电池总成的使用寿命分为标准循环使用寿命和工况循环使用寿命。磷酸亚铁锂蓄电池标准循环使用寿命大于或等于1200次；锰酸锂蓄电池标准循环使用寿命应大于或等于800次。电动汽车用锂离子蓄电池总成的工况循环使用寿命可采用行驶里程数来表示。

四、新体系电池

新体系电池主要是指固态电池、锂硫电池和金属空气电池。

1. 固态电池

固态电池是一种使用固体正负极和固体电解质，不含有任何液体，所有材料都由固态材料组成的电池，如固态锂离子电池。

液态锂离子电池被人们形象地称为"摇椅式电池",摇椅两端为电池正负两极,中间为液态电解质,而锂离子就像优秀的运动员,在摇椅的两端来回奔跑,在锂离子从正极到负极再到正极的运动过程中,完成电池的充放电过程。固态锂离子电池的原理与液态锂离子电池相同,只不过其电解质为固态,电池体积大大减小,能量密度得到提高,如图2-10所示。

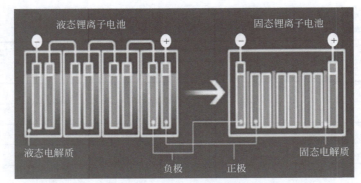

图 2-10 固态锂离子电池和液态锂离子电池的原理

液态锂离子电池具有7大缺点,如图2-11所示。

图 2-11 液态锂离子电池的缺点

固态锂离子电池与液态锂离子电池相比,其特点如图2-12所示。

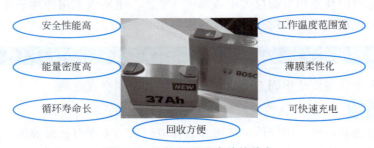

图 2-12 固态锂离子电池的特点

2. 锂硫电池

锂硫电池是锂电池的一种，尚处于试验阶段。锂硫电池是以硫作为电池正极、金属锂作为负极的一种锂电池，如图 2-13 所示。利用硫作为正极材料的锂硫电池，硫的理论比容量和电池理论比能量分别达到了 1675mA·h/g 和 2600W·h/kg，是目前锂离子电池的 3～5 倍。单质硫在地球中储量丰富，价格低廉，环境友好，是一种非常有前景的锂电池，有望被应用于动力电池、便携式电子产品等领域。

图 2-13 锂硫电池

3. 金属空气电池

金属空气电池是以电极电位较低的金属如锌、铝、镁、铁等作负极，以空气中的氧或纯氧作正极的活性物质，主要有锌空气电池、铝空气电池、镁空气电池等，如图 2-14 所示。

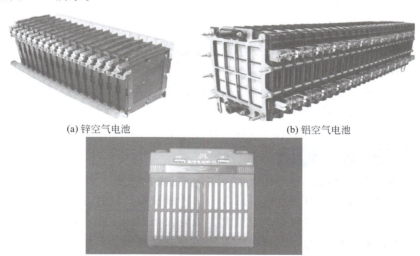

(a) 锌空气电池　　　　　　　　(b) 铝空气电池

(c) 镁空气电池

图 2-14 金属空气电池

金属空气电池具有比能量高、价格便宜、性能稳定等特点。

五、超级电容器

超级电容器是一种具有超级储电能力、可提供强大脉冲功率的物理二次电源。它是介于蓄电池和传统静电电容器之间的一种新型储能装置。超级电容器主要是利用电极/电解质界面电荷分离所形成的双电层，或借助电极表面快速的氧化还原反应所产生的法拉第准电容来实现电荷和能量的储存的。超级电容器又称双电层电容器、黄金电容器、法拉第电容器，它是一种电化学元件，在电极与电解液接触面间具有极高的比电容和非常大的接触表面积，但其储能的过程并不发生化学反应，并且这种储能过程是可逆的，因此超级电容器可反复充放电数十万次。超级电容可以作为城市公交的储能装置，也可以作为电动汽车的辅助储能装置。

1. 超级电容器的分类

超级电容器可以按不同的方式进行分类。

（1）按照储能原理分类　因电荷分离而产生的双电层电容器，欠电位沉积或吸附电容而产生的法拉第准电容器，还有双电层与准电容混合型电容器。

（2）按照结构形式分类　两电极组成相同且电极反应相同，但反应方向相反，称为对称型；两电极组成不同或反应不同，称为非对称型。

（3）按照电极材料分类　以活性炭粉末、活性炭纤维、炭气凝胶、碳纳米管、网络结构活性炭为电极材料的超级电容；以贵金属二氧化钌、氧化镍、二氧化锰为电极材料的超级电容；以聚吡咯、聚苯胺、聚对苯等聚合有机物为电极的超级电容。

（4）按照电解液不同分类　水溶液体系超级电容器，这种电容器电导率高、成本低、分解电压低（1.2V）；有机体系超级电容器，这种电容器电导率低、成本高、分解电压高（3.5V）；固体物电解质超级电容器，这种电容器可靠性高、电导率低、无泄漏、高比能量、薄型化。

（5）按形状分类　超级电容器有圆形和方形之分，如图2-15所示。

2. 超级电容器的结构原理

超级电容器的结构原理如图2-16所示，主要由电极、电解液、隔膜、壳体等组成。超级电容器使用的电极材料多为活性炭材料，同时在相对的活性炭电极之间填充电解质溶液，当两个电极接上电压后，相对的多孔电极上聚集极性相反的电子，根据双电层理论，电解液中靠近两个电极的离子，由于电场作用聚集到两个电极附近，这些离子分别与极板所带电子极性相反，从而形成双电层电容。多孔活性炭的比面积非常高，高达$1000\sim3000m^2/g$，于是电容器获得了很大的

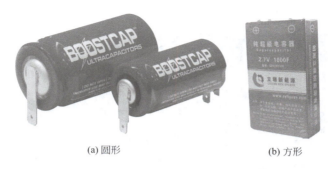

(a) 圆形　　　　　　　　(b) 方形

图 2-15　超级电容器实物

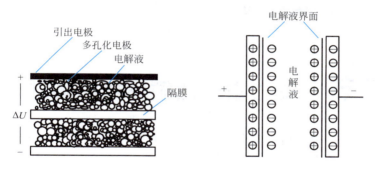

图 2-16　超级电容器的结构原理

极板面积，又因为电解质与多孔电极之间的界面距离很小，仅为几个电解质分子，达纳米级，从而使电容器获得了极小的极间距离，可得到超大容量的电容器，可以储存很大的静电能量。

超级电容器中的能量以电子的形式储存在电解液界面的双电层内部和电极表面，充电时，电子从正极传到负极，同时，电解液中的正负离子分开，分别向负极、正极移动到电解液表面；放电时，电子通过负载经过负极传到正极，正负离子则从电极表面释放而返回到电解液中。因此，超级电容器的充放电过程是物理过程，不涉及化学反应，性能稳定，具有高度的循环使用能力。超级电容器中电解液的分解电压决定了超级电容器的最大工作电压。当两电极间的电势低于电解液的氧化还原电极电位时，电解液界面上的电荷不会脱离电解液，超级电容器工作在正常状态；当电容器两端电压超过电解液的氧化还原电极电位时，电解液分解，超级电容器为非正常状态，从而决定了超级电容器的额定电压很低，通常在 3V 以下。

如图 2-17 所示是超级电容城市客车，车辆进站后，利用乘客上下车的时间，车顶的充电设备会自动升起,搭到充电站的电缆上充电,补充能源。

图 2-17　超级电容城市客车

第三节　动力蓄电池循环寿命测试

　　蓄电池循环寿命是衡量蓄电池性能的一个重要参数。在一定的充放电制度下,蓄电池容量降至某一规定值之前,蓄电池所能承受的循环次数,称为蓄电池的循环寿命。影响蓄电池循环寿命的因素有电极材料、电解液、隔膜、制造工艺、充放电制度、环境温度等,在进行循环寿命测试时,要严格控制测试条件。

　　动力蓄电池循环寿命主要分为标准循环寿命和工况循环寿命。标准循环寿命是指测试样品按规定办法进行标准循环寿命测试时,循环次数达到 500 次时放电容量应不低于初始容量的 90%,或者循环次数达到 1000 次时放电容量应不低于初始容量的 80%。工况循环寿命根据电动汽车类型的不同而不同。

一、动力蓄电池充电方法

　　室温下,按照企业规定的充电方法进行充电;若企业未提供充电方法,则依据以下方法充电。对于锂离子蓄电池,以 $I_1(A)$ 电流恒流充电至企业规定的充电终止电压时转恒压充电,至充电终止电流降至 $0.05I_1(A)$ 时停止充电,充电后搁置 1h;对于金属氢化物镍蓄电池,以 $I_1(A)$ 电流恒流充电 1h,再以 $0.2I_1(A)$ 充电 1h,充电后静置 1h。

二、动力蓄电池容量和能量测试方法

　　① 以 $I_1(A)$ 电流放电至企业规定的放电终止条件。

② 搁置不低于30min或企业规定的搁置时间。
③ 按充电方法进行充电。
④ 搁置不低于30min或企业规定的搁置时间。
⑤ 以I_1(A)电流放电至企业规定的放电终止条件。
⑥ 计算步骤⑤放电容量（以A·h计）和放电能量（以W·h计）。

三、动力蓄电池标准循环寿命

按照以下步骤测试标准循环寿命。
① 以I_1(A)电流放电至企业规定的放电终止电压。
② 搁置不低于30min或企业规定的搁置条件。
③ 按充电方法对蓄电池进行充电。
④ 搁置不低于30min或企业规定的搁置条件。
⑤ 以I_1(A)电流放电至企业规定的放电终止条件，记录放电电量。
⑥ 按照②～⑤连续循环500次，若放电容量高于初始容量的90%，则终止试验；若放电容量低于初始容量的90%，则继续循环500次。
⑦ 计量室温放电容量和放电能量。

四、动力蓄电池工况循环寿命

纯电动汽车分为纯电动乘用车和纯电动商用车。

1. 纯电动乘用车用能量型蓄电池

纯电动乘用车用能量型蓄电池循环测试由两部分组成，充电部分按充电方法进行，放电部分按照表2-6的主放电工况进行，纯电动乘用车用能量型蓄电池大循环SOC波动示意图如图2-18所示。

表2-6　纯电动乘用车用能量型蓄电池主放电工况试验步骤

时间增量/s	累计时间/s	电流/A	ΔSOC/%
5	5	$3I_1$	−0.417
3	8	$-I_1$	−0.333
6	14	$-\frac{1}{3}I_1$	−0.278
40	54	$\frac{1}{3}I_1$	−0.648
30	84	$\frac{1}{2}I_1$	−1.065
10	94	I_1	−1.343

按照以下步骤进行测试。

① 按充电方法进行充电。

② 搁置 30min。

③ 运行主放电工况直到 20%SOC 或者企业规定的最低 SOC 值,或企业规定的放电终止条件。

④ 搁置 30min。

⑤ 重复步骤①~④共 xh (x 约为 20 且循环次数为图 2-18 所示大循环的整数倍)。

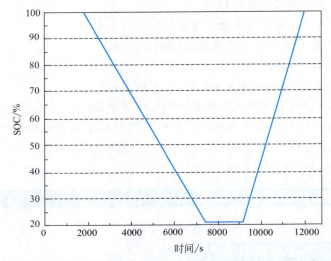

图 2-18 纯电动乘用车用能量型蓄电池大循环 SOC 波动示意图

⑥ 搁置 2h。

⑦ 重复步骤①~⑦共 6 次。

⑧ 按照容量和能量测试方法测试容量和能量。

⑨ 计算总放电能量与电池初始能量的比值。

⑩ 重复步骤①~⑨,直至总放电能量与电池初始能量的比值达 500。

2. 纯电动商用车用能量型蓄电池

纯电动商用车用能量型蓄电池循环测试由两部分组成,充电部分按照充电方法进行,放电部分按照表 2-7 的主放电工况进行,纯电动商用车用能量型蓄电池大循环 SOC 波动示意图如图 2-19 所示。

表 2-7 纯电动商用车用能量型蓄电池主放电工况

时间增量/s	累计时间/s	电流/A	ΔSOC/%
23	23	I_1	−0.639

续表

时间增量/s	累计时间/s	电流/A	ΔSOC/%
8	31	$\frac{1}{3}I_1$	−0.713
23	54	$-\frac{1}{3}I_1$	−0.500
26	80	$0.1I_1$	−0.572

按照以下步骤进行测试。

① 按照充电方法进行充电。

② 搁置 30min。

③ 运行主放电工况直到 20%SOC 或者企业规定的最低 SOC 值，或企业规定的放电终止条件。

④ 搁置 30min。

⑤ 重复步骤①～④共 x h（x 约为 20 且循环次数为图 2-19 所示大循环的整数倍）。

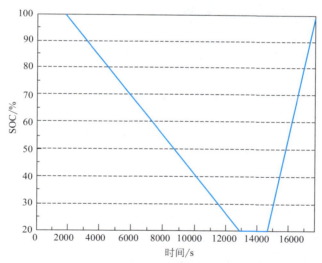

图 2-19 纯电动商用车用能量型蓄电池大循环 SOC 波动示意图

⑥ 搁置 2h。

⑦ 重复步骤①～⑦共 6 次。

⑧ 按照容量和能量测试方法测试容量和能量。

⑨ 计算总放电能量与电池初始能量的比值。

⑩ 重复步骤①～⑨，直至总放电能量与电池初始能量的比值达 500。

第四节　电池管理系统

电池管理系统（Battery Management System，BMS）是由电池电子部件和电池控制单元组成的电子装置，可以控制电池输入和输出功率，监视电池的状态（温度、电压、荷电状态），为电池提供通信接口的系统。

一、电池管理系统的功能

电池管理系统主要是为了能够提高电池的利用率，防止电池出现过度充电和过度放电，延长电池的使用寿命，监控电池的状态。电动汽车电池管理系统主要用于对电动汽车的动力电池参数进行实时监控、故障诊断、SOC值估算、续驶里程估算、短路保护、漏电监测、显示报警、充放电模式选择等，并通过CAN总线的方式与整车控制器或充电机进行信息交互，保障电动汽车高效、可靠、安全运行，并保证在车辆使用过程中的安全。

1. 典型电池管理系统具备的功能

典型的电池管理系统应具备以下功能。

（1）实时采集电池系统运行状态参数　实时采集电动汽车蓄电池组中的每块电池的端电压和温度、充放电电流以及电池组总电压等。由于电池组中的每块电池在使用中的性能和状态不一致，因而对每块电池的电压、电流和温度数据都要进行监测。

（2）确定电池的SOC值　准确估计动力电池组的SOC值，从而随时预报电动汽车储能电池还剩余多少能量或储能电池的SOC值，使电池的SOC值控制在30%～70%的工作范围。

（3）故障诊断与报警　当蓄电池组电量或能量过低需要充电时，及时报警，以防止蓄电池过放电而损害电池的使用寿命；当蓄电池组的温度过高，非正常工作时，及时报警，以保证蓄电池正常工作。

（4）电池组的热平衡管理　电池热管理系统是电池管理系统的有机组成部分，其功能是通过风扇等冷却系统和热电阻加热装置使电池温度处于正常工作温度范围内。

（5）一致性补偿　当电池之间有差异时，有一定措施进行补偿，保证电池组表现能力更强，并有一定的手段来显示性能不良的电池位置，以便修理替换。一般采用充电补偿功能。设计有旁路分流电路，以保证每个单体都可以充满电，这样可以减缓电池老化的进度，延长电池的使用寿命。

（6）通过总线实现各检测模块和中央处理单元的通信　在电动汽车上实现电

池管理的难点和关键在于如何根据采集的每块电池的电压、温度和充放电电流的历史数据,建立确定每块电池剩余能量的较精确的数学模型,即准确估计电动汽车蓄电池的 SOC 值。

2. 实例

如图 2-20 所示为某电动汽车动力电池管理系统所具备的基本功能框图。

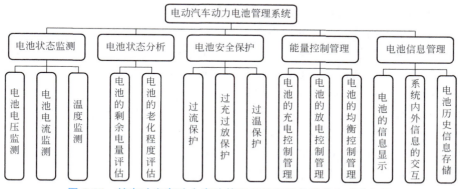

图 2-20 某电动汽车动力电池管理系统所具备的基本功能框图

(1) 电池状态监测　电池状态监测一般是对电池电压、电流及温度的监测,其中温度包括电池温度、电池箱的温度和环境温度。电池状态监测是电池管理系统最基本的功能,它是其他各项功能的前提与基础。

(2) 电池状态分析　电池状态分析包括电池的剩余电量评估和电池的老化程度评估。剩余电量评估是动力电池管理系统中最重要的功能之一,系统中的许多其他功能都依赖于剩余电量评估的结果。剩余电量常用荷电状态（SOC）来表示,SOC 是指电池中剩余电荷的可用状态,一般用百分比来表示,即电池中剩余的电荷容量与电池的标称电荷容量之比。电池的老化程度也常用一个百分比来反映,也就是说,如果一个电池在"新"的时候的最大容量为 1,那么经过多次循环以后,电池所能装载的最大容量相对于"新"的时候的百分比。

(3) 电池安全保护　电池安全保护是电动汽车电池管理系统首要的、最重要的功能,过流保护、过充过放保护、过温保护是最为常见的电池安全保护的内容。过流保护指的是在充、放电过程中,如果工作电流超过了安全值,则应该采取相应的安全保护措施。过充保护是指在电池的荷电状态为 100% 的情况下,为了防止继续对电池充电造成的电池损坏,而采取切断电池的充电回路的保护措施。另外,在电池的荷电状态为 0 的情况下,若继续对电池进行放电,也会对电池造成损坏,此时应采取措施,切断电池的放电回路,这就是过放保护。过温保护是当温度超过一定限值的时候对动力电池采取保护性的措施,过温保护需要考虑环境温度、电池组的温度以及每个单体电池本身的温度。

（4）能量管理控制　能量管理控制包括电池的充电控制管理、电池的放电控制管理和电池的均衡控制管理。电池的充电控制管理是指电池管理系统在电池充电过程中对充电电压、充电电流等参数进行实时的优化控制，优化的目标包括充电时长、充电效率以及充电的饱满程度等。电池的放电控制管理是指在电池的放电过程中根据电池的状态对放电电流大小进行控制。电池的均衡控制管理是指采取一定的措施，尽可能降低电池不一致的负面影响，以达到优化电池组整体放电效能，延长电池组整体寿命的效果。

（5）电池信息管理　电池信息管理包括电池的信息显示、系统内外信息的交互和电池历史信息储存。电池管理系统通常通过仪表把电池状态信息显示出来，告知驾驶员。需要显示的信息通常包括实时电压、电流、温度信息，电池剩余电量信息和告警信息。先进的电动汽车控制，离不开车载信息通信网络。对于电池管理系统，往往同时具有内网和外网两级网络，其中内网用于传递电池管理系统的内部信息，外网用于电池管理系统与整车控制器、电机控制器等其他部件交互信息。历史信息储存并非电池管理系统所必需的功能，但在先进的动力电池管理系统中往往考虑这项功能。历史信息储存可以提高分析估算的精度，有助于电池状态分析，有助于故障分析和排除。

二、电池管理系统的组成

电动汽车电池管理系统的功能和形式主要是根据实际情况确定，受电池类型、电动汽车类型、成本等多种因素影响。

电池管理系统包括硬件系统和软件系统。硬件系统设计取决于管理系统实现的功能。基本要实现对动力电池组的合理管理，即保证采集数据的准确性、系统通信的可靠稳定性及抗干扰性。在具体实现过程中，根据设计要求确定需要采集动力电池组的数据类型；根据采集量以及精度要求确定前向通道的设计；根据通信数据量以及整车的要求选用合理的总线。

电池管理系统的基本组成如图 2-21 所示，它主要由检测模块、均衡电源模块和控制模块三部分组成。检测模块能够对电池组中各单体电池的电压、电流、温度等关键状态参数进行准确、实时的检测，并通过 SPI 上报给控制模块；均衡电源模块能够平衡单体电池间的电压差异，解决电池组"短板效应"；控制模块能够根据既定策略完成控制功能，实现 SOC 估计，同时将电池状态数据通过 CAN 总线发送给整车其他电子单元。

电池的 SOC 值是经过对电流的积分得到的，电流信号检测的精度直接影响系统的 SOC 值的准确度，因此要求电流转换隔离放大单元在较大范围内有较高的精度，较快的响应速度，较强的抗干扰能力，较好的零漂、温漂抑制能力和较

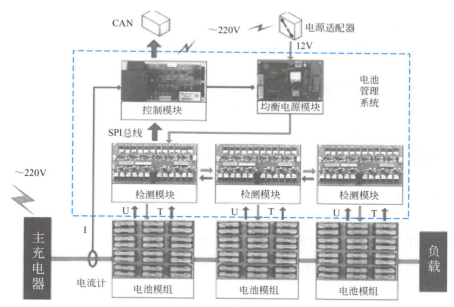

图 2-21 电池管理系统的基本组成

高的线性度。

电池的温度是判断电池能否正常使用的关键性参数，如果电池的温度超过一定值，有可能造成电池的不可恢复性破坏。电池组之间的温度差异造成电池组的单体之间的不均衡，从而会造成电池寿命的降低。

电压是判断电池组好坏的重要依据，系统要求能得到电池组在同一时刻的电压值的变化和各电池组的值，通过算法来找出问题电池组，因此电压的采样精度要求比较高。

电动汽车中电机等强电磁干扰源的存在对系统的抗干扰性要求较高，所以要求系统从硬件设计、印制电路板的制作和软件程序方面提高系统的抗干扰性。

三、电池管理系统的要求

电池管理系统的要求分为一般要求和技术要求。

1. 一般要求

① 电池管理系统应能检测电池电和热相关的数据，至少应包括电池单体或者电池模块的电压、电池组回路电流和电池包内部温度等参数。

② 电池管理系统应能对动力电池的荷电状态、最大充放电电流（或者功率）等状态参数进行实时估算。

③ 电池管理系统应能对电池系统进行故障诊断,并可以根据具体故障内容进行相应的故障处理,如故障码上报、实时警示和故障保护等。

④ 电池管理系统应有与车辆的其他控制器基于总线通信方式的信息交互功能。

⑤ 电池管理系统应用在具有可外接充电功能的电动汽车上时,应能通过与车载充电机或者非车载充电机的实时通信或者其他信号交互方式实现对充电过程的控制和管理。

2. 技术要求

(1) 绝缘电阻 电池管理系统与动力电池相连的带电部件及其壳体之间的绝缘电阻值应不小于 2MΩ。

(2) 绝缘耐压性能 电池管理系统应能经受规定要求的绝缘耐压性能试验,在试验过程中应无击穿或闪络等破坏性放电现象。

(3) 状态参数测量精度 电池管理系统所检测状态参数的测量精度要求见表 2-8。

表 2-8 电池管理系统所检测状态参数的测量精度要求

参数	总电压值	电流值	温度值	单体(模块)电压值
精度要求	≤±2% FS	≤±3% FS	≤±2℃	≤±0.5% FS

注:应用在具有可外接充电功能的电动汽车上时,电流值精度同时应满足小于或等于±1.0A(当电流值小于 30A 时)。

(4) SOC 值估算精度 SOC 值估算精度要求不大于 10%。按照规定方法进行试验后,分别比较在不同 SOC 值范围内电池管理系统上报的 SOC 值与 SOC 测试真值的偏差。

(5) 电池故障诊断 电池管理系统对于电池系统进行故障诊断的基本项目和可扩展项目分别见表 2-9 和表 2-10。表 2-9 中所列的故障诊断项目是基本要求。根据整车功能设计和电池系统的具体需要,电池管理系统的具体诊断内容可以不限于表 2-9 和表 2-10 所列项目。

表 2-9 电池系统故障诊断基本要求项目

序号	故障状态	电池管理系统的故障诊断项目①
1	电池温度大于温度设定值 1	电池温度高
2	电池温度小于温度设定值 2	电池温度低
3	单体(模块)电压大于电压设定值 1	单体(模块)电压高
4	单体(模块)电压小于电压设定值 2	单体(模块)电压低
5	单体(模块)一致性偏差大于设定条件	单体(模块)一致性偏差大②

续表

序号	故障状态	电池管理系统的故障诊断项目①
6	充电电流(功率)大于最大充电电流(功率)值	充电电流(功率)大
7	放电电流(功率)大于最大放电电流(功率)值	放电电流(功率)大

① 制造商可以自行规定故障项目的具体名称、故障等级划分以及相关故障条件的设定值。
② 电池系统具有均衡功能时,该项目不作为基本要求项目。

表 2-10 电池系统可扩展的故障诊断项目

序号	故障状态	电池管理系统的故障诊断项目
1	电池温度大于温度设定值 1	绝缘薄弱
2	SOC 值大于 SOC 设定值 1	SOC 高
3	SOC 值小于 SOC 设定值	SOC 低
4	总电压小于总电压设定值 1(与放电电流、温度等参数有关)	总电压低
5	总电压大于总电压设定值 2(与充电电流、温度等参数有关)	总电压高
6	外部通信接口电路故障	外部通信接口故障
7	内部通信接口电路故障	内部通信接口故障
8	电池系统内部温度差大于温度差设定值	电池系统温差大
9	内部通信总线脱离	内部通信网络故障
10	电池连接电阻大于电阻设定值(或者其他等效的判断条件)	电池连接松动

(6) 过电压运行 电池管理系统应能在规定的电源电压下正常工作,且满足规定状态参数测量精度的要求。

(7) 欠电压运行 电池管理系统应能在规定的电源电压下正常工作,且满足规定状态参数测量精度的要求。

(8) 高温运行 电池管理系统应能经受规定的高温运行试验,在试验过程中及试验后应能正常工作,且满足规定状态参数测量精度的要求。

(9) 低温运行 电池管理系统应能经受规定的低温运行试验,在试验过程中及试验后应能正常工作,且满足规定状态参数测量精度的要求。

(10) 耐高温性能 电池管理系统应能经受规定的高温试验,在试验后应能正常工作,且满足规定状态参数测量精度的要求。

(11) 耐低温性能 电池管理系统应能经受规定的低温试验,在试验后应能正常工作,且满足规定状态参数测量精度的要求。

(12) 耐温度变化性能 电池管理系统应能经受规定的温度变化试验,在试验后应能正常工作,满足规定状态参数测量精度的要求。

(13) 耐盐雾性能 电池管理系统应能经受规定的盐雾试验,在试验后应能正常工作,且满足规定状态参数测量精度的要求。厂家如果能够证明电池电子部件或电池控制单元实车安装在车辆内部或者具备防尘防水条件的电池包内部,可不要求该零部件进行耐盐雾性能试验。试验条件的差异性内容需在试验报告中说明。

(14) 耐湿热性能　电池管理系统应能经受规定的湿热试验,在试验后应能正常工作,且满足规定状态参数测量精度的要求。

(15) 耐振动性能　电池管理系统应能经受规定的振动试验,在试验后应能正常工作,且满足规定状态参数测量精度的要求。

(16) 耐电源极性反接性能　电池管理系统应能经受规定的电源极性反接试验,在试验后应能正常工作,且满足规定状态参数测量精度的要求。

(17) 电磁辐射抗扰性　电池管理系统按规定进行电磁辐射抗扰性试验,在试验过程中及试验后应能正常工作,且满足规定状态参数测量精度的要求。

四、电池 SOC 估算方法

动力电池的荷电状态 SOC 是反映动力电池当前状态的重要的参数之一,也是整车能量分配策略的重要依据之一。在电池管理系统中,SOC 估算是重要的研究内容。

由于无法通过直接测量的方法来得到电池的 SOC,因此一般采用间接测量电池其他参数,如电池电流、电压等来估算电池的 SOC。常见的估算动力电池 SOC 的方法有放电法、开路电压法、安时积分法、卡尔曼滤波法、神经网络法。

(1) 放电法　在某一温度下对电池进行 1/3C 倍率的恒流放电,直到电池端电压达到最低值(此时 SOC=0),此温度和电流下放电容量即为电流与时间的积,SOC 值即为放电容量占电池额定容量的比值。放电法是按照 SOC 的定义去估算的,因此也是最准确的方法,但是此方法只适用于实验室内,而无法在汽车实际运行过程中使用。

(2) 开路电压法　电池的开路电压是可直接测量的物理量,其与 SOC 有一定的联系。一般来说,当 SOC 处于较高值时,电池的开路电压也比较大。因此可预先通过试验的手段来获取 SOC 与开路电压两者的对应关系,之后测量电池开路电压即可得到此状态下电池的 SOC。这种方法原理简单,操作方便,但在测量开路电压时电池还要单独进行静置处理,因而也无法在实际情况下进行实时测量。

(3) 安时积分法　电池在一段时间内放出的容量是电流对时间的积分,故测量电池工作状态下的电流值,计算已放出容量,然后根据电池总容量与已放出容量之差即可计算出当前状态下电池的 SOC。该方法是电池管理系统中 SOC 估算最常用的方法之一,此方法不需要考虑电池模型,但不可避免会产生误差,尤其是 SOC 估算误差会随着时间而积累,因此需要对 SOC 进行校正。

(4) 卡尔曼滤波法 卡尔曼滤波法的核心是根据已建立的电池状态模型，利用卡尔曼滤波原理，根据电池工作时的电流、电压以及温度等进行状态递推，得到 SOC 的实时估算值以及估算误差。需要指出的是由于电池的动态仿真模型并不是线性的，故在利用卡尔曼滤波算法时通常需要将电池的动态仿真模型进行一定处理，从而能够更加精确地对电池 SOC 进行估算，此方法被称为扩展卡尔曼滤波算法。

(5) 神经网络法 神经网络法是依据大量的样本数据和神经网络模型，通过大量的数据分析，实时将 SOC 与输入端数据建立一定的联系。人工神经网络模型缺少对动态工况的验证，在使用这种模型时，还必须采集大量的变电流工况数据。否则，当电动汽车行驶在复杂工况下时，模型的 SOC 估计精度势必将受到影响。

随着各种先进算法的提出，SOC 估算精度已经得到了明显提高。

五、电池管理系统的应用实例

特斯拉电动汽车的核心技术之一就是电池管理系统。

特斯拉电动汽车选用松下的 NCA 系列 18650 型号镍钴铝酸锂电池串并能量包作为动力源，每辆特斯拉 Model S 使用约 8000 节。特斯拉坚持不使用大容量电池单元，是因为小容量的 18650 型号锂电池工艺成熟，成本低，安全性好，一旦电池单元出现热失控，不容易影响到周围的电池单元。但是将 8000 节的小电池单体组成电池组，将会大幅增加电池单体之间的不一致性，导致单体温度、电荷、电压出现不平衡现象，引起个别电池过充、过放并产生静电反应，从而降低电池组寿命以及安全性。这就是特斯拉的核心技术——电池管理系统。特斯拉电动汽车用锂离子蓄电池如图 2-22 所示。

图 2-22 特斯拉电动汽车用锂离子蓄电池

特斯拉电动汽车对这些电池采用了分层管理的设计，每 69 个单体电池并联成一个电池模块，9 个电池模块又串联成一个电池方块，最后再串联成整块电池板。每个单体电池、电池模块和电池方块都有保险丝,每个层级都会有电流、电压和温度的监控,一旦电流过大立刻熔断。特拉斯电动汽车电池管理系统主要具有以下功能。

1. 电荷平衡系统,有效排除 18650 故障单体

每个锂电池单体都有一个电压上限和下限,电池在此范围内可正常工作,但一旦单体电压接近这一限值其化学性能将发生突变,必须立即停止放电或充电,否则电池将会受到不可逆的损坏,将会大幅增加电池的自放电率、产生静电反应进而引起爆炸。众多电池单体所组成的电池组大大增加了单体之间的不一致性,导致电池电压的安全范围各不相同,安全性大幅降低。为此特斯拉自主研发单体电荷平衡系统,可有效排除故障单体,保证整车安全性能。特斯拉电池组尾部安装有印制电路板,内置众多电源开关,每个电源开关一端连接某个 18650 电池单体,另一端连接一个中型的集电器(单体电荷监控器)。当电池组中某一电池因过充、过放、温度过高导致电量与其他电池不同时,集电器就会将能量在电池之间进行相互转移,防止其电压超过安全范围而产生异变。而当该电池真的产生异变时,电子集成器将控制电路板上相对应的电源开关弹开,从而将此电池单体隔离,避免产生静电反应而引起爆炸。

2. 电池温度管理系统,提升整车安全性能

特斯拉高达 60kW·h、85kW·h 的电池组容量使其运行过程中会释放更多的热量,从而加大了电池组温度过高引起爆炸的概率,这是特斯拉电池管理系统解决的最为核心的问题之一。特斯拉所申请的核心知识产权大都与电池安全控制系统相关,包括电池冷却系统、安全系统、电荷平衡系统等。

电池温度管理系统又包括电池组温度检测系统和电池组液体冷凝系统。

电池组温度检测系统的主要任务是智能温度监测。电动汽车安全性能主要体现在对电池组温度以及电流的控制上,尤其对于大容量的电池组,当电池组过充、过放、碰撞以及运行过程中电池过度发热都会引发电池组温度过高而引发爆炸。特斯拉汽车电池组中的每一个单体电池都连接着一个热敏电阻以及一系列的光导纤维,同时将热敏电阻连接到电池监控器,将光导纤维连接到光敏感应器。当某个单体电池温度超过安全标准时,热敏电阻将产生一个电信号传达至电池监控器以便启动电池冷凝系统,保证电池安全性能。当电池发生热逃逸等现象时,将影响光导纤维中光束的传输,进而刺激光敏感应器发出相应信号进行热度调节。而当汽车发生剧烈碰撞时,电池组与电机的能量传输路径将被立即阻断,电池组外保护层将保护电池组免受碰撞影响,从而避免发生剧烈爆炸。

电池组液体冷凝系统的主要任务是实时温度控制。特斯拉自主研发的机体液

体冷凝系统为双模式冷却系统,其中第一层冷却回路专门为电池组降温,电池回路将电池组与冷却泵相连接,回路中充满了冷却剂,且延伸多个冷却管覆盖至每个单体电池。第一层冷却回路将控热系统、通风设备以及其他散热装置与电池组热量管理系统连接起来,从而保证每个单体电池温度低于其安全值以下,保证其散热性以及安全性能。第二层冷却回路包括第二冷却储液罐并与至少一个转动部件进行热交换,并立于第一个冷却回路,保证电池组冷却系统的独立性。

如图 2-23 所示为特斯拉电池管理系统中的温度管理系统示意图。

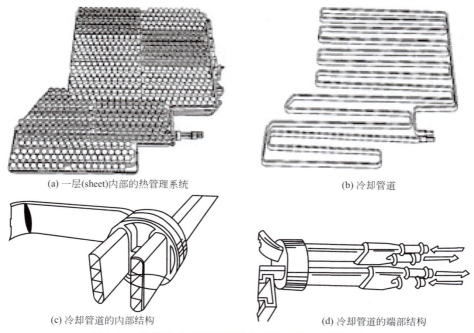

图 2-23　特斯拉电池管理系统中的温度管理系统示意图

如图 2-23(a) 所示是一层内部的热管理系统,冷却管道曲折布置在电池间,冷却液在管道内部流动,带走电池产生的热量;如图 2-23(b) 所示是冷却管道的结构示意图;冷却管道内部被分成四个孔道,如图 2-23(c) 所示;为了防止冷却液在流动过程中温度逐渐升高,使末端散热能力不佳,热管理系统采用了双向流动的流场设计,冷却管道的两个端部既是进液口,也是出液口,如图 2-23(d) 所示。电池之间及电池和管道间填充电绝缘但导热性能良好的材料,其作用是将电池与散热管道间的接触形式从线接触转变为面接触,有利于提高单体电池间的温度均一性,有利于提高电池包的整体热容,从而降低整体平均温度。

六、动力电池发展规划

《节能与新能源汽车技术路线图 2.0》中的动力电池技术路线图涵盖能量型、能量功率兼顾型和功率型三大技术类别,涵盖乘用车和商用车两大应用领域,面向普及、商用、高端三类应用场景,实现动力电池单体、系统集成、新体系动力电池、关键材料、制造技术及关键装备、测试评价、梯次利用及回收利用等产业链条全覆盖。

至 2035 年,我国新能源汽车动力电池技术总体居于国际领先地位,动力电池产业链完整、自主、可控。关键材料完全具备自主能力,产品性能达到国际领先水平;形成多材料体系动力电池、模块和系统产品平台,安全可靠性及耐久性显著提升;新材料、新结构、新体系动力电池实现突破和工程应用,拥有自主原始创新技术;实现动力电池制造装备和制造过程的数字化和无人化;形成精细化、智能化、高值化退役动力电池循环利用体系。

动力电池发展总体目标见表 2-11。

表 2-11 动力电池发展总体目标

电池类型		2025 年	2030 年	2035 年
能量型电池	普及型	比能量>200W·h/kg 寿命>3000 次/12 年 成本<0.35 元/(W·h)	比能量>250W·h/kg 寿命>3000 次/12 年 成本<0.32 元/(W·h)	比能量>300W·h/kg 寿命>3000 次/12 年 成本<0.30 元/(W·h)
	商用型	比能量>200W·h/kg 寿命>6000 次/8 年 成本<0.45 元/(W·h)	比能量>225W·h/kg 寿命>6000 次/8 年 成本<0.40 元/(W·h)	比能量>250W·h/kg 寿命>6000 次/8 年 成本<0.35 元/(W·h)
	高端型	比能量>350W·h/kg 寿命>1500 次/12 年 成本<0.50 元/(W·h)	比能量>400W·h/kg 寿命>1500 次/12 年 成本<0.45 元/(W·h)	比能量>500W·h/kg 寿命>1500 次/12 年 成本<0.40 元/(W·h)
能量功率兼顾型电池	兼顾型	比能量>250W·h/kg 寿命>5000 次/12 年 成本<0.60 元/(W·h)	比能量>300W·h/kg 寿命>5000 次/12 年 成本<0.55 元/(W·h)	比能量>325W·h/kg 寿命>5000 次/12 年 成本<0.50 元/(W·h)
	快充型	比能量>225W·h/kg 寿命>3000 次/10 年 成本<0.70 元/(W·h) 充电时间<15min	比能量>250W·h/kg 寿命>3000 次/10 年 成本<0.65 元/(W·h) 充电时间<12min	比能量>275W·h/kg 寿命>3000 次/10 年 成本<0.60 元/(W·h) 充电时间<10min
功率型电池	功率型	比能量>80W·h/kg 寿命>30 万次/12 年 成本<1.20 元/(W·h)	比能量>100W·h/kg 寿命>30 万次/12 年 成本<1.00 元/(W·h)	比能量>120W·h/kg 寿命>30 万次/12 年 成本<0.80 元/(W·h)

第五节　电动汽车高压系统与低压系统

电动汽车高压系统的功能是确保整车系统动力电能的传输，并随时检测整个高压系统的绝缘故障、断路故障、接地故障和高压故障等，是确保整车设备和人员安全的首要任务，也是电动汽车产业化的关键技术之一。

一、高压系统的组成与等级

1. 高压系统的组成

电动汽车高压系统是指电动汽车内部与动力电池直流母线相连或由动力电池电源驱动的高压驱动零部件系统，图 2-24 所示为某电动汽车高压系统。

图 2-24　电动汽车高压系统

电动汽车上带有高压电的零部件有动力电池、驱动电机及其控制器、高压配电箱（Power Distribution Unit，PDU）、空调压缩机、DC/DC 变换器、车载充电机、陶瓷（Positive Temperature Coefficient，PTC）加热器等，这些部件组成了整车的高压系统。电动汽车高压系统部件连接逻辑如图 2-25 所示。

（1）动力电池　动力电池是电动汽车中能源供给装置，需要给整车所有系统提供能源。当电量消耗后，也需要给它充电。因此其能源流动既有流出，也有流入。

（2）高压配电箱　高压配电箱（PDU）可以认为是一个电源中转分配的地方，高压系统中各个组件都需要它进行电量分配，比如高压压缩机、PTC、电机控制器等。

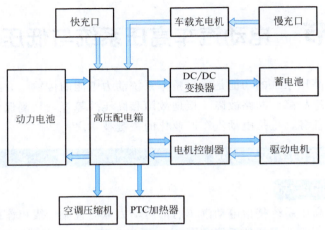

图 2-25　电动汽车高压系统部件连接逻辑

（3）维修开关　维修开关介于动力电池和 PDU 之间，这是个必需的元件。当维修动力电池时，使用它可以进行整车高压电的切断，确保维修安全。

（4）电机控制器与驱动电机　电机控制器将取自 PDU 的高压直流电转为三相交流电，提供给驱动电机。驱动电机将电能转换为机械能，提供车辆行驶的动力。同时，驱动电机也可以将行驶中产生的机械能（如制动效能）转化为电能，最终输送给动力电池进行电量的补充。

（5）快充口　快充口的电是高压直流电，可以不经过处理直接通过 PDU 输送给动力电池进行充电。

（6）慢充口　慢充口的电是高压交流电，需要经过二合一控制器中的车载充电机（On Board Charger，OBC）单元，或 OBC（没有二合一控制器，OBC 与 DC/DC 变换器是分离的）进行转化。转化后的高压直流电经过 PDU 给动力电池充电。

（7）DC/DC 变换器　为了达到整车电平衡，需要动力电池提供整车用电器的电源，同时能够给蓄电池充电。但是动力电池的电是高压电，因此需要通过 DC/DC 变换器装置，将高压直流电转化为低压直流电。

2. 电动汽车高压系统电压的等级

电动汽车高压系统电压常见的等级分别是 144V、288V、317V、346V、400V 和 576V 等，但并不限于这些。

二、高压配电箱

电动汽车高压配电箱（PDU）又称为高压配电盒，是高压系统分配单元。电动汽车具有高电压和大电流的特点，通常配备 300V 以上的高压系统，工作电流可达 200A 以上，可能危及人身安全和高压零部件的使用安全性。因此，在设计和规划高压动力系统时，不仅要充分满足整车动力驱动要求，还要确保汽车运行安全、驾乘人员安全和汽车运行环境安全。

高压配电箱实物如图 2-26 所示。

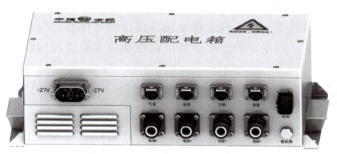

图 2-26　高压配电箱实物

电动汽车高压配电箱的功能是保障整车系统动力电能的传输，是动力电池与各高压设备的电源和信号传递的桥梁，并随时检测整个高压系统的绝缘故障、断路故障、接地故障及高压故障等。

高压配电箱在电动汽车上的位置如图 2-27 所示。它与动力电池及管理系统、电机控制器、车载充电机、非车载充电设备及电动附件等相连。

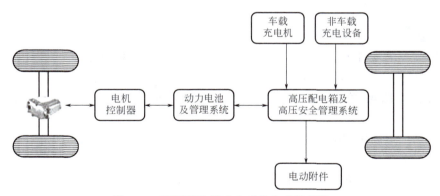

图 2-27　高压配电箱在电动汽车上的位置

电动汽车高压配电箱里面主要有高压继电器、高压连接器、高压线束和熔断器等。

1. 高压继电器

电动汽车主电路电压一般都大于 200V，远高于传统汽车的 12～48V，电动汽车除需要传统汽车所需的低电压继电器以外，还需配备 5～8 只特殊的高压直流继电器，分别是 2 个主继电器、1 个预充电器、2 个急速充电器、2 个普通充电继电器和 1 个高压系统辅助机器继电器。电动汽车中电路属于高压直流，一般继电器无法满足要求，目前应用最多的是真空型和充气型继电器。

2. 高压连接器

电动汽车使用的连接器不同于传统汽车使用的连接器，传统的连接器难以满足电动汽车大电流、高电压的要求。所以，电动汽车必须使用针对电动汽车的大功率连接产品。

3. 高压线束

高压线束是电动汽车上的连接器和线缆在整个汽车运行当中非常关键的连接件，影响高压线束的隐患主要是过热或燃烧，恶劣环境对线束还有屏蔽性能、进水和进尘的风险等。不同于传统汽车 12V 线束，高压线束还需要考虑与整车电气系统的磁兼容性。

在实际使用中，电动汽车受到的电磁干扰是传统内燃机汽车的近百倍。电动汽车的高压线束是高效的电磁干扰发射天线和接收天线，是导致电动汽车出现电磁兼容故障及辐射干扰超过法规要求的最重要原因。

高压线束产生的磁干扰会影响到汽车信号线路中数据传输的完整性和准确性，严重时会影响到整车的操控性和安全性。所以，在高压线束外边常常采用注胶、包裹屏蔽线等方式来减少对整车的磁干扰。

4. 熔断器

熔断器有交流和直流用途之分，交流应用于工业配电系统。车载的锂电池、储能电容、电机、变流器和电控线路均属直流系统，都需要直流类型的熔断器做短路保护，才能保证安全可靠的正常运行和超强能力的短路开断效果。

电动汽车高压配电箱中，输出端主要连接汽车辅助电源系统，在配电盒内部一般情况下会包括电加热风机支路、空调压缩机支路、DC/DC 变换器支路及充电机支路。这 4 个支路上，每个支路都需要安装线路保护熔断器，目的是在各负载发生短路时能够及时切断电源保护线路，避免车辆发生火灾。

图 2-28 所示为高压配电箱连接的高压电气零部件。

图 2-29 所示为北汽新能源 EU5 的高压配电箱。

目前大多数电动汽车的系统最大电压一般为 700V DC 以下，也有少数车型会略高于此电压，所以用于电池保护的熔断器可分为 500V DC 和 700V DC 两种为主，电流等级多为 200～400A。

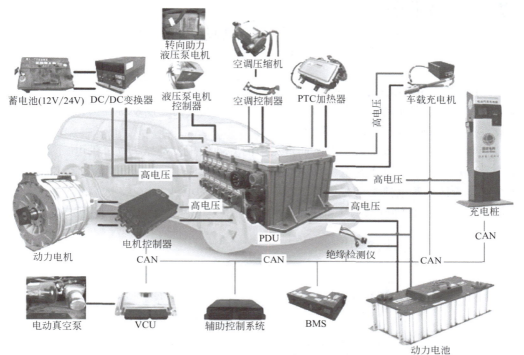

图 2-28 高压配电箱连接的高压电气零部件

图 2-29 北汽新能源 EU5 的高压配电箱

三、电源变换器

电源变换器可分为直流/直流（DC/DC）变换器、直流/交流（DC/AC）变换器和交流/直流（AC/DC）变换器。

1. DC/DC 变换器

DC/DC 变换器是在直流电路中将一个电压值的电能变换为另一个电压值的电能的装置,它分为降压 DC/DC 变换器、升压 DC/DC 变换器以及双向 DC/DC 变换器。

DC/DC 变换器主要实现以下功能。

(1) 驱动直流电机　在小功率直流电机驱动的转向、制动等辅助系统中,一般直接采用 DC/DC 电源变换器供电。

(2) 向低压设备供电　向电动汽车中的各种低压设备如车灯等供电。

(3) 给低压蓄电池充电　在电动汽车中,需要高压电源通过降压型 DC/DC 变换器给低压蓄电池充电,如图 2-30 所示,将动力电池的 400V 的高压直流电转化为 12V 低压直流电给低压蓄电池充电。

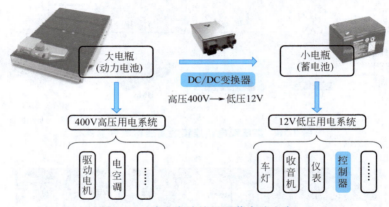

图 2-30　动力电池给低压蓄电池充电

(4) 不同电源之间的特性匹配　以燃料电池电动汽车为例,一般采用燃料电池组和动力电池的混合动力系统结构。在能量混合型系统中,采用升压型 DC/DC 变换器;在功率混合型系统中,采用双向型 DC/DC 变换器。

2. DC/AC 变换器

DC/AC 变换器是将直流电变换成交流电的装置,也称为逆变器。使用交流电机的电动汽车必须通过 DC/AC 变换器将蓄电池或燃料电池的直流电变换为交流电。

3. AC/DC 变换器

AC/DC 变换器是将交流电压变换成电子设备所需要的稳定直流电压,电动汽车中 AC/DC 的功能主要是将交流发动机发出的交流电变换为直流电提供给用电设备或储能装置储存。

电源变换器在电动汽车上的应用实例如图 2-31 所示。

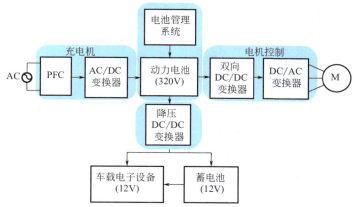

图 2-31　电源变换器在电动汽车上的应用实例

电动汽车动力电池为 320V，由电池管理系统进行管理和监测，并通过一个车载充电机（含 AC/DC 变换器）进行充电，交流电压范围是从 110V 的单相系统到 380V 的三相系统；动力电池通过一个双向的 DC/DC 变换器和 DC/AC 变换器来驱动交流电机，同时用于再生制动，将回收的能量存入动力电池；同时，为了将动力电池的 320V 高电压转换为可供车载电子设备使用和给蓄电池充电的 12V 电源，需要一个降压型 DC/DC 变换器。

图 2-32 所示为 DC/DC 变换器实物。

图 2-32　DC/DC 变换器实物

四、电动汽车低压系统

电动汽车低压系统是指由 12V 低压蓄电池供电的零部件系统，图 2-33 所示是某纯电动汽车低压系统组成部件。

纯电动汽车低压系统一般采用直流 12V 或 24V 电源，一方面为灯光、仪表、车身附件等常规低压电器供电；另一方面为整车控制器、高压电气设备的控制电路和辅助部件供电，如图 2-34 所示。

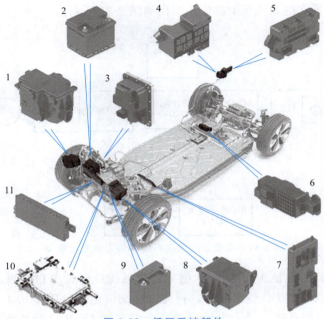

图 2-33 低压系统部件

1—右侧前接线盒（FJB）；2—12V 启动蓄电池；3—配电盒（PSDB）；4—后接线盒（RJB）；5—静态电流控制模块（QCCM）；6—乘客接线盒（PJB）；7—车身控制模块（BCM/GWM）；8—左侧前接线盒（FJB）；9—辅助蓄电池；10—直流/直流变换器；11—蓄电池接线盒

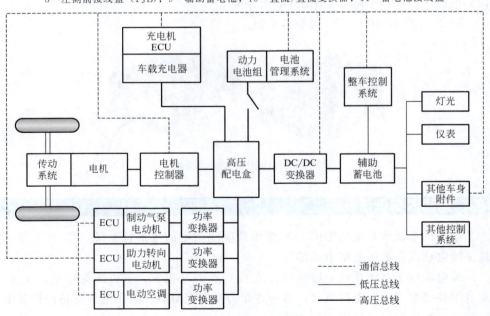

图 2-34 纯电动汽车低压系统

电动汽车与燃油汽车的低压系统,二者主要区别在于,燃油汽车的辅助蓄电池由与发动机相连的发电机来充电;电动汽车的辅助蓄电池则由动力电池通过DC/DC变换器来充电。

第六节 电动汽车充电技术

电动汽车产业能否得到快速发展,充电技术是关键因素之一。智能、快速的充电方式成为电动汽车充电技术发展的趋势。

一、电动汽车对充电设备的要求

电动汽车充电设备是指与电动汽车或动力蓄电池相连接,并为其提供电能的设备,是电动汽车充电站最主要的设备。

电动汽车对充电设备具有以下要求。

(1)安全性 电动汽车充电时,要确保人员的人身安全和蓄电池组的安全。

(2)使用方便 充电设备应具有较高的智能性,不需要操作人员过多干预充电过程。

(3)成本经济 成本经济、价格低廉的充电设备有助于降低整个电动汽车的成本,提高运行效益,促进电动汽车的商业化推广。

(4)效率高 高效率是对现代充电设备最重要的要求之一,效率的高低对整个电动汽车的能量效率具有重大影响。

(5)对供电电源污染要小 采用电力电子技术的充电设备是一种高度非线性的设备,会对供电网及其他用电设备产生有害的谐波污染,而且由于充电设备功率因数低,在充电系统负载增加时,对其供电网的影响也不容忽视。

二、电动汽车充电设备的类型

电动汽车充电设备的类型很多,一般分为非车载充电机、车载充电机、交流充电桩、直流充电桩和交直流充电桩等。

(1)非车载充电机 非车载充电机是指安装在电动汽车车体外,将电网的交流电能变换为直流电能,采用传导方式为电动汽车动力蓄电池充电的专用装置,如图2-35所示。

非车载充电机一般由高频开关电源模块、监控单元、人机操作界面、与电动汽车电气接口、计量系统和通信接口等组成。

(2)车载充电机 车载充电机是指固定安装在电动汽车上运行,将交流电能转换为直流电能,采用传导方式为电动汽车动力蓄电池充电的专用装置,如

图 2-36 所示。

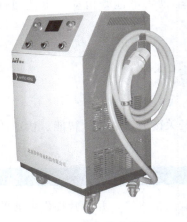

图 2-35　非车载充电机

图 2-36　车载充电机

车载充电机由交流输入接口、功率单元、控制单元、直流输出接口等部分组成，充电过程中由车载充电机提供电池管理系统、充电接触器、仪表盘、冷却系统等低压用电电源。

（3）交流充电桩　交流充电桩是指固定在电动汽车外、与交流电网连接，采用传导方式为具有车载充电装置的电动汽车提供交流电源的专用供电装置。交流充电桩只提供电力输出，没有充电功能，需连接车载充电机为电动汽车充电。如图 2-37 所示为电动汽车交流充电桩。

图 2-37　电动汽车交流充电桩

交流充电桩由桩体、电气模块和计量模块3部分组成。桩体外部结构包括外壳和人机交互界面;电气模块包括充电插座、供电电缆、电源转接端子排、安全防护装置等;计量模块包括电能表、计费管理系统、非接触式读写装置等。

交流充电桩输出单相/三相交流电,通过车载充电机转换成直流电给车载蓄电池充电,功率较小,有 7kW、22kW、40kW 等,充电速度较慢,一般安装在商业区、写字楼、小区停车场等地。

交流充电示意图如图 2-38 所示。高压电通过变压器转化成低压电,低压电经由低压电缆引至非车载充电机,输出交流电,通过车载充电机给蓄电池供电。

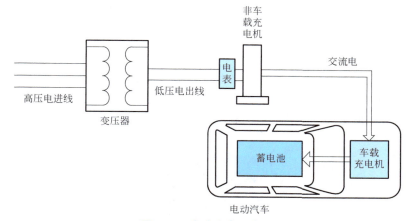

图 2-38 交流充电示意图

(4)直流充电桩 直流充电桩是指固定在电动汽车外、与交流电网连接,可以为非车载电动汽车动力电池提供小功率直流电源的供电装置。直流充电桩的输入电压采用三相四线 AC380V±15%,频率为 50Hz,输出为可调直流电,直接为电动汽车的动力电池充电。如图 2-39 所示为电动汽车直流充电桩。

直流充电桩主要由监控器、刷卡区、充电指示灯、插枪接口、充电桩体等部分组成。

直流充电示意图如图 2-40 所示。高压电通过变压器转化为低压电,低压电经由低压电缆引至非车载充电机,输出直流电,不通过车载充电机直接给蓄电池供电。

(5)交直流充电桩 交直流充电桩是采用交直

图 2-39 电动汽车直流充电桩

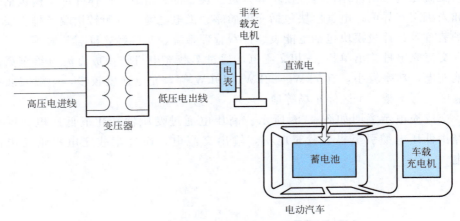

图 2-40 直流充电示意图

流一体的结构,既可实现直流充电,也可以交流充电。白天充电业务多的时候,使用直流方式进行快速充电,当夜间充电站用户少时可用交流充电进行慢充操作。如图 2-41 所示为电动汽车交直流充电桩。

图 2-41 电动汽车交直流充电桩

车载充电机和交流充电桩是电动汽车最主要、应用最广泛的充电设备。

三、电动汽车充电方法

电动汽车蓄电池充电方法主要有恒流充电、恒压充电和恒流限压充电,现代智能型蓄电池充电机可设置不同的充电方法。

1. 恒流充电

恒流充电是指充电过程中使充电电流保持不变的方法。恒流充电具有较大的适应性,容易将蓄电池完全充足,有益于延长蓄电池的寿命。缺点是在充电过程中，需要根据逐渐升高的蓄电池电动势调节充电电压，以保持电流不变，充电时间也较长。

恒流充电是一种标准的充电方法，有4种方式。

（1）涓流充电　即维持电池的满充电状态，恰好能抵消电池自放电的一种充电方法，其充电电率对满充的电池长期充电无害，但对完全放电的电池充电，电流太小。

（2）最小电流充电　是指在能使深度放电的电池有效恢复电池容量的前提下，把充电电流尽可能地调整到最小的方法。

（3）标准充电　即采用标准速率充电，充电时间为14h。

（4）高速率（快速）充电　即在3h内就给蓄电池充满电的方法，这种充电方法需要自动控制电路保护电池不损坏。

2. 恒压充电

恒压充电是指充电过程中保持充电电压不变的充电方法，充电电流随蓄电池电动势的升高而减小。合理的充电电压，应在蓄电池即将充足时使其充电电流趋于0。如果电压过高会造成充电初期充电电流过大和过充电，如果电压过低则会使蓄电池充电不足。充电初期若充电电流过大，则应适当调低充电电压，待蓄电池电动势升高后再将充电电压调整到规定值。

恒压充电的优点是充电时间短，充电过程无需调整电压，较适合于补充充电。缺点是不容易将蓄电池完全充足，充电初期大电流对极板会有不利影响。

3. 恒流限压充电

先以恒流方式进行充电，当蓄电池组端电压上升到限压值时，充电机自动转换为恒压充电，直到充电完毕。

四、电动汽车充电方式

电动汽车充电方式主要有常规充电方式、快速充电方式、电池更换方式、无线充电方式和移动式充电方式等。

1. 常规充电方式

常规充电方式采用恒压、恒流的传统充电方式对电动汽车进行充电，相应的充电机的工作和安装成本相对比较低。电动汽车家用充电设施（车载充电机）和小型充电站多采用这种充电方式。车载充电机是电动汽车的一种最基本的充电设备，如图2-42所示。充电机作为标准配置固定在车上或放在后备厢里。由于只需将车载充电机的插头插到停车场或家中的电源插座上即可进行充电，因此充电过程一般由客户自己独立完成。直接从低压照明电路取电，充电功率较小，由220V/16A规格的标准电网电源供电。典型的充电时间为8～10h（SOC值达到

95%以上)。这种充电方式对电网没有特殊要求,只要能够满足照明要求的供电质量就能够使用。由于在家中充电通常是晚上或者是在电低谷期,有利于电能的有效利用。

图 2-42　车载充电机充电方式

小型充电站是电动汽车的一种最重要的充电方式,如图 2-43 所示,充电桩设置在街边、超市、办公楼、停车场等处。采用常规充电电流充电。电动汽车驾驶员只需将车停靠在充电站指定的位置上,接上电线即可开始充电。计费方式是投币或刷卡,充电功率一般在 5~10kW,采用三相四线制 380V 供电或单相 220V 供电。其典型的充电时间是,补电 1~2h,充满 5~8h(SOC 值达到 95%以上)。

图 2-43　小型充电站充电方式

常规充电方式主要优点是,充电技术成熟,技术门槛低,使用方便,容易推广普及;充电设施配置简单,占地较小,投资少;电池充电过程缓和,电池能够深度充满;充电时电池发热温和,不易发生高温短路或爆炸危险,安全性较高;接口和相关标准较低;充电功率相对低,对配电网要求降低,基础设施配套需求小;一般选择夜间充电,可避开傍晚用电高峰期,节能效果较好。

常规充电方式主要缺点是,充电时间长,续驶里程有限,使用受到限制;用于有慢速充电需求的停车场所,如住宅小区停车场、社会公共停车场等。

2. 快速充电方式

快速充电方式以 150~400A 的高充电电流在短时间内为蓄电池充电，与常规充电方式相比安装成本相对较高。快速充电也可称为迅速充电或应急充电，其目的是在短时间内给电动汽车充满电。大型充电站（机）多采用这种充电方式。

大型充电站（机）的快速充电方式如图 2-44 所示，它主要针对长距离旅行或需要进行快速补充电能的情况进行充电，充电机功率很大，一般都大于 30kW，采用三相四线制 380V 供电。其典型的充电时间是 10~30min。这种充电方式对电池寿命有一定的影响，特别是普通蓄电池不能进行快速充电，因为在短时间内接受大量的电量会导致蓄电池过热。快速充电站的关键是非车载快速充电组件，它能够输出 35kW 甚至更高的功率。由于功率和电流的额定值都很高，因此这种充电方式对电网有较高的要求，一般应靠近 10kV 变电站附近或在监测站和服务中心中使用。

图 2-44　大型充电站（机）的快速充电方式

快速充电方式主要优点是，技术较为成熟，接口标准要求较低；充电速度快，增加电动汽车长途续航能力，是一种有效的补充方案。

快速充电方式主要缺点是，充电功率较大，接口和用电安全提高，电池散热成为重要因素；电池不能深度充电，一般为电池容量的 80% 左右，容易损害电池寿命，需要承担更多的电池折旧成本；短时用电消耗大，对配电网要求较高，基础设施配套需求巨大。

3. 电池更换方式

采用更换电池的方式迅速补充车辆电能，电池更换可在 10min 以内完成，理论上无限提升了车辆续驶里程。

如图 2-45 所示为利用换电机器人为电动汽车更换电池。

图 2-45　利用换电机器人为电动汽车更换电池

电池更换方式主要优点是，电池更换客户感受接近传统的加油站加油；用户只需购买裸车，电池采用租赁的方式，大幅降低了车辆价格；采用适合的充电方式保证电池的健康以及电池效能的发挥，电池集中管理便于集中回收和维护，减小环境污染；选择夜间用电低谷时段慢速充电，降低服务机构运行成本，对电网起到错峰填谷作用。

电池更换方式主要缺点是，基础设施建设成本较高，占用场地大，电网配套要求高；需解决电动汽车更换电池方便的问题，如电池设计安装位置、电池拆卸难易程度等；需要电动汽车行业众多标准的严格统一，包括电池本身外形和各项参数的标准化，电池和电动汽车接口的标准化，电池和外置充电设备接口的标准化等；电池更换容易导致电池接口接触不良等问题，对电池及车辆接口的安全可靠要求提高；电池租赁带来的资产管理、物流配送、计价收费等一系列问题，运作复杂性和成本提高。

4. 无线充电方式

电动汽车无线充电方式是利用无线电能传输技术对蓄电池进行充电的一种新型充电方式，主要有电磁感应充电方式、磁共振充电方式和微波充电方式。

（1）电磁感应充电方式　电磁感应充电方式是通过送电线圈和接收线圈之间传输电力，这是最接近实用化的一种充电方式。当送电线圈中有交变电流通过时，发送（初级）、接收（次级）两线圈之间产生交替变化的磁场，由此在次级线圈产生随磁场变化的感应电动势，通过接收线圈端对外输出交变电流。该充电方式存在的问题是，送电距离比较短（约 100mm），并且送电与受电两部分出现较大偏差时,电力传输效率就会明显下降;有异物进入时,会出现局部发热的情况;电磁波及高频方面的防护问题也不易解决;功率大小与线圈尺寸直接相关,需要大功率传送电力时,需在基础设施建设和电力设备方面加大投入。

(2) 磁共振充电方式　磁共振充电方式主要由电源、电力输出、电力接收、整流器等组成,基本原理与电磁感应方式基本相同。电源传送部分有电流通过时,所产生的交变磁束使接收部分产生电势,为电池充电时输出电流。与电磁感应充电方式的不同之处在于,磁共振充电方式加装了两个高频驱动电源,采用兼备线圈和电容器的 LC 共振电路,而并非由简单线圈构成送电和接收两个单元。共振频率的数值会随送电与接收单元之间距离的变化而改变,当传送距离发生改变时,传输效率也会像电磁感应一样迅速降低。因此,可通过控制电路调整共振频率,使两个单元的电路发生共振,即"共鸣",也称这种磁共振状态为"磁共鸣"。在控制回路的作用下改变传送与接收的频率,可将电力传送距离增大至数米左右,同时将两单元电路的电阻降至最小以提高传送效率。传输效率还与发送和接收电单元的直径相关,传送面积越大,传输效率越高。目前的传输距离可达 400mm 左右,传输效率可达 95%。目前磁共振充电方式技术上的难点是小型、高效率化比较难。现在的技术能力大约是直径 0.5m 的线圈,能在 1m 左右的距离提供 60W 的电力。

(3) 微波充电方式　微波充电方式使用 2.45GHz 的电波发生装置传送电力。传送的微波也是交流电波,可用天线在不同方向接收,用整流电路转换成直流电为电动汽车蓄电池充电,并且可以实现一点对多点的远距离传送。为防止充电时微波外漏,充电部分装有金属屏蔽装置,使用中,送电与受电之间的有效屏蔽可防止微波外漏。该充电方式目前存在的主要的问题是磁控管产生微波时的效率过低,造成许多电力变为热能被白白消耗。

相对于电动汽车的有线充电而言,无线充电具有使用方便、安全、可靠,没有电火花和触电的危险,无积尘和接触损耗,无机械磨损,没有相应的维护问题,可以适应雨、雪等恶劣的天气和环境等优点。无线充电技术用于电动汽车充电可以降低人力成本,节省空间,不影响交通视线等。如果可以实现电动汽车的动态无线充电,则可以大幅减少电动汽车配备的动力电池容量,从而减轻整车重量,降低电动汽车的运行成本。

有了无线充电技术,公路上行驶的电动汽车或双能源汽车可通过安装在电线杆或其他高层建筑上的发射器快速补充电能。电费将从电动汽车上安装的预付卡中扣除。

电动汽车无线充电示意图如图 2-46 所示。

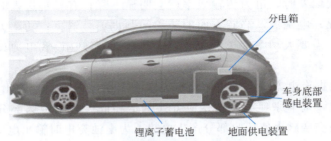

图 2-46　电动汽车无线充电示意图

5. 移动式充电方式

对电动汽车蓄电池而言，最理想的情况是电动汽车在路上行驶时充电，即所谓的移动式充电，如图 2-47 所示。这样，电动汽车用户就没有必要去寻找充电站、停放车辆并花费时间去充电。移动式充电系统埋设在一段路面之下，即充电区，不需要额外的空间。

图 2-47　电动汽车移动充电

接触式和感应式的移动式充电系统都可实施。接触式的移动式充电系统需要在车体的底部装一个接触拱，通过与嵌在路面上的充电元件相接触，接触拱便可获得瞬时高电流。当电动汽车行驶通过移动式充电区时，其充电过程为脉冲充电。对于感应式的移动式充电系统，车载式接触拱由感应线圈所取代，嵌在路面上的充电元件由可产生强磁场的高电流绕组所取代。很明显，由于机械损耗和接触拱的安装位置等因素的影响，接触式的移动式充电对人们的吸引力不大。

目前的研究主要集中在感应充电方式，因为它不需要机械接触，也不会产生大的位置误差。当然，这种充电方式的投资巨大，现在仍处于实验阶段。

总之，方便、高效的充电方式，是大量推广使用电动汽车的基础。

五、电动汽车车载充电机

车载充电机具有为电动汽车动力电池安全、自动充满电的能力，充电机依据电池管理系统提供的数据，能动态调节充电电流或电压参数，执行相应的动作，完成充电过程。

1. 电动汽车车载充电机的组成

车载充电机由交流输入端口、功率单元、控制单元、低压辅助单元、直流输出端口等部分组成。车载充电机连接示意图如图 2-48 所示。

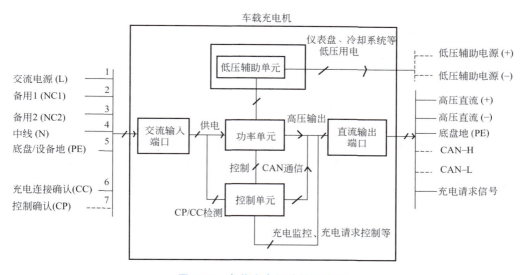

图 2-48　车载充电机连接示意图

（1）交流输入端口　交流输入端口是车载充电机与地面供电设备的连接装置，当使用车载充电机对电动汽车充电时，推荐使用如图 2-49 所示的典型引导电路作为充电接口连接状态及车载充电机输入的判断装置。

（2）功率单元　功率单元作为充电能量的传递通道，主要包括电磁干扰抑制模块、整流模块、功率因数校正模块、滤波模块、全桥变换模块、直流输出模块，其作用是在控制单元的配合下，把电网的交流电转换成蓄电池需要的高压直流电。

（3）控制单元　控制单元主要包括原边检测及保护模块、过流检测及保护模块、过压/欠压监测及保护模块、DSP 主控模块，其作用是通过电力电子开关器件控制功率单元的转换过程，通过闭环控制方式精确完成转换功能，并提供保护功能。

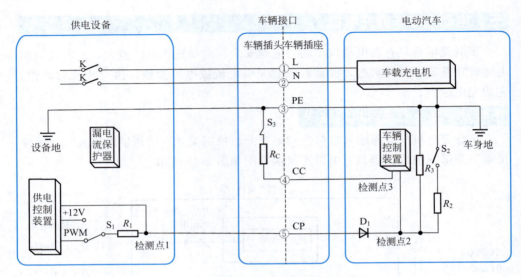

图 2-49 车载充电机输入控制引导电路

(4) 低压辅助单元 低压辅助单元主要包括 CAN 通信模块、辅助电源模块、人机交互模块,其作用是为控制单元的电力电子器件提供低压供电及实现系统与外界的联系。

(5) 直流输出端口 直流输出端口是车载充电机与蓄电池之间的连接装置,车载充电机输出控制引导电路如图 2-50 所示。

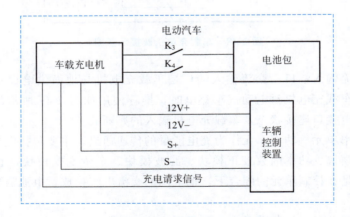

图 2-50 车载充电机输出控制引导电路

2. 电动汽车车载充电机的技术参数

车载充电机输入技术参数的推荐值见表 2-12。

表 2-12 车载充电机输入技术参数的推荐值

序号	额定输入电压/V	额定输入电流/A	额定输入功率/kW	额定频率/Hz
1	单相 220	10	2.2	50
2	单相 220	16	3.5	
3	单相 220	32	7.0	
4	三相 380	16	10.5	
5	三相 380	32	21.0	
6	三相 380	63	41.0	

车载充电机输出技术参数的推荐值见表 2-13。

表 2-13 车载充电机输出技术参数的推荐值

输出电压等级	输出电压范围/V	标称输出电压推荐值/V
1	24～65	48
2	55～120	72
3	100～250	144
4	200～420	336
5	300～570	384、480
6	400～750	640

输出电流可根据各厂家蓄电池组的电压情况设定。车载充电机在额定输入电压、额定负载的状态下，效率应不低于 90%，功率因数应不低于 0.92。

车载充电机的技术参数误差要求：输入电压波动范围为额定输入电压±15%；输入电压频率波动范围为额定频率±2%；车载充电机在恒压输出状态下运行时，其输出电压与设定电压的误差应为±1%；车载充电机在恒流输出状态下运行时，其输出电流与设定电流的误差应为±5%；车载充电机在允许的输出电流的范围内，输出电流的周期和随机偏差不能大于设定电流值的 10%；车载充电机在稳流区间工作时，其稳流精度应小于 1%，在稳压区间工作时，稳压精度应小于 0.5%。

3. 电动汽车车载充电机的充电接口

电动汽车车载充电机属于交流充电，其接口应满足交流充电接口的要求。

车载充电机车辆供电插头和插座的触头布置方式如图 2-51 所示。

车载充电机车辆供电插头和充电插座如图 2-52 所示。

在充电连接过程中，首先接通保护接地触头，最后接通控制确认触头与充电连接确认触头；断开过程相反。车辆充电接口的电气连接界面如图 2-53 所示，其供电接口的电气连接界面如图 2-54 所示。

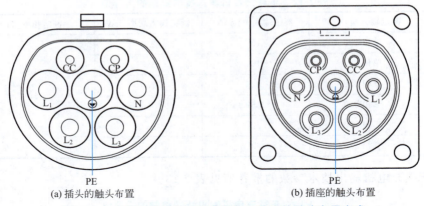

图 2-51 车载充电机车辆供电插头和插座的触头布置方式

图 2-52 车载充电机车辆供电插头和充电插座

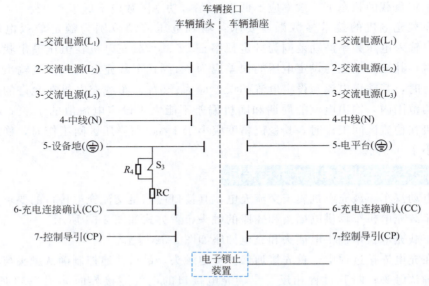

图 2-53 车辆充电接口的电气连接界面

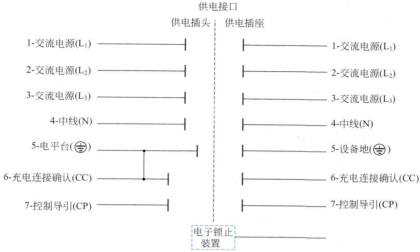

图 2-54 车辆供电接口的电气连接界面

4. 电动汽车车载充电机的充电过程

利用车载充电机对电动汽车进行充电的过程如下。

① 将车辆插头和插座插合后，车辆的总体设计方案可以自动启动某种触发条件，通过互锁或者其他控制措施使车辆处于不可行驶状态。

② 电动汽车车辆控制装置通过测量图 2-49 中检测点 3 与 PE 之间的电阻值，判断车辆插头与车辆插座是否已完全连接。

③ 在操作人员对供电设备完成充电启动设置后，如供电设备无故障，并且供电接口已完全连接，则闭合 S_1，供电控制装置发出脉冲宽度调制（PWM）信号，电动汽车车辆控制装置通过测量图 2-49 中检测点 2 的 PWM 信号，判断充电连接装置是否已完全连接。

④ 在电动汽车和供电设备建立电气连接及车载充电机完成自检后，通过图 2-49 中检测点 2 的 PWM 信号确认充电额定电流值；车载充电机给电动汽车控制装置发送充电感应请求信号，同时或延时给车辆控制装置供电；根据充电协议进行信息确认，若需充电，则电动汽车控制装置发送需充电报文并控制充电接触器闭合，车载充电机按所需功率输出。

⑤ 车辆控制装置通过判断图 2-49 中检测点 2 的 PWM 信号占空比确认供电设备当前能提供的最大充电电流值；车辆控制装置对供电设备、充电连接装置及车载充电机的额定输入电流值进行比较，将其最小值设定为车载充电机当前最大允许输入电流；当判断充电连接装置已完全连接，并完成车载充电机最大允许输入电流设置后，车辆控制装置控制图 2-49 中 K_3、K_4 闭合，车载充电机开始对

电动汽车进行充电。

⑥ 充电过程中,车辆控制装置可以对图 2-49 中检测点 3 的电压值 PWM 信号占空比进行监测,供电控制装置可以对图 2-49 中检测点 1 的电压值进行监测。

⑦ 在充电过程中,当充电完成或者因为其他不满足充电条件时,车辆控制装置发出充电停止信号给车载充电机,车载充电机停止直流输出、CAN 通信和低压辅助电源输出。

5. 电动汽车车载充电机的发展趋势

随着电动汽车续航里程的提升(350~500km),电池电量普遍大于 60kW·h,传统的 3.3kW 和 6.6kW 车载充电机功率已不能满足当下纯电动汽车的慢充(6~8h)需求,车载充电机功率扩容势在必行。然而,整车配备大功率充电机虽可减少充电时间,但由于受车辆配重、空间以及成本的制约,同时大功率的交流充电也受电网基础设施的影响,如小区配电的容量,该解决方案面临诸多挑战。

电动汽车充电系统的设计趋势是大功率、高效率,以便在一次充电保证尽可能多的续航里程。

对于车载充电机产品扩功率、降成本的发展趋势,主要形成了两种技术形态。

① 单向充电技术向双向充电技术发展,单向充电机变成双向充电机。车载双向充电机就是充电机既可以给电动汽车蓄电池充电,又可以在必要时将蓄电池的电逆变成交流电,给负载离网供电,或回馈到电网并网馈电。通过车载双向充电机的应用,未来电动汽车不仅仅是一个交通工具,还将成为一个移动的储能电站。

车载充电机呈集成化趋势,车载充电机与 DC/DC 变换器和电机控制器集成在一起,具有 V2V(车对车)、V2L(车对负载)、V2H(车对家庭)、V2G(车对电网)功能的双向充电机,如图 2-55 所示。

② 单相充电技术向三相充电技术发展。现阶段,许多电动汽车不支持高于 6.6kW 的交流充电功率水平,但交流连接器支持高达 19kW(美国)、14kW(欧洲)的单相功率水平,以及高达 52kW(美国)、44kW(欧洲)的三相功率水平。标准化充电功率与电动汽车交流充电功能之间还未完全匹配,因此,在现有充电标准内增加 AC 充电水平存在相当大的潜力。

六、电动汽车非车载充电机

作为推动电动汽车发展的重要因素,电动汽车充电站这一基础设施的建设显得尤为重要,没有充电站就相当于现在没有加油站,充电站的建设对于提供电动

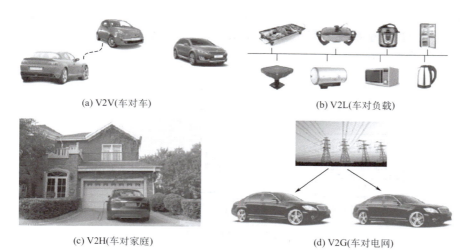

图 2-55　车载双向充电机

汽车远程旅行，提高续驶里程具有非常重要的作用。而作为充电站的核心，非车载充电机是必不可少的。

1. 电动汽车非车载充电机的组成

非车载充电机主要由充电机主体和充电终端两个部分组成，如图 2-56 所示。充电机主体通过三相输入接触器与电网相连，将交流电转换为输出电压和电流可调的直流电。输出经过充电终端的充电接口与电动汽车的蓄电池相连。充电终端面向用户，并与整流柜控制系统、电池管理系统、充电站监控系统等实现通信。充电终端也有一个单独的 MCU 控制系统，对整个终端进行管理。充电终端包括

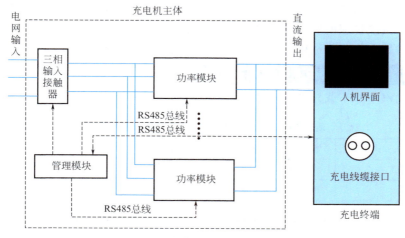

图 2-56　非车载充电机系统结构

IC 卡计费系统、打印系统、人机面板显示系统、电能测量系统，并与整流柜控制系统、电池管理系统、充电站监控系统等实现通信，它们之间的关系如图 2-57 所示。

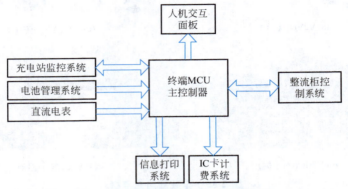

图 2-57　非车载充电机充电终端结构

功率模块是非车载充电机中实现能量传递的主体，是充电机中最关键的部件，单个功率模块难以实现充电机的大功率输出，必须选择分布式系统来实现，即多个相同的功率模块并联均流。

人机界面不但要提供给充电时客户所关心的一些信息，还要提供给充电站维护人员一些必要信息，主要有电池类型、充电电压、充电电流、电能量计量信息，单体电池最高/最低电压，故障及报警信息等。在充电完成后，需要充电机打印输出交易信息，比如用电量、交易金额及充电时间等。

管理模块和充电终端以及各功率模块进行数据交互，通过 RS485 总线下发正确的充电控制命令和参数设置命令给各功率模块。功率模块作为充电的具体执行模块，按照管理模块下发的命令上传自身参数，或者接受管理模块的命令，设置相关参数完成充电过程。管理模块和功率模块协同工作实现充电功能。

2. 电动汽车非车载充电机的技术参数

电动汽车非车载充电机输入技术参数见表 2-14。

表 2-14　电动汽车非车载充电机输入技术参数

输入方式	输入电压额定值/V	输入电流额定值/A	频率/Hz
1	单相 220	$I_N \leq 16$	
2	单相 220/三相 380	$16 < I_N \leq 32$	50
3	三相 380	$I_N > 32$	

根据蓄电池组电压等级的范围，非车载充电机输出电压一般分为三级，即

150～350V、300～500V、450～700V。

非车载充电机输出额定电流宜采用10A、20A、50A、100A、160A、200A、315A、400A、500A。

当非车载充电机的输出功率为额定功率的50%～100%时，效率不应小于90%，功率因数不应小于0.9。

非车载充电机技术参数误差要求：当交流电源电压在标称值的±15%范围内变化，输出直流电压在规定的相应调节范围内变化时，输出直流电流在额定值的20%～100%范围内任一数值上应保持稳定，充电机输出电流精度不应超过±1%；当交流电源电压在标称值的±15%范围内变化，输出直流电流在额定值的0～100%范围内变化时，输出直流电压在规定的相应调节范围内任一数值上应保持稳定，充电机输出电压精度不应超过±0.5%。

3. 电动汽车非车载充电机的充电接口

电动汽车非车载充电机车辆插头和插座的触头布置方式如图2-58所示。

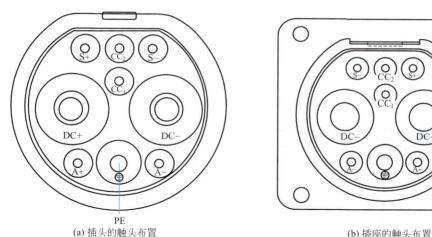

图 2-58　电动汽车非车载充电机车辆插头和插座的触头布置方式

非车载充电机车辆供电插头和充电插座如图2-59所示。

图 2-59　非车载充电机车辆供电插头和充电插座

车辆插头和车辆插座在连接过程中触头耦合的顺序为：保护接地，直流电源正、直流电源负、车辆端连接确认，低压辅助电源正与低压辅助电源负，充电通信与供电端连接确认；在脱开的过程中则顺序相反。非车载充电机直流充电接口的连接界面如图 2-60 所示。

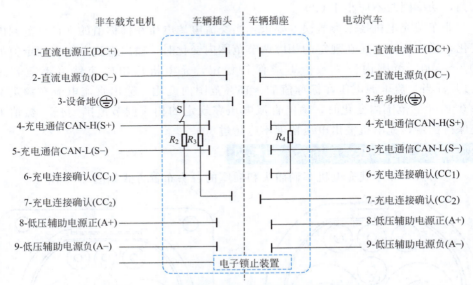

图 2-60　非车载充电机直流充电接口的连接界面

4. 电动汽车非车载充电机的充电过程

非车载充电机直流充电安全保护系统基本方案如图 2-61 所示，包括非车载充电机控制装置，电阻 R_1、R_2、R_3、R_4、R_5，开关 S，直流供电回路接触器 K_1 和 K_2（可以仅设置 1 个）、低压辅助供电回路接触器 K_3 和 K_4（可以仅设置 K_3）、充电回路接触器 K_5 和 K_6（可以仅设置 1 个），电子锁以及车辆控制装置，其中车辆控制装置可以集成在电池管理系统中。电阻 R_2 和 R_3 安装在车辆插头上，电阻 R_4 安装在车辆插座上。开关 S 为车辆插头的内部常闭开关，当车辆插头和车辆插座完全连接后，开关 S 闭合。在整个充电过程中，非车载充电机控制装置应能监测接触器 K_1、K_2，接触器 K_3、K_4，以及电子锁状态，并控制其接通和关断；电动汽车车辆控制装置应能监测接触器 K_5 和 K_6 状态并控制其接通及关断。

利用非车载充电机对电动汽车进行充电的过程如下。

① 将车辆插头和插座插合后，车辆的总体设计方案可以自动启动某种触发条件，通过互锁或者其他控制措施使车辆处于不可行驶状态。

② 操作人员对非车载充电机进行充电设置后，非车载充电机控制装置通过

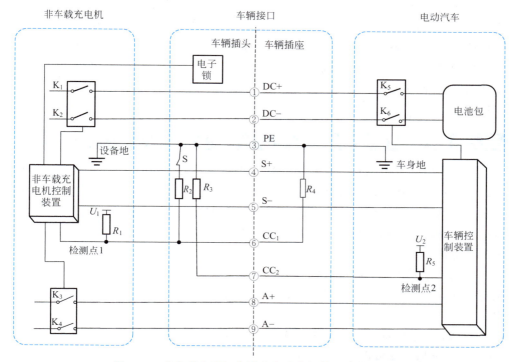

图 2-61 非车载充电机直流充电安全保护系统基本方案

测量检测点 1 的电压值判断车辆插头与车辆插座是否已完全连接，如检测点 1 的电压值为 4V，则判断车辆接口完全连接，非车载充电机控制电子锁锁止。

③ 在车辆接口完全连接后，如非车载充电机完成自检，则闭合接触器 K_3 和 K_4，使低压辅助供电回路导通，同时开始周期发送"充电机辨识报文"；在得到非车载充电机提供的低压辅助电源供电后，车辆控制装置通过测量检测点 2 的电压值判断车辆接口是否已完全连接；如检测点 2 的电压值为 6V，则车辆控制装置开始周期发送"车辆控制装置（或电池管理系统）辨识报文"，该信号也可以作为车辆处于不可行驶状态的触发条件之一。

④ 车辆控制装置与非车载充电机控制装置通过通信完成握手和配置后，车辆控制装置闭合接触器 K_5 和 K_6，使充电回路导通；非车载充电机控制装置闭合接触器 K_1 和 K_2，使直流供电回路导通。

⑤ 在整个充电阶段，车辆控制装置通过向非车载充电机控制装置实时发送充电级别需求来控制整个充电过程，非车载充电机控制装置根据电池充电级别需求来调整充电电压和充电电流以确保充电正常进行，此外，车辆控制装置和非车载充电机控制装置还相互发送各自的状态信息。

⑥ 车辆控制装置根据电池系统是否达到满充状态或是否收到"充电机中止充电报文"来判断是否结束充电。在满足以上充电结束条件时,车辆控制装置开始周期发送"车辆控制装置(或电池管理系统)中止充电报文",在一定时间后断开接触器 K_5 和 K_6;非车载充电机控制装置开始周期发送"充电机中止充电报文",并控制充电机停止充电,之后断开接触器 K_1、K_2、K_3 和 K_4,然后电子锁解锁。

七、电动汽车光伏充电站

目前,电动汽车充电站主要是利用电网供电,如果电动汽车得到大量推广使用,必将额外消耗大量不可再生资源用于发电,煤、石油等化石能源在燃烧发电过程中又造成环境污染,加重了传统能源消耗和环境问题,因此,开发利用清洁的可再生能源给电动汽车充电站供电势在必行,光伏充电站是电动汽车未来最理想的充电站。

电动汽车光伏充电站可以分为两类,即离网运行的电动汽车光伏充电站和并网运行的电动汽车光伏充电站,目前应用较多的是并网运行的电动汽车光伏充电站。

并网运行的电动汽车光伏充电站主要由光伏电池阵列、储能电池组、多组DC/DC 变换器、交流电源、中央控制器等单元组成,如图 2-62 所示。

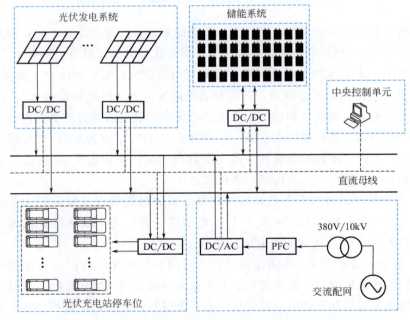

图 2-62 电动汽车光伏充电站系统结构图

光伏电池阵列由太阳能电池板串、并联组成,它吸收太阳能并发出直流电,经 DC/DC 变换器接入充电系统,是站内电动汽车充电的主要电源。

储能电池组在系统中启动能量储存和调节作用,当光伏发电量过剩时,储存多余的电能;光伏不足时,由储能或与交流配网一起向电动汽车充电。

多组 DC/DC 变换器是作为光伏电池阵列、储能电池组和电动汽车充电系统的变流单元,其中,光伏发电系统和电动汽车充电系统使用能量单向流动的 DC/DC 变换器,储能电池组使用能量双向流动的 DC/DC 变换器。

DC/AC 变换器是作为交流配电网与光伏充电系统的连接单元,根据站内充电需要,将配电网输入的交流电转换为直流接入充电系统。

中央控制器协调系统内各组成单元正常运行,实现能量的监测与控制。

电动汽车光伏充电站的原理是利用高储能电池把太阳能发的电能储存并及时提供给电动汽车充电使用或是给其他系统供应电力,而在太阳能发的电能不足以满足充电站使用时,可以从电网中输送电能到充电站中储存,以便于及时给电动汽车提供电力。

光伏充电站具有以下主要特点。

① 光伏充电站不需要建设专门的电站或是电网来供电给充电站使用,也不需要加大电网的电容量。因为光伏发电系统不但有自身的发电功能,在遇到供不应求的情况时,光伏充电站系统会在电网低谷时段选择从国家电网购买电量储存在储能系统里,这样不仅使充电站的电量能满足快速给电动汽车充电且不影响电网的使用,而且也对国家电网低谷时段的电力做了有效利用。相反地,当国家电网到高峰时段用电压力较大时,也同样可以利用充电站储电优势反供电给电网。

② 因为储能光伏充电站是多个储能电池组合成的,所以即使遇到供不应求的情况,也不需要重新建造更大的充电站,其扩大能量的方法非常简单,只要按需求增加电池组数量即可。这样就在很大程度上节约了充电站的建设成本,给充电站的长远发展提供了更多的可能性。

特斯拉在北京首个光伏超级充电站已经投入使用,如图 2-63 所示。该光伏超级充电站由一个充电机带两个充电桩组成,采用电网电能和太阳能联合供电方式,并备有电池组储电。所谓超级,即高压大电流,可实现快速充电。交流输入电压为 380V,电流为 192A;直流输出功率为 125kW,给电动汽车充电。以电力用尽的特斯拉 Model S85 为例,20min 充电一半,40min 充电 80%,80min 充电 100%。

宝马公司和 EIGHT 设计公司共同开发了一款电动汽车光伏充电站,现已安装在慕尼黑的宝马博物馆,如图 2-64 所示。该充电站的外形类似一个拱形的鸟翼。以太阳能板作为顶棚,内部基于 LED 的电气照明系统可以与用户进行交互

图 2-63 特斯拉光伏超级充电站

图 2-64 宝马电动汽车光伏充电站

式体验。当用户接近充电站的时候,LED 灯的颜色和亮度会发生改变。LED 照明系统也可以告诉人们该充电站是有人占用还是处于空闲状态。

充电站的集成触摸显示屏会显示车辆相关的信息,例如当前电池续驶里程、启动之前的安全信息以及收费方式。它还会告诉用户电动汽车的电池能使用多久,在到达目的地之前,用户需要在何时何地进行充电。充电站靠收集太阳能为电动汽车充电,同时也将平日不用的能量重新输送回输电网。

八、充电注意事项

当电动汽车 SOC 显示 20% 左右时,就应该充电。

1. 电动汽车充电时的注意事项

(1)选择充电方式 充电方式有快充和慢充,要阅读使用说明书,选择最佳充电方式。

(2) 快速充电　快速充电的电流电压较高，短时间内对电池的冲击较大，容易令电池的活性物质脱落和电池发热，因此对电池保护散热方面有更高的要求，并不是每款车型都可快速充电。

(3) 常规充电　常规充电采用随车配备的便携式充电设备进行充电，可使用家用电源或专用的充电桩电源。充电电流较小，一般为16～32A，充电时间为5～8h。

(4) 低谷充电　可充分利用电力低谷时段进行充电，降低充电成本。

(5) 正确掌握充电时间　在使用过程中，应根据实际情况准确把握充电时间，参考平时使用频率及行驶里程情况，把握充电频次。正常行驶时，如果电量表指示红灯和黄灯亮，就应充电；如只剩下红灯亮，应停止运行，尽快充电，否则电池过度放电会严重缩短其寿命。充满电后运行时间较短就充电，充电时间不宜过长，否则会形成过度充电，使电池发热。过度充电、过度放电和充电不足都会缩短电池寿命。

(6) 避免大电流放电　电动汽车在起步、加速、上坡时，尽量避免猛踩加速，形成瞬间大电流放电，大电流放电容易损害电池极板的物理性能。

(7) 车辆长期不用时的电池存储　一般采用半电存储，可以为30%～60%。

2. 防止电动汽车过充电的注意事项

(1) 设置好时间　用充电桩进行充电时，一定要设置好时间，不要过分充电。应该根据电动汽车所剩余电量的实际情况，选择到底充电多久。如果时间过长，对蓄电池是一种伤害。

(2) 定时去检查　在给电动汽车充电时，应该定时去检查一下，看一看电量是否充满。如果充满就应该及时拔掉电源。

(3) 利用好时段　一般情况的电动汽车充满电量需要5～8h，所以说，充电应该利用好时间段。提前计算好充电时间，比方说利用晚上时间，从晚上10点开始充，到第二天早晨6点断电，正好8h。

(4) 勤充少充　如果选择在办公室充电，而且是用电源充电的话，最好的方法是充电次数多一些，每次充电时间少一些。比方说，上午8点半到达办公室就开始充电，中午12点拔掉电源，然后开车回家。

(5) 尽量不要用快充　在充电的时候，尽量不要用快充的方式给电动汽车充电，除非到万不得已的时候。因为快充的原理，就是利用高压使电离子快速进入蓄电池。虽然充电过程快，但对蓄电池是一种伤害。

(6) 蓄电池不要闲置太久　对于电动汽车，用户应该多驾驶。不要闲置一两个月才驾驶一次，那样对蓄电池的损伤很大。经常使用，就能激发蓄电池的能量，变得更加耐用。

九、充电设施运营模式

充电设施运营模式主要有政府主导模式、企业主导模式、用户主导模式、混合模式、众筹模式等，如图 2-65 所示。

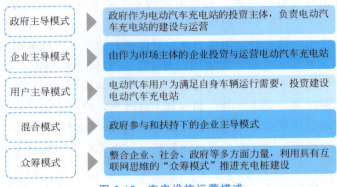

政府主导模式	政府作为电动汽车充电站的投资主体，负责电动汽车充电站的建设与运营
企业主导模式	由作为市场主体的企业投资与运营电动汽车充电站
用户主导模式	电动汽车用户为满足自身车辆运行需要，投资建设电动汽车充电站
混合模式	政府参与和扶持下的企业主导模式
众筹模式	整合企业、社会、政府等多方面力量，利用具有互联网思维的"众筹模式"推进充电桩建设

图 2-65 充电设施运营模式

各种充电设施运营模式的特点如图 2-66 所示。

特点
按照政府建设与运营方式不同，有两种具体操作方式
①直接主导方式，即由政府直接出资、建设、运营
②间接主导方式，即由政府出资、建设，移交其他企业或机构运营

优点
①引领和推动电动汽车及其充电站建设有序发展
②实现电动汽车充电站的统一规划和集约化发展

缺点
①增加政府财政压力
②运营效率低下
③不利于电动汽车充电站大规模集约化建设与运营

(a) 政府主导模式

特点
①带动电动汽车销售
②看好充电站的盈利前景
③占领新能源市场
④实现企业发展方式转变

优点
①能保证电动汽车充电站建设所需的资金投入
②可以有效提高充电站的经营效率和管理水平

缺点
①容易导致充电站建设的无序发展
②影响或制约电动汽车产业发展
③与相关领域的协调性不足

(b) 企业主导模式

特点
电动汽车用户投资充电站，是将其视为电动汽车的一项配套设施，避免受制于外部充电站，以及由此给电动汽车运行带来的不利和不便影响

优点
电动汽车用户可以根据自身需要建设充电设施，实现充电设施与其自身的电动汽车有效链接

缺点
电动汽车用户不仅要承担高额的充电设施建设和运行费用，更为重要的是会导致充电设施利用率低和造成重复建设

(c) 用户主导模式

第二章 纯电动汽车电源系统

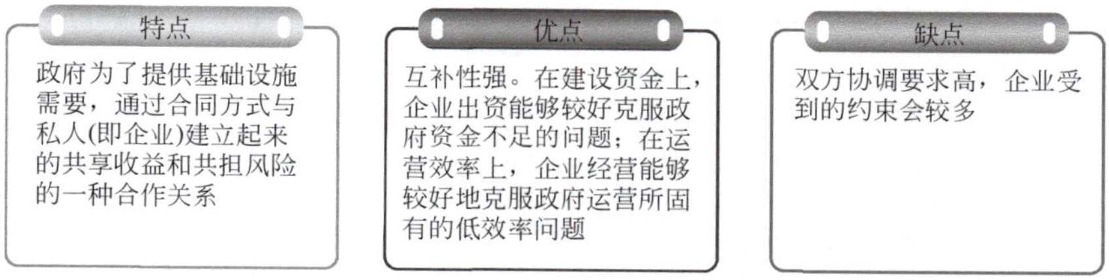

特点	优点	缺点
政府为了提供基础设施需要，通过合同方式与私人（即企业）建立起来的共享收益和共担风险的一种合作关系	互补性强。在建设资金上，企业出资能够较好克服政府资金不足的问题；在运营效率上，企业经营能够较好地克服政府运营所固有的低效率问题	双方协调要求高，企业受到的约束会较多

(d) 混合模式

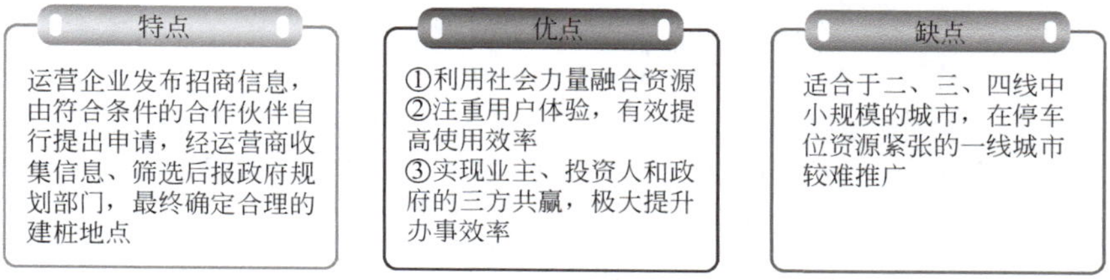

特点	优点	缺点
运营企业发布招商信息，由符合条件的合作伙伴自行提出申请，经运营商收集信息、筛选后报政府规划部门，最终确定合理的建桩地点	①利用社会力量融合资源 ②注重用户体验，有效提高使用效率 ③实现业主、投资人和政府的三方共赢，极大提升办事效率	适合于二、三、四线中小规模的城市，在停车位资源紧张的一线城市较难推广

(e) 众筹模式

图 2-66 充电设施运营模式的特点

十、充电基础设施发展目标

以构建慢充普遍覆盖、快充（换电）网络化部署来满足不同充电需求的立体充电体系为目标，实现充电设施网络与新能源汽车产业协调发展，建立布局合理、集约高效、绿色安全和性能优异的充电基础设施网络。

至 2035 年，建成慢充桩端口达 1.5 亿端以上（含自有桩和公共桩），公共快充端口（含专用车领域）146 万端，支撑 1.5 亿辆以上车辆充电运行，同时实现城市出租车/网约车共享换电模式的大规模应用。

充电基础设施发展目标见表 2-15。

表 2-15 充电基础设施发展目标

	2025 年	2030 年	2035 年
总体目标	居住区、单位、社会停车场、推广目的地慢充应用覆盖，慢充电能输出占比达 70% 以上；公共快充以 750V 输出为应用主体，实现接口标准前后向兼容；都市核心区推广智能立体停车充电集约化场站	慢充桩电能输出占比达 80% 以上，居住区及停车场慢充设施实现 V2G 电能互动市场化应用；"智能泊车＋无线自动充电＋机械臂辅助自动充电"及大功率充电占比逐步提高；公共领域运营车辆共享换电较大规模应用	车桩协同智能泊车自主充电应用普及，居民区等停车设施 V2G 电能互动和园区"光储充"应用基本普及；本地光伏电能储能率达 80%；"车储＋储充站"对促进全社会可再生能源消纳贡献率达 30% 以上

续表

	2025 年	2030 年	2035 年
总体目标	在私人领域推广直流慢充集群技术,实现停车位慢充智能接线终端基本覆盖;释放配电和充电位潜力;乡村居所以自有小功率慢充终端充电为主;公共领域提高充电设施快充网点分布密度	形成居住小区市场化服务生态,全面推广毗邻车位充电负荷共享模式;实现分时共享充电智能引导;电能聚合快速充电能量共济,边缘计算安全增强;自动充电技术与消防预警联动等社区充电智能化技术应用普及;充电设施与智慧城市多网融合互联互通,实现充电设施与交通、能源等设施支付及安全保障数据融通共享;专用车领域充电配置高效化;充换电设施安全性能、服务能力及方便体验,均位居国际先进行列	全面覆盖住宅区域、商业、办公区车位,市郊及省、市、乡、镇路网、高速公路沿线等,实现充电设施合理分布及多种充电方式便捷应用
应用领域	重点促进私人领域配建慢充设施,基本覆盖城市住宅区及周边停车区域,以及公共区域、社会停车场及县级以上城乡核心区域及高速公路服务器	充电设施覆盖住宅小区及周边区域,以及单位车位、社会停车场和县级以上城市主要区域、乡镇重点区域、城际连线、高速公路服务器	全面覆盖住宅区域、商业、办公区车位,市郊及省、市、乡、镇路网、高速公路沿线等,实现充电设施合理分布及多种充电方式便捷应用
产业规模	慢充设施充电端口达 1300 万端以上;公共快充端口约 80 万端;保障年充电量接近 10^{11} kW·h 供电需求;支撑 2000 万辆以上车辆充电运行	慢充设施充电端口达 7000 万端以上;公共快充端口约 128 万端;保障年充电量接近 3×10^{11} kW·h 供电需求;支撑 8000 万辆以上车辆充电运行	慢充设施充电端口达 1.5 亿端以上;公共快充端口约 146 万端;保障年充电量接近 5×10^{11} kW·h 供电需求;支撑 1.5 亿辆以上车辆充电运行

第三章
纯电动汽车驱动电机系统

纯电动汽车驱动电机系统主要由电机和电机控制器组成，其中电机是电动汽车的核心部件之一，其性能的好坏直接影响电动汽车驱动系统的性能，特别是电动汽车的最高车速、加速性能及爬坡性能等。电动汽车用电机主要有直流电机、无刷直流电机、异步电机、永磁同步电机、开关磁阻电机等。

第一节　电机主要性能指标

电机是将电能转换成机械能或将机械能转换成电能的装置，它具有能做相对运动的部件，是一种依靠电磁感应而运行的电气装置。电机主要性能指标有额定功率、峰值功率、额定转速、最高工作转速、额定转矩、峰值转矩、堵转转矩、额定电压、额定电流、额定频率等。

(1) 额定功率　额定功率是指电机额定运行条件下轴端输出的机械功率。电机的功率等级为 1kW、2.2kW、3.7kW、5.5kW、7.5kW、11kW、15kW、18.5kW、22kW、30kW、37kW、45kW、55kW、75kW、90kW、110kW、132kW、150kW、160kW、185kW、200kW 及以上。

(2) 峰值功率　峰值功率是指在规定的时间内，电机运行的最大输出功率。

(3) 额定转速　额定转速是指电机额定运行（额定电压、额定功率）条件下电机的最低转速。

(4) 最高工作转速　最高工作转速是指在额定电压时，电机带载运行所能达到的最高转速，它影响电动汽车的最高设计速度。

(5) 额定转矩　额定转矩是指电机在额定功率和额定转速下的输出转矩。

(6) 峰值转矩　峰值转矩是指电机在规定的持续时间内允许输出的最大转矩。

(7) 堵转转矩　堵转转矩是指转子在所有角位堵住时所产生的最小转矩。

(8) 额定电压　额定电压是指电机正常工作的电压。电机电源的电压等级为 36V、48V、120V、144V、168V、192V、216V、240V、264V、288V、312V、336V、360V、384V、408V、540V、600V。

(9) 额定电流　额定电流是指电机额定运行（额定电压、额定功率）条件下电枢绕组（或定子绕组）的线电流。

(10) 额定频率　额定频率是指电机额定运行条件下电枢（或定子侧）的频率。

当电机在额定运行条件下输出额定功率时，称为满载运行，这时电机的运行性能、经济性及可靠性等均处于优良状态。输出功率超过额定功率时称为过载运行，这时电机的负载电流大于额定电流，将会引起电机过热，从而减少电机的使用寿命，严重时甚至烧毁电机。电机的输出功率小于额定功率时称为轻载运行，轻载运行时电机的效率和功率因数等运行性能均较差，因此应尽量避免电机轻载运行。

第二节　直流电机

直流电机是将直流电能转换成机械能的电机，是电机的主要类型之一，具有结构简单、技术成熟、控制容易等特点，在早期的电动汽车或希望获得更简单结构的电动汽车中应用，特别是场地用电动车辆和低速电动汽车。

一、直流电机的类型

直流电机分为绕组励磁式直流电机和永磁式直流电机。在电动汽车所采用的直流电机中，小功率电机采用的是永磁式直流电机，大功率电机采用的是绕组励磁式直流电机。

绕组励磁式直流电机根据励磁方式的不同，可分为他励式、并励式、串励式和复励式 4 种类型。

(1) 他励式直流电机　他励式直流电机的励磁绕组与电枢绕组无连接关系，而由其他直流电源对励磁绕组供电。因此励磁电流不受电枢端电压或电枢电流的影响。永磁式直流电机也可看作属于他励式直流电机。

他励式直流电机在运行过程中励磁磁场稳定而且容易控制，容易实现电动汽车的再生制动要求。但当采用永磁激励时，虽然电机效率高，质量和体积较小，但由于励磁磁场固定，电机的机械特性不理想，驱动电机产生不了足够大的输出转矩来满足电动汽车启动和加速时的大转矩要求。

（2）并励式直流电机　并励式直流电机的励磁绕组与电枢绕组相并联，共用同一电源，性能与他励式直流电机基本相同。并励绕组两端电压就是电枢两端电压，但是励磁绕组用细导线绕成，其匝数很多，因此具有较大的电阻，使得通过它的励磁电流较小。

（3）串励式直流电机　串励式直流电机的励磁绕组与电枢绕组串联后，再接于直流电源，这种直流电机的励磁电流就是电枢电流。这种电机内磁场随着电枢电流的改变有显著的变化。为了使励磁绕组中不引起大的损耗和电压降，励磁绕组的电阻越小越好，所以串励式直流电机通常用较粗的导线绕成，它的匝数较少。

串励式直流电机在低速运行时，能给电动汽车提供足够大的转矩，而在高速运行时，电机电枢中的反电动势增大，与电枢串联的励磁绕组中的励磁电流减小，电机高速运行时的弱磁调速功能易于实现，因此串励式直流电机驱动系统能较好地符合电动汽车的特性要求。但串励式直流电机由低速到高速运行时弱磁调速特性不理想，随着电动汽车行驶速度的提高，驱动电机输出转矩快速减小，不能满足电动汽车高速行驶时由于风阻大而需要输出较大转矩的要求。串励式直流电机运行效率低；在实现电动汽车的再生制动时，由于没有稳定的励磁磁场，再生制动的稳定性差；另外由于再生制动需要加接触器切换，使得驱动电机控制系统的故障率较高，可靠性较差。另外，串励式直流电机的励磁绕组损耗大，体积和重量也较大。

（4）复励式直流电机　复励式直流电机有并励和串励两个励磁绕组，电机的磁通由两个绕组内的励磁电流产生。若串励绕组产生的磁通势与并励绕组产生的磁通势方向相同，称为积复励。若两个磁通势方向相反，则称为差复励。

复励式直流电机的永磁励磁部分采用高磁性材料钕铁硼，运行效率高。由于电机永磁励磁部分有稳定的磁场，因此用该类电机构成驱动系统时易实现再生制动功能。同时由于电机增加了增磁绕组，通过控制励磁绕组的励磁电流或励磁磁场的大小，能克服纯永磁他励式直流电机不能产生足够的输出转矩来满足电动汽车低速或爬坡时的大转矩要求，而电机的重量或体积比串励式直流电机的小。

各种励磁方式直流电机的电路如图3-1所示。图中，I_a 为电枢电流，I_f 为励磁电流，U 为电源电压，U_f 为励磁电压，I 为负载电流。

电动汽车所使用的直流电机主要是他励式直流电机（包括永磁式直流电机）、串励式直流电机和复励式直流电机3种类型。

小功率（100W～10kW）的直流电机采用的是小型高效的永磁式直流电机，可以应用在小型、低速的搬运设备上，如电动自行车、休闲用电动汽车、高尔夫球车、电动叉车等。

中等功率（10～100kW）的直流电机采用他励、复励或串励式，可以用于

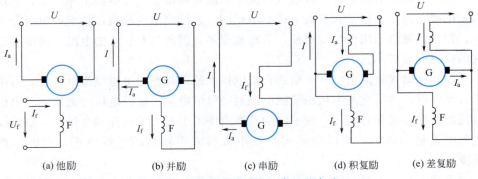

(a) 他励　　(b) 并励　　(c) 串励　　(d) 积复励　　(e) 差复励

图 3-1　各种励磁方式直流电机的电路

结构简单、转矩要求较大的电动货车上。

大功率（>100kW）的直流电机采用串励式，可用在要求低速、大转矩的专用电动车上，如矿石搬运电动车、玻璃电动搬运车等。

二、直流电机的结构

直流电机由定子与转子两大部分构成，定子和转子之间的间隙称为气隙，如图 3-2 所示。

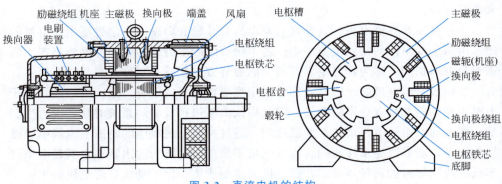

图 3-2　直流电机的结构

（1）定子部分　直流电机定子主要由主磁极、机座、换向极和电刷装置等组成。

主磁极的作用是建立主磁场，它由主极铁芯和套装在铁芯上的励磁绕组构成。主极铁芯一般由 1~1.5mm 的低碳钢板冲压一定形状叠装固定而成，是主磁路的一部分。励磁绕组用扁铜线或圆铜线绕制而成，产生励磁磁动势。

机座用铸钢或厚钢板焊接而成，它既是主磁路的一部分，又是电机的结构框架。

换向极的作用是改善直流电机的换向情况，使直流电机运行时不产生有害的火花。它由换向极铁芯和套装在铁芯上的换向极绕组构成。

电刷装置由电刷、刷握、刷杆、汇流排等组成，用于电枢电路的引入或引出。

（2）转子部分　转子部分包括电枢铁芯、电枢绕组、换向器等。

电枢铁芯既是主磁路的组成部分，又是电枢绕组的支撑部分，电枢绕组嵌放在电枢铁芯的槽内。电枢铁芯一般用 0.55mm 硅钢冲片叠压而成。

电枢绕组由扁铜线或圆铜线按一定规律绕制而成，它是直流电机的电路部分，也是产生电动势和电磁转矩进行机电能量转换的部分。

换向器由冷拉梯形铜排和绝缘材料等构成，用于电枢电流的换向。

三、直流电机的工作原理

如图 3-3 所示为直流电机的工作原理示意图。图中，定子有一对 N、S 极，电枢绕组的末端分别接到两个换向片上，正、负电刷 A 和 B 分别与两个换向片接触。

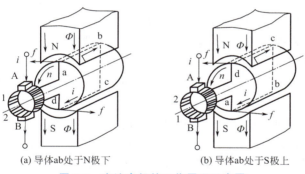

(a) 导体ab处于N极下　　(b) 导体ab处于S极上

图 3-3　直流电机的工作原理示意图

如果给两个电刷加上直流电源，如图 3-3(a) 所示，则有直流电流从电刷 A 流入，经过线圈 abcd，从电刷 B 流出。根据电磁力定律，载流导体 ab 和 cd 受到电磁力的作用，其方向可用左手定则判定，两段导体受到的力形成了一个转矩，使得转子逆时针转动。如果转子转到如图 3-3(b) 所示的位置，电刷 A 和换向片 2 接触，电刷 B 和换向片 1 接触，直流电流从电刷 A 流入，在线圈中的流动方向是 dcba，从电刷 B 流出。此时载流导体 ab 和 cd 受到电磁力的作用方向同样可用左手定则判定，它们产生的转矩仍然使得转子逆时针转动。这就是直流电机的工作原理。

外加的电源是直流的，但由于电刷和换向片的作用，在线圈中流过的电流是交流的，其产生的转矩的方向却是不变的。

四、直流电机的控制

直流电机转速控制方法主要有电枢调压控制、磁场控制和电枢回路电阻控制。

(1) 电枢调压控制　电枢调压控制是指通过改变电枢的端电压来控制电机的转速。这种控制只适合电机基速以下的转速控制，它可保持电机的负载转矩不变，电机转速近似与电枢端电压成比例变化，所以称为恒转矩调速。直流电机采用电枢调压控制可实现在宽广范围内的连续平滑的速度控制，调速比一般可达1∶10，如果与磁场控制配合使用，调速比可达1∶30。电枢调压控制需要专用的可控直流电源，过去常用电动-发电机组，现在大、中容量的可控直流电源广泛采用晶闸管可控整流电源，小容量则采用电力晶体管的 PWM 控制电源，电动汽车用的直流电机常用斩波控制器作为电枢调压控制电源。

电枢调压控制的调速过程：当磁通保持不变时，减小电压，由于转速不立即发生变化，反电动势也暂时不变化，由于电枢电流减小，转矩也减小。如果阻转矩未变，则转速下降。随着转速的降低，反电动势减小，电枢电流和转矩就随着增大，直到转矩与阻转矩再次平衡为止，但这时转速已经较原来降低了。

(2) 磁场控制　磁场控制是指通过调节直流电机的励磁电流改变每极的磁通量，从而调节电机的转速，这种控制只适合电机基数以上的控制。当电枢电流不变时，具有恒功率调速特性。磁场控制效率高，但调速范围小，一般不超过1∶3，而且响应速度较慢。磁场控制可采用可变电阻器，也可采用可控整流电源作为励磁电源。

磁场控制的调速过程：当电压保持恒定时，减小磁通，由于机械惯性，转速不立即发生变化，于是反电动势减小，电枢电流随之增加。由于电枢电流增加的影响超过磁通减小的影响，所以转矩也就增加。如果阻转矩未变，则转速上升。随着转速的升高，反电动势增大，电枢电流和转矩也随着减小，直到转矩和阻转矩再次平衡为止，但这时转速已经较原来升高了。

(3) 电枢回路电阻控制　电枢回路电阻控制是指当电机的励磁电流不变时，通过改变电枢回路电阻来调节电机的转速。这种控制方法的机械特性较软，而且电机运行不稳定，一般很少应用。对于小型串励电机，常采用电枢回路电阻控制方式。

第三节　无刷直流电机

无刷直流电机是用电子换向装置代替了有刷直流电机的机械换向装置，保留了有刷直流电机宽阔而平滑的优良调速性能，克服了有刷直流电机机械换向带来的一系列缺点，体积小，重量轻，可做成各种体积形状，高效率，高转矩，高精度，数字式控制，是最理想的调速电机之一，在电动汽车上有着广泛的应用前景。

一、无刷直流电机的类型

无刷直流电机按照工作特性，可以分为具有直流电机特性的无刷直流电机和具有交流电机特性的无刷直流电机。

具有直流电机特性的无刷直流电机，反电动势波形和供电电流波形都是矩形波，所以又称为矩形波同步电机。这类电机由直流电源供电，借助位置传感器来检测主转子的位置，由所检测出的信号去触发相应的电子换向线路以实现无接触式换向。显然，这种无刷直流电机具有有刷直流电机的各种运行特性。

具有交流电机特性的无刷直流电机，反电动势波形和供电电流波形都是正弦波，所以又称为正弦波同步电机。这类电机也由直流电源供电，但通过逆变器将直流电变换成交流电，然后去驱动一般的同步电机。因此，它们具有同步电机的各种运行特性。

下面介绍的无刷直流电机主要是指具有直流电机特性的无刷直流电机。

二、无刷直流电机的结构

无刷直流电机主要由电机本体、电子换向器和转子位置传感器3部分组成，如图3-4所示。

（1）电机本体　无刷直流电机的电机本体由定子和转子2部分组成。

定子是电机本体的静止部分，它由导磁的定子铁芯、导电的电枢绕组及固定铁芯和绕组用的一些零部件、绝缘材料、引出部分等组成，如机壳、绝缘片、槽楔、引出线及环氧树脂等。

转子是电机本体的转动部分，是产生励磁磁场的部件，由永磁体、导磁体和支撑零部件组成。

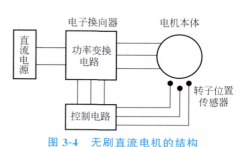

图3-4　无刷直流电机的结构

（2）电子换向器　电子换向器由功率变换电路和控制电路构成，主要用来控制定子各绕组通电的顺序和时间。无刷直流电机本质上是自控同步电机，电机转子跟随定子旋转磁场运动，因此，应按一定的顺序给定子各相绕组轮流通电，使其产生旋转的定子磁场。无刷直流电机的三相绕组中通过的电流是120°电角度的方波，绕组在持续通过恒定电流的时间内产生的定子磁场在空间是静止不动的。而在开关换向期间，随着电流从一相转移到另一相，定子磁场随之跳跃了一个电角度。而转子磁场则随着转子连续旋转。这两个磁场的瞬时速度不同，但是平均速度相等，因此能保持"同步"。无刷直流电机由于采用了自控式逆变器即电子换向器，电机输入电流的频率和电机转速始终保持同步，电机和逆变器不会产生震荡和失步，这也是无刷直流电机的优点之一。

一般来说，对电子换向器的基本要求是结构简单，运行稳定可靠，体积小，重量轻，功耗小，能按照位置传感器的信号进行正确换向，并能控制电机的正反转，应能长期满足不同环境条件的要求。

（3）转子位置传感器　转子位置传感器在无刷直流电机中起着检测转子磁极位置的作用，为功率开关电路提供正确的换向信息，即将转子磁极的位置信号转换成电信号，经位置信号处理电路处理后控制定子绕组换向。由于功率开关的导通顺序与转子转角同步，因而位置传感器与功率开关一起，起着与传统有刷直流电机的机械换向器和电刷相类似的作用。位置传感器的种类比较多，可分为电磁式位置传感器、光电式位置传感器、磁敏式位置传感器等。电磁式位置传感器具有输出信号大、工作可靠、寿命长等优点，但其体积比较大，信噪比较低且输出为交流信号，需整流滤波后才能使用。光电式位置传感器性能比较稳定、体积小、重量轻，但对环境要求较高。磁敏式位置传感器的基本原理为霍尔效应和磁阻效用，它对环境适应性很强，成本低廉，但精度不高。

如图 3-5 所示为无刷直流电机实物图。

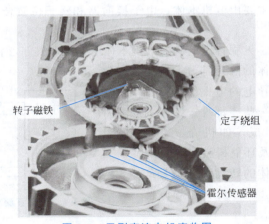

图 3-5　无刷直流电机实物图

三、无刷直流电机的工作原理

如图 3-6 所示为无刷直流电机的工作原理图。

无刷直流电机的工作原理与有刷直流电机的工作原理基本相同。它是利用电机转子位置传感器输出信号控制电子换向线路去驱动逆变器的功率开关器件，使

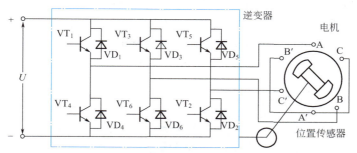

图 3-6　无刷直流电机的工作原理图

电枢绕组依次馈电，从而在定子上产生跳跃式的旋转磁场，拖动电机转子旋转。同时，随着电机转子的转动，转子位置传感器又不断送出位置信号，以不断地改变电枢绕组的通电状态，使得在某一磁极下导体中的电流方向保持不变，这样电机就旋转起来。

四、无刷直流电机的控制

按照获取转子位置信息的方法划分，无刷直流电机的控制方法可以分为有位置传感器控制和无位置传感器控制两种。

有位置传感器控制方法是指在无刷直流电机定子上安装位置传感器来检测转子旋转过程中的位置，将转子磁极的位置信号转换成电信号，为电子换向电路提供正确的换向信息，以此控制电子换向电路中的功率开关管的开关状态，保证电机各相按顺序导通，在空间形成跳跃式的旋转磁场，驱动永磁转子连续不断地旋转。

无刷直流电机的无位置传感器控制，无需安装传感器，使用场合广，相对于有位置传感器方法有较大的优势，因此，无刷直流电机的无位置传感器控制近年来已成为研究的热点。无刷直流电机的无位置传感器控制中，不直接使用转子位置传感器，但在电机运转过程中，仍然需要转子位置信号，以控制电机换向。因此，如何通过软硬件间接获得可靠的转子位置信号，成为无刷直流电机无位置传感器控制的关键。为此，国内外的研究人员在这方面做了大量的研究工作，提出了多种转子位置信号检测方法，大多是利用检测定子电压、电流等容易获取的物理量实现转子位置的估算。归纳起来，可以分为反电动势法、电感法、状态观测器法、电机方程计算法、人工神经网络法等。

五、无刷直流电机的应用实例

如图 3-7 所示是搭载无刷直流电机的纯电动桶装垃圾运输车，适用于城市道路、居民小区、公园、车站等带有垃圾桶收集垃圾的场所垃圾收集作业，垃圾收集入垃圾桶后，通过本产品对垃圾桶进行置换与转运作业。该车搭载了大容量磷酸铁锂电池、无刷直流电机，电机额定电压为72V，额定功率为7kW；电池组容量为180A·h；最高车速为50km/h，最大爬坡度为15％，满载续驶里程大于120km。

图3-7　搭载无刷直流电机的纯电动桶装垃圾运输车

第四节　异步电机

异步电机又称感应电机，是由气隙旋转磁场与转子绕组感应电流相互作用产生电磁转矩，从而实现电能量转换为机械能量的一种交流电机。

异步电机的种类很多，最常见的分类方法是按转子结构和定子绕组相数分类。按照转子结构来分，有笼型异步电机和绕线型异步电机；按照定子绕组相数来分，有单相异步电机、两相异步电机和三相异步电机。异步电机是各类电机中应用最广、需求量最大的一种。在电动汽车中，主要使用三相笼型异步电机。下面介绍的异步电机就是指三相笼型异步电机。

一、异步电机的结构

异步电机主要由静止的定子和旋转的转子两大部分组成，定子和转子之间存在气隙，此外，还有端盖、轴承、机座和风扇等部件。如图3-8所示为三相异步电机的基本结构。

（1）定子　异步电机的定子由定子铁芯、定子绕组和机座构成。

定子铁芯是电机磁路的一部分，并在其上放置定子绕组。定子铁芯一般由0.35~0.5mm厚表面具有绝缘层的硅钢片冲制、叠压而成，在铁芯的内圆冲有均匀分布的槽，用以嵌放定子绕组。定子铁芯的槽型有半闭口型槽、半开口型槽

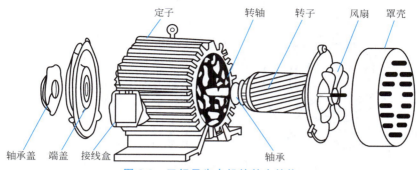

图 3-8 三相异步电机的基本结构

和开口型槽三种。

定子绕组是电机的电路部分，通入三相交流电，产生旋转磁场。定子绕组由三个在空间互隔 120°电角度、对称排列的结构完全相同的绕组连接而成，这些绕组的各个线圈按一定规律分别嵌放在定子各槽内。

机座主要用于固定定子铁芯与前后端盖，以支撑转子，并起防护、散热等作用。机座通常为铸铁件，大型异步电机机座一般用钢板焊成，微型电机的机座采用铸铝件。封闭式电机的机座外面有散热筋以增加散热面积，防护式电机的机座两端端盖开有通风孔，使电机内外的空气可直接对流，以利于散热。为了实现轻量化，很多机座开始采用铸铝件。

（2）转子 异步电机的转子由转子铁芯、转子绕组和转轴组成。

转子铁芯也是电机磁路的一部分，并在铁芯槽内放置转子绕组。转子铁芯所用材料与定子一样，由 0.5mm 厚的硅钢片冲制、叠压而成，硅钢片外圆冲有均匀分布的孔，用来安置转子绕组。通常用定子铁芯冲落后的硅钢片内圆来冲制转子铁芯。一般小型异步电机的转子铁芯直接压装在转轴上，大、中型异步电机（转子直径在 300～400mm 以上）的转子铁芯则借助于转子支架压在转轴上。

转子绕组是转子的电路部分，它的作用是切割定子旋转磁场产生感应电动势及电流，并形成电磁转矩而使电机旋转。转子绕组分为笼式转子和绕线式转子。

转轴用于固定和支撑转子铁芯，并输出机械功率。转轴一般用中碳钢材料。

异步电机定子与转子之间有一个小的间隙，称为电机气隙。气隙的大小对异步电机的运行性能有很大影响。中小型异步电机的气隙一般为 0.2～2mm；功率越大，转速越高，气隙长度越大。

二、异步电机的工作原理

如图 3-9 所示为异步电机的工作原理图。当异步电机的三相定子绕组通入三相交流电后，将产生一个旋转磁场，该旋转磁场切割转子绕组，从而在转子绕组

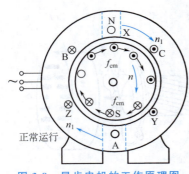

图 3-9 异步电机的工作原理图

中产生感应电动势,电动势的方向由右手定则来确定。由于转子绕组是闭合通路,转子中便有电流产生,电流方向与电动势方向相同,而载流的转子导体在定子旋转磁场作用下将产生电磁力,电磁力的方向可用左手定则确定。由电磁力进而产生电磁转矩,驱动电机旋转,并且电机旋转方向与旋转磁场方向相同。

异步电机的转子转速不等于定子旋转磁场的同步转速,这是异步电机的主要特点。如果电机转子轴上带有机械负载,则负载被电磁转矩拖动而旋转。当负载发生变化时,转子转速也随之发生变化,使转子导体中的电动势、电流和电磁转矩发生相应变化,以适应负载需要。因此,异步电机的转速是随负载变化而变化的。

异步电机的转子转速与定子旋转磁场的同步转速之间存在转速差,它的大小决定着转子电动势及其频率的大小,直接影响异步电机的工作状态。通常将转速差与同步转速的比值,用转差率表示,即

$$s_n = \frac{n_1 - n}{n_1} \tag{3-1}$$

式中,s_n 为电机转差率;n_1 为定子旋转磁场的同步转速,r/min;n 为转子转速,r/min。

转差率是异步电机运行时的一个重要物理量。异步电机运行时,取值范围为 $0 < s_n < 1$;在额度负载条件下运行时,一般额定转差率为 0.01~0.06。

三、异步电机的控制

异步电机是一个多输入输出系统,其中变量电压、电流、频率、磁通、转速之间又相互影响,所以又是强耦合的多变量系统。对异步电机的控制主要有转差控制、矢量控制以及直接转矩控制等。

(1) 转差控制 转差控制是根据异步电机电磁转矩和转差频率的关系来直接控制电机转矩的,可以在一定的转差频率范围内、一定程度上通过调节转差来控制电机的电磁转矩,从而改善调速系统的控制性能,但其控制理论是建立在异步电机的稳态数学模型基础上的,它适合于电机转速变化缓慢或者对动态性能要求不高的场合。

(2) 矢量控制 矢量控制理论采用矢量分析的方法来分析异步电机内部的电磁过程,是建立在异步电机的动态数学模型基础上的控制方法。它将异步电机的定子电流解耦成互相独立的产生磁链的分量和产生转矩的分量,分别控制这两个

分量就可以实现对异步电机的磁链控制和转矩控制的完全解耦,从而达到理想的动态性能。

(3) 直接转矩控制　直接转矩控制是将电机输出转矩作为直接控制对象,通过控制定子磁场向量控制电机转速。它不需要复杂的坐标变换,也不需要依赖转子数学模型,只是通过控制 PWM 型逆变器的导通和切换方式,控制电机的瞬时输入电压,改变磁链的旋转速度来控制瞬时转矩,使系统性能对转子参数呈现鲁棒性,并且这种方法被推广到弱磁调速范围。逆变器的 PWM 采用电压空间向量控制方式,性能优越。但同时不可避免地产生转矩脉动,调速性能降低的问题。此外,该方法对逆变器开关频率提高的限制较大,定子电阻对电机低速性能也有较大影响,如在低速区,定子电阻的变化引起的定子电流和磁链的畸变,以及转矩脉动、死区效应和开关频率等问题。

除此之外,PID 控制、自适应控制、模糊控制等现代控制和智能控制理论也开始应用于异步电机的控制。

四、异步电机的应用实例

特拉斯电动汽车搭载的是一台 375V 的异步电机,有 3 种规格,峰值功率分别为 225kW、270kW、310kW,峰值转矩分别为 430N·m、440N·m、600N·m。该异步电机能够忍受大幅度的温度变化;输出转矩可以在大范围内调整,无需安装第二套乃至第三套传动机构;体积小,质量轻,仅 52kg。因此,特斯拉电动汽车的电机驱动系统具有质量轻、效率高和结构紧凑的优点。如图 3-10 所示为特斯拉电动汽车采用的交流异步电机。

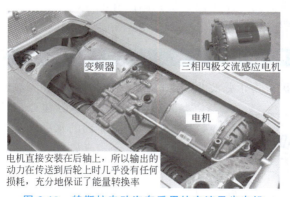

图 3-10　特斯拉电动汽车采用的交流异步电机

特斯拉 Model S 采用的感应异步电机具有以下优点。

① 能忍受大幅度的工作温度变化。

② 感应异步电机的输出转矩可以在大范围内调整,因此无需安装第 2 套乃

至第3套传动机构。特斯拉 Model S 设计的电机转速能达到 12000r/min，并且能产生最高为 400N·m 的转矩，能在加速或爬坡时强制提高输出转矩（虽然时间很短）。

③ 体积小。目前电动汽车大多数电机还是属于水冷，而采用水冷散热的电机，意味着电机体积更大，因为水路太占用体积了。而特斯拉 Model S 采用的感应异步电机可以将体积做到西瓜大小，优点是其散热更快，不要忽视电机散热对电机体积的影响。将电机做小，就可以保证功率不变的情况下，减小电机体积，增加电机转速，保证低速（起步）转矩。

④ 质量小。特斯拉 Model S 电机质量不过 52kg，转速区间可以达到 0～12000r/min，所以无需安装多余的传动机构。

特斯拉 Model S 采用的感应异步电机具有以下缺点。

① 感应异步电机由于是单边励磁，产生单位转矩需要的电流很大，而且定子中有无功励磁电流，因此能耗较大，功率因数滞后。

② 结构复杂，采用交流感应电机，其控制系统复杂，技术要求高，制造成本高。

第五节　永磁同步电机

永磁同步电机具有高效、高控制精度、高转矩密度、良好的转矩平稳性及低振动噪声的特点，通过合理设计永磁磁路结构能获得较高的弱磁性能，在电动汽车驱动方面具有很高的应用价值，受到国内外电动汽车界的高度重视，是最具竞争力的电动汽车驱动电机系统之一。

一、永磁同步电机的结构

永磁同步电机分为正弦波驱动电流的永磁同步电机和方波驱动电流的永磁同步电机。这里介绍的主要是三相正弦波驱动的永磁同步电机。

永磁同步电机的结构示意图如图 3-11 所示，和传统电机一样，主要由定子和转子两大部分构成。

定子与普通电机基本相同，由电枢铁芯和电枢绕组构成。电枢铁芯一般采用 0.5mm 硅钢冲片叠压而成，对于具有高效率指标或频率较高的电

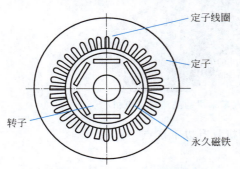

图 3-11　永磁同步电机的结构示意图

机,为了减少铁耗,可以考虑使用 0.35mm 的低损耗冷轧无取向硅钢片。电枢绕组则普遍采用分布、短距绕组;对于极数较多的电机,则普遍采用分数槽绕组;需要进一步改善电动势波形时,也可以考虑采用正弦绕组或其他特殊绕组。

转子主要由永磁体、转子铁芯和转轴等构成。其中永磁体主要采用铁氧体永磁和钕铁硼永磁材料;转子铁芯可根据磁极结构的不同,选用实心钢,或采用钢板或硅钢片冲制后叠压而成。

与普通电机相比,永磁同步电机还必须装有转子永磁体位置检测器,用来检测磁极位置,并以此对电枢电流进行控制,达到对永磁同步电机驱动控制的目的。

按照永磁体在转子上位置的不同,永磁同步电机的磁极结构可分为表面式和内置式 2 种。

(1) 表面式转子磁路结构　表面式转子磁路结构中,永磁体通常呈瓦片形,并位于转子铁芯的外表面上,永磁体提供磁通的方向为径向。表面式结构又分为凸出式和嵌入式两种,如图 3-12 所示。对采用稀土永磁材料的电机来说,由于永磁材料的相对回复磁导率接近 1,所以表面凸出式转子在电磁性能上属于隐极转子结构;而嵌入式转子的相邻两永磁磁极间有着磁导率很大的铁磁材料,故在电磁性能上属于凸极转子结构。

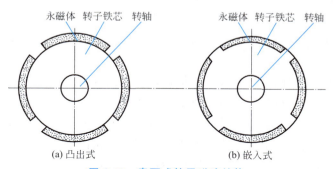

图 3-12　表面式转子磁路结构

表面凸出式转子结构具有结构简单、制造成本较低、转动惯量小等优点,在矩形波永磁同步电机和恒功率运行范围不宽的正弦波永磁同步电机中得到了广泛应用。此外,表面凸出式转子结构中的永磁磁极易于实现最优设计,使其成为能使电机气隙磁密波形趋近于正弦波的磁极形状,可显著提高电机乃至整个传动系统的性能。

表面嵌入式转子结构可充分利用转子磁路不对称性所产生的磁阻转矩,提高电机的功率密度,动态性能较凸出式有所改善,制造工艺也较简单,常被某些调速永磁同步电机所采用,但漏磁系数和制造成本都较凸出式大。

(2) 内置式转子磁路结构　内置式结构的永磁体位于转子内部,永磁体外表面与定子铁芯内圆之间有铁磁物质制成的极靴,极靴中可以放置铸铝笼或铜条笼,起阻尼或启动作用,动态和稳态性能好,广泛用于要求有异步启动能力或动态性能高的永磁同步电机。内置式转子内的永磁体受到极靴的保护,其转子磁路结构的不对称性所产生的磁阻转矩也有助于提高电机的过载能力或功率密度,而且易于弱磁扩速。

按永磁体磁化方向与转子旋转方向的相互关系,内置式转子结构又可分为径向式、切向式和混合式三种,如图 3-13 所示。

(a) 内置径向式　　　　(b) 内置切向式　　　　(c) 内置混合式

图 3-13　内置式转子结构

径向式转子结构的永磁同步电机的磁钢放在磁通轴的非对称位置上或同时利用径向和切向充磁的磁钢,以产生高磁通密度。该结构的优点是漏磁系数小,转轴上不需采取隔磁措施,极弧系数易于控制,转子冲片机械强度高,安装永磁体后转子不易变形等。

切向式转子结构的转子有较大的惯性,漏磁系数较大,制造工艺和成本较径向式有所增加。其优点是一个极距下的磁通由相邻两个磁极并联提供,可得到更大的每极磁通。尤其当电机极数较多、径向式结构不能提供足够的每极磁通时,这种结构的优势就显得更为突出。此外,采用该结构的永磁同步电机的磁阻转矩可占到总电磁转矩的 40%,对提高电机的功率密度和扩展恒功率运行范围都是很有利的。

混合式结构集中了径向式和切向式的优点,但结构和制造工艺都比较复杂,制造成本也比较高。

二、永磁同步电机的工作原理

永磁同步电机的工作原理如图 3-14 所示,图中 n 为电机转速,n_0 为同步转速,T 为转矩,θ 为功率角。电机的转子是一个永磁体,N、S 极沿圆周方向交替排列,定子可以看成是一个以速度 n_0 旋转的磁场。电机运行时,定子存在旋转磁动势,转子像磁针在旋转磁场中旋转一样,随着定子的旋转磁场同步旋转。

同步电机转速可表示为

$$n = n_0 = \frac{60 f_s}{p_n} \qquad (3\text{-}2)$$

式中，f_s 为电源频率；p_n 为电机极对数。

永磁同步电机的定子是三相对称绕组，三相正弦波电压在定子三相绕组中产生对称三相正弦波电流，并在气隙中产生旋转磁场。旋转磁场与已充磁的磁极作用，带动转子与旋转磁场同步旋转并力图使定子、转子磁场轴线对齐。当

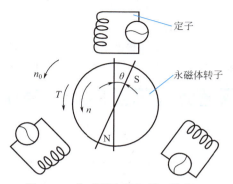

图 3-14 永磁同步电机的工作原理

外加负载转矩以后，转子磁场轴线将落后定子磁场轴线一个功率角，负载越大，功率角也越大，直到一个极限角度，电机停转。由此可见，同步电机在运行中，转速必须与频率严格成比例旋转，否则会失步停转。所以，它的转速与旋转磁场同步，其静态误差为零。在负载扰动下，只是功率角变化，而不引起转速变化，它的响应时间是实时的。

三、永磁同步电机的控制

为了提高永磁同步电机控制系统的性能，使其具有更快的响应速度、更高的转速精度、更宽的调速范围，提出了各种新型控制策略用于永磁同步电机控制。永磁同步电机控制主要有矢量控制、直接转矩控制、智能控制等。

(1) 矢量控制　永磁同步电机矢量控制策略与异步电机矢量控制策略有些不同。由于永磁同步电机转速和电源频率严格同步，其转子转速等于旋转磁场转速，转差恒等于零，没有转差功率，控制效果受转子参数影响小。因此，在永磁同步电机上更容易实现矢量控制。

(2) 直接转矩控制　直接转矩控制不需要矢量控制复杂的旋转坐标变换和转子磁链定向，转矩取代电流成为受控对象，电压矢量则是控制系统唯一的输入，直接控制转矩和磁链的增加或减小，但是转矩和磁链并不解耦，对电机模型进行简化处理，没有 PWM 信号发生器，控制结构简单，受电机参数变化影响小，能够获得极佳的动态性能。

(3) 智能控制　为了提高永磁同步电机的控制性能和控制精度，模糊控制、神经网络控制等开始应用于同步电机的控制。

采用智能控制方法的永磁同步电机控制系统，在多环控制结构中，智能控制器处于最外环充当速度控制器，而内环电流控制、转矩控制仍采用 PI 控制、直接转矩控制这些方法，这主要是因为外环是决定系统的根本因素，而内环主要的

作用是改造对象特性以利于外环的控制，各种扰动给内环带来的误差可以由外环控制或抑制。

在永磁同步电机系统中应用智能控制时，也不能完全摒弃传统的控制方法，必须将两者很好地结合起来，才能彼此取长补短，使系统的性能达到最优。

四、永磁同步电机产品比较

国内外典型驱动电机企业的永磁同步电机产品比较见表 3-1。

表 3-1 国内外典型驱动电机企业的永磁同步电机产品比较

企业	峰值功率/kW	峰值转矩/(N·m)	最高转速/(r/min)	冷却方式
巨一自动化	20	120	5000	自然冷却
	45	170	6000	自然冷却
	50	215	7200	水冷
精进电机	90	175	14000	水＋乙二醇
	103	230	12000	水＋乙二醇
	140	270	12000	水＋乙二醇
上海电驱动	40	260	7600	水冷
	50	200	7200	水冷
	90	200	10000	水冷
大洋电机	30	160	6500	水冷
	45	128	9000	水冷
	60	200	8000	水冷
	72	100	5600	水冷
西门子	30～170	100～265	12000	水冷
日产	80	280	9800	水冷
美国 Remy	82	325	10600	油冷
美国 UQM	75	240	8000	水冷
大众 Kassel	85	270	12000	水冷

整体来看，我国驱动电机取得较大进展，已经自主开发出满足各类新能源汽车需求的产品，部分产品的主要性能指标已达到相同功率等级的国际先进水平。但是，这些产品在最高转速、功率密度及效率等方面与国外仍存在一定的差距。

(1) 最高转速　最高转速是驱动电机的重要指标，也是目前国内驱动电机较之国外电机差距最为明显的指标。国内绝大部分永磁同步电机的最高转速在 10000r/min 以下，而国外基本在 10000r/min 以上。

(2) 功率密度　虽然国内电机在功率方面基本能够达到国际水平，但是在同功率条件下存在重量劣势，因此功率密度较之国际水平存在较大差距。目前，国内的永磁同步电机功率密度多处于1~2kW/kg区间内。

（3）效率　在电机效率方面，国内电机的最高效率均达到94%~96%，已达到西门子、Remy等企业的水平。但是在高效区面积方面，如系统效率大于80%的区域占比方面尚存在一定差距。我国电机的高效区面积占比集中在70%~75%，而国外电机基本达到80%。

（4）冷却方式　电机的冷却方式已经从自然冷却逐步发展为水冷，目前国内电机企业采用水冷为主，国外先进的电机企业已经发展到油冷电机。国内部分电机企业也研发出油冷电机，如精进等，使电机的冷却效率得到进一步提升。

永磁同步电机的发展具有以下瓶颈。

（1）功率密度　功率的提升有两种途径，一种是提高转矩，另一种是提高转速。前者主要问题是过载电流加大，造成发热量高，给散热造成较大压力；后者是高速时铁磁损耗大，需采用高性能低饱和硅钢片，从而使成本提高；或采用复杂的转子结构，但影响功率密度。

（2）材料方面　永磁材料也是制约永磁同步电机性能提升的重要因素，目前常用的永磁材料钕铁硼主要存在温度稳定性差、不可逆损失和温度系数较高以及高温下磁性能损失严重等缺点，从而影响电机性能。

（3）生产工艺　永磁同步电机在生产工艺方面的难点是制约大规模配套乘用车的重要因素。因为永磁同步电机生产企业缺乏产业化的积累，国内企业生产不良率较高，无法达到乘用车企业的不良率要求，尤其是随着纯电动乘用车市场规模的扩大，百万级的年产量给永磁同步电机带来了巨大的挑战。

五、永磁同步电机与异步电机的比较

永磁同步电机和异步电机都是交流电机；永磁同步电机的转子自带磁场，而异步电机的转子只是导体，并不带磁场，是通电之后产生了感应磁场才能与定子发生作用。

永磁同步电机和异步电机的对比见表3-2。

表3-2　永磁同步电机和异步电机的对比

电机类型	图示	优点	缺点
永磁同步电机		•功率密度高 •能量转换效率高 •适合低速、高速及复杂工况	•单位功率成本高 •温度大幅变化会引发退磁
异步电机		•单位功率成本低 •不会产生退磁 •高转速性能好	•功率密度低 •能量转换效率相对较低 •复杂工况能耗高

从两种电机的优缺点上来看，永磁同步电机功率密度高，低速、高速工况均处于较高的能量转换效率。所以，相对于高速工况才有较高效率的异步电机来说，永磁同步电机更适合低速工况较多、频繁起步停车的城市道路。这也就不难解释为什么现在生产的纯电动车型中，永磁同步电机处于主流地位。

再有一个原因就是由于大多数的纯电动汽车并不追求极高的性能，就算永磁同步电机的单位功率成本较高，但各家车企采用的电机功率并不会高到大幅影响造车成本的地步，所以除了性能车之外，车企不会因为这一点而考虑使用异步电机的技术。

中国、日本及欧洲的电动汽车用驱动电机主要以永磁同步电机为主，美国则以异步电机为主。

永磁同步电机具有高转矩密度、高功率密度、高效率、高可靠性等优点。我国具有世界最为丰富的稀土资源，因此高性能永磁同步电机是我国车用驱动电机的重要发展方向。

第六节　开关磁阻电机

开关磁阻电机是继直流电机和交流电机之后，又一种极具发展潜力的新型电机。开关磁阻电机是采用定转子凸极且极数相接近的大步距磁阻式步进电机的结构，利用转子位置传感器通过电子功率开关控制各相绕组导通使其运行的电机。

一、开关磁阻电机的结构

开关磁阻电机由双凸极的定子和转子组成，如图 3-15 所示，其定子、转子的凸极均由普通的硅钢片叠压而成。定子极上绕有集中绕组，把沿径向相对的两个绕组串联成一个两级磁极，称为"一相"；转子既无绕组又无永磁体，仅由硅钢片叠成。

开关磁阻电机有多种不同的相数结构，如单相、两相、四相及多相等，且定子和转子的极数有多种不同的搭配。低于三相的开关磁阻电机一般没有自启动能力。相数多，有利于减小转矩脉动，但结构复杂，主开关器件多，成本增高。目前应用较多的是四相 8/6 极结构和三相 6/4 极结构。下面介绍的开关磁阻电机的结构为四相 8/6 极结构。

二、开关磁阻电机的工作原理

开关磁阻电机的工作原理示意图如图 3-16 所示。图中，S_1、S_2 代表电子开关；VD_1、VD_2 代表二极管；U 代表直流电源。

图 3-15 开关磁阻电机的结构

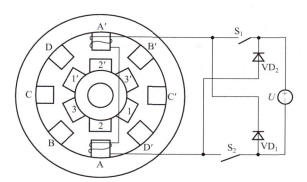

图 3-16 开关磁阻电机的工作原理示意图

电机的定子和转子呈凸极形状，极数互不相等，转子由叠片构成，转子带有位置检测器以提供转子位置信号，使定子绕组按一定的顺序通断，保持电机的连续运行。

开关磁阻电机的磁阻随着转子磁极与定子磁极的中心线对准或错开而变化。因为电感与磁阻成反比，所以当转子磁极在定子磁极中心线位置时，相绕组电感最大；当转子磁极中心线对准定子磁极中心线时，相绕组电感最小。

因为开关磁阻电机的运行原理遵循"磁阻最小原理"——磁通总要沿着磁阻最小的路径闭合，所以具有一定形状的铁芯在移动到最小磁阻位置时，必须使自己的主轴线与磁场的轴线重合。由图 3-16 中可看出，当定子 D-D' 极励磁时，所产生的磁力则力图使转子旋转到转子极轴线 1-1' 与定子极轴线 D-D' 重合的位置，并使 D 相励磁绕组的电感最大。若以图中定子、转子所处的相对位置作为起始位置，则依次给 D-A-B-C 相绕组通电，转子即会逆着励磁顺序以逆时针方向连续旋转；反之，若依次给 B-A-D-C 相通电，则电机即会沿着顺时针方向转动。所以开关磁阻电机的转向与相绕组的电流方向无关，而仅取决于相绕组通电的顺序。

三、开关磁阻电机的控制

开关磁阻电机不同于常规的感应电机，因其自身结构的特殊性，既可以通过控制电机自身的参数（如开通角、关断角）来实现，也可以用适用于其他电机上的控制理论，如 PID 控制、模糊控制等，对功率变换器部分进行控制，进而实现电机的速度调节。

针对开关磁阻电机自身参数进行控制，主要有角度位置控制、电流斩波控制和电压控制。

（1）角度位置控制　角度位置控制是在加在绕组上的电压一定的情况下，通过改变绕组上主开关的开通角和关断角,来改变绕组的通、断电时刻,调节相电流的波形,实现转速闭环控制。当电机转速较高时,旋转电动势较大,则此时电流上升率下降,各相的主开关器件的导通时间较短,电机绕组的相电流不易上升,电流相对较小,便于使用角度位置控制方式。

因为开通角和关断角都可调节,角度位置控制可分为变开通角、变关断角和同时改变开通角及关断角三种方式。改变开通角,可改变电流波形的宽度、峰值和有效值的大小,还可改变电流波形与电感波形的相对位置,从而改变了电机的转矩和转速。而关断角一般不影响电流的峰值,但可改变电流波形的宽度及其与电感曲线的相对位置,进而改变电流的有效值。故一般采用固定关断角、改变开通角的控制方式。

根据开关磁阻电机的转矩特性,当电流波形主要位于电感的上升区时,产生的平均电磁转矩为正,电机运行在电动状态;当电流波形主要位于电感的下降段时,产生的平均电磁转矩为负,电机工作在制动状态。而通过对开通角、关断角的控制,可以使电流的波形处在绕组电感波形的不同位置。因此,可以用控制开通角、关断角的方式来使电机运行在不同的状态。

角度位置控制的优点在于,转矩调节的范围宽;可同时多相通电,以增加电机的输出转矩,同时减小了转矩波动;通过角度的优化,能实现效率最优控制或转矩最优控制。

角度位置控制不适于低速场合,因为在低速时,旋转电动势较小,使电流峰值增大,必须采取相应措施进行限流,故一般用于转速较高的场合。

(2) 电流斩波控制 电机低速运行特别是启动时,旋转电动势引起的压降很小,相电流上升快,为避免过大的电流脉冲对功率开关器件及电机造成损坏,需要对电流峰值进行限定,因此,可采用电流的斩波控制,获取恒转矩的机械特性。电流斩波控制一般不会对开通、关断角进行控制,它将直接选择在每相的特定导通位置对电流进行斩波控制。

电流斩波控制的优点在于,它适用于电机的低速调速系统,可以控制电流峰值的增长,并有很好的电流调节作用;因每相电流波形会呈现出较宽的平顶状,使得产生的转矩比较平稳,转矩的波动相应地比其他控制方式要小。

然而,由于电流的峰值受到了限制,当电机转速在负载的扰动作用下发生变化时,电流的峰值无法做出相应的改变,使得系统的特性比较软,因此系统在负载扰动下的动态响应很缓慢。

(3) 电压控制 电压控制是保持开通角、关断角不变的前提下,使功率开关器件工作在 PWM 方式。通过调节 PWM 波的占空比,来调整加在绕组两端电压的平均值,进而改变绕组电流的大小,实现对转速的调节。若增大调制脉冲的频率,就会使电流的波形比较平滑,电机出力增大,噪声减小,但对功率开关器件的工作频率的要求就会增大。

电压控制的优点在于，它通过调节绕组电压的平均值进而调节电流，因此可用在低速和高速系统，且控制简单，但它的调速范围有限。

开关磁阻电机也可以采用多种控制方式相组合的方法。如高速角度控制和低速电流斩波控制组合，变角度电压斩波控制和定角度电压斩波控制等。这些组合方式各有优势及不足，因此必须针对不同的应用场合和不同的性能要求，合理地选择控制方式，才能使电机运行于最佳状态。

第七节 轮毂电机

轮毂电机技术又称为车轮内装式电机技术，是一种将电机、传动系统和制动系统融为一体的轮毂装置技术，是现阶段先进电动汽车技术研究的热点之一。

从各种驱动技术的特点和发展趋势来看，采用轮毂电机技术是电动汽车的最终驱动形式。随着电池技术、动力控制系统和整车能源管理系统等相关技术研发的不断深入，电机性能的不断提高，轮毂电机技术将在电动汽车上取得更大成功。

一、轮毂电机的结构形式

轮毂电机驱动系统的结构如图 3-17 所示。

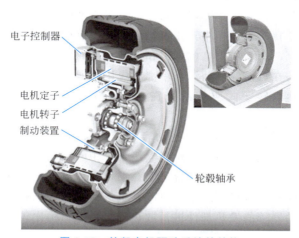

图 3-17 轮毂电机驱动系统的结构

轮毂电机驱动系统根据电机的转子型式主要分成两种结构，即内转子式和外转子式。其中外转子式采用低速外转子电机，电机的最高转速为 1000~1500r/min，无减速机构，车轮的转速与电机相同；而内转子式则采用高速内转子电机，配备固定传动比的减速器，为获得较高的功率密度，电机的转速可高达10000r/min，减速结构通常采用传动比在10∶1左右的行星齿轮减速机构，车轮的转速在1000r/min左右。随着更为紧凑的行星齿轮减速器的出现，内转子式轮毂电机在功率密度方面比低速外转子式更具竞争力。

如图3-18所示为轮毂电机驱动系统分解示意图。

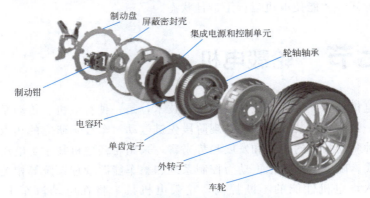

图 3-18　轮毂电机驱动系统分解示意图

高速内转子的轮毂电机具有较高的比功率，重量轻，体积小，效率高，噪声小，成本低；缺点是必须采用减速机构，使效率降低，非簧载重量增大，电机的最高转速受线圈损耗、摩擦损耗以及变速机构的承受能力等因素的限制。低速外转子电机结构简单、轴向尺寸小，比功率高，能在很宽的速度范围内控制转矩，且响应速度快，外转子直接和车轮相连，没有减速机构，因此效率高；缺点是如要获得较大的转矩，必须增大电机体积和重量，因而成本高，加速时效率低，噪声大。这两种结构在目前的电动汽车中都有应用，但是随着紧凑的行星齿轮变速机构的出现，高速内转子式驱动系统在功率密度方面比低速外转子式更具竞争力。

轮毂电机动力系统由于电机电制动容量较小，不能满足整车制动效能的要求，通常需要附加机械制动系统。轮毂电机系统中的制动器可以根据结构采用鼓式或盘式制动器。由于电机电制动容量的存在，往往可以使制动器的设计容量适当减小。大多数的轮毂电机系统采用风冷方式进行冷却，也有采用水冷和油冷的方式对电机、制动器等的发热部件进行散热降温，但结构比较复杂。

二、轮毂电机的应用类型

轮毂电机系统的驱动电机按照电机磁场的类型分为轴向磁场和径向磁场两种类型。轴向磁通电机的结构更利于热量散发，并且它的定子可以不需要铁芯；径向磁通电机定转子之间受力比较均衡，磁路由硅钢片叠压得到，技术更简单成熟。

轮毂电机的类型主要分为永磁、异步、开关磁阻式。

无刷永磁同步电机可采用圆柱形径向磁场结构或盘式轴向磁场结构，具有较高的功率密度和效率以及宽广的调速范围，发展前景十分广阔，已在国内外多种电动汽车中获得应用。

异步电机结构简单，坚固耐用，成本低廉，运行可靠，转矩脉动小，噪声低，不需要位置传感器，转速极限高；缺点是驱动电路复杂，成本高，相对永磁电机而言，异步电机效率和功率密度偏低。

开关磁阻式电机具有结构简单、制造成本低廉、转速/转矩特性好等特点，适用于电动汽车驱动；缺点是设计和控制非常困难和精细，运行噪声大。

三、轮毂电机的驱动方式

轮毂电机的驱动方式可以分为直接驱动和减速驱动两种基本形式。

1. 直接驱动

轮毂电机直接驱动方式如图 3-19 所示，采用低速外转子电机，轮毂电机与车轮组成一个完整部件总成，电机布置在车轮内部，直接驱动车轮带动汽车行驶。其主要优点是电机体积小，重量轻，成本低，系统传动效率高，结构紧凑，既有利于整车结构布置和车身设计，也便于改型设计。这种驱动方式直接将外转子安装在车轮的轮辋上驱动车轮转动。由于电动汽车在起步时需要较大的转矩，所以安装在直接驱动型电动轮中的电机必须能在低速时提供大转矩；承载大转矩时需要大电流，易损坏电池和永磁体；电机效率峰值区域很小，负载电流超过一定值后效率急剧下降。为了使电动汽车能够有较好的动力性，电机还必须具有很宽的转矩和转速调节范围。由于电机工作产生一定的冲击和振动，要求车轮轮辋和车轮支撑必须坚固、可靠，同时由于非簧载重量大，要保证电动汽车的舒适性，要求对悬架系统进行优化设计。此方式适用于平路或负载小的场合。

2. 减速驱动

轮毂电机减速驱动方式如图 3-20 所示，采用高速内转子电机，适合现代高性能电动汽车的运行要求。这种电动轮采用高速内转子电机，其目的是为了获得较高的功率。减速机构布置在电机和车轮之间，起减速和增矩的作用，保证电动汽车在低速时能够获得足够大的转矩。电机输出轴通过减速机构与车轮驱动轴连接，使电机轴承不直接承受车轮与路面的载荷作用，改善了轴承的工作条件；采用固定速比行星齿轮减速器，使系统具有较大的调速范围和输出转矩，消除了车轮尺寸对电机输出转矩和功率的影响。但轮毂电机内齿轮的工作噪声比较大，并且润滑方面存在很多问题；其非簧载重量也比直接驱动式电动轮电驱动系统的大，对电机及系统内部的结构方案设计要求更高。

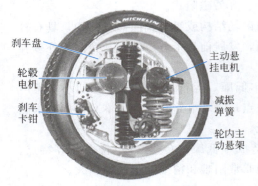

图 3-19　轮毂电机直接驱动方式

图 3-20　轮毂电机减速驱动方式

从电动汽车各种驱动技术的特点和发展趋势来看，轮毂电机驱动技术将是未来电动汽车的主要驱动形式。

第八节　电机控制器

电机控制器是控制动力电源与电机之间能量传输的装置，它由控制信号接口电路、电机控制电路和驱动电路组成。

一、电机控制器的功能

电机控制器作为电动汽车中连接动力蓄电池与驱动电机的电能转换单元，是电机驱动及控制系统的核心。它从整车控制器获得整车的需求，从动力蓄电池获得电能，经过自身逆变器的调制，获得控制电机需要的电流和电压，提供给电机，使得电机的转速和转矩满足整车的加速、减速、制动、停车等要求。

电机控制器具有以下功能。

① 把直流电变成交流电。

② 控制电机正反向驱动、正反转发电。

③ 控制电机的动力输出，同时对电机进行保护。

④ 通过 CAN 总线与其他控制模块通信，接收并发送相关的信号，间接地控制车上相关系统的整车运行。

⑤ 制动能量加馈控制。

⑥ 自身内部故障的检测和处理。

⑦ 采集 P 挡、R 挡、N 挡和 D 挡位信号。

⑧ 采集制动传感器信号。

图 3-21 所示为电机控制器的外形。从外部看，一般的电机控制器最少具备两对高压接口和一个低压接头。高压输入接口用于连接动力电池包；高压输出接口连接电机，提供控制电源。所有通信、传感器、低压电源等都要通过低压接头引出，连接到整车控制器和动力电池管理系统。

图 3-21　电机控制器的外形

二、电机控制器的位置

电机控制器在电动汽车中的位置如图 3-22 所示。与电机控制器有强电连接关系的部件是电机和动力电池包；电机控制器连接到整车的 CAN 总线上，可以与整车控制器、数字仪表板、动力电池管理系统进行通信，交换数据，接受指令。

永磁同步电机控制器在实车上的安装位置如图 3-23 所示。

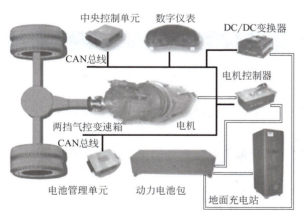

图 3-22　电机控制器在电动汽车中的位置
　　━━ 低压通信线；━━ 高压动力线

图 3-23　永磁同步电机控制器在实车上的安装位置

三、电机控制器的组成

电机控制器主要由电子控制模块、驱动模块、功率变换模块和各种传感器组成。

（1）电子控制模块　电子控制模块包括硬件电路和相应的控制软件。硬件电路主要包括微处理器及其最小系统，对电机电流、电压、转速、温度等状态的监测电路，各种硬件保护电路，以及与整车控制器、电池管理系统等外部控制单元数据交互的通信电路。控制软件根据不同类型电机的特点实现相应的控制算法。

（2）驱动模块　驱动模块将微处理器对电机的控制信号转换为驱动功率变换器的驱动信号，并实现功率信号和控制信号的隔离。

（3）功率变换模块　功率变换模块对电机电流进行控制。电动汽车经常使用的功率器件有大功率晶体管、门极可关断晶闸管、功率场效应管、绝缘栅双极型晶体管（IGBT）以及智能功率模块等。

（4）传感器　应用到的传感器包括电流传感器、电压传感器、温度传感器、电机转轴角位置传感器等，根据设计要求增减。

四、电机控制器的工作原理

电机控制器主要依靠电流传感器、电压传感器、温度传感器等来进行电机运行状态的监测，根据相应参数进行电压、电流的调整控制以及其他控制功能的完成。电流传感器用于检测电机工作实际电流，包括母线电流、三相交流电流；电压传感器用于检测供给电机控制器工作的实际电压，包括动力电池电压、12V蓄电池电压；温度传感器用于检测电机控制系统的工作温度，包括IGBT模块的温度。

五、电机控制方式

电机控制方式主要有电压控制方式、电流控制方式、频率控制方式、弱磁控制、矢量控制、直接转矩控制。

（1）电压控制方式　电压控制方式是通过改变电机端电压而实现转速控制的控制方式。

（2）电流控制方式　电流控制方式是通过改变电机绕组电流而实现转速控制的控制方式。

（3）频率控制方式　频率控制方式是通过改变电机的电源频率而实现转速控制的控制方式。

（4）弱磁控制　弱磁控制是通过减弱气隙磁场控制电机转速的控制方式。

（5）矢量控制　矢量控制是将交流电机的定子电流作为矢量，经坐标变换分解成与直流电机的励磁电流和电枢电流相对应的独立控制电流分量，以实现电机转速/转矩控制的方式。

（6）直接转矩控制　直接转矩控制是用空间矢量的分析方法，直接在定子坐标系下计算并控制交流电机的转矩，采用定子磁场定向，借助于离散的两点式调节产生PWM信号，直接对逆变器的开关状态进行控制，以获得转矩的高动态性能的控制方式。

随着电动汽车和控制技术的发展，现代控制和智能控制在电机控制中的应用已成为趋势。

六、电机控制器的容量等级

电机控制器选择必须与电机相匹配。控制器容量等级为 5kV·A、10kV·A、15kV·A、35kV·A、50kV·A、60kV·A、100kV·A、150kV·A、200kV·A、270kV·A、300kV·A、360kV·A、420kV·A 及以上。

额定电压小于或等于 360V 和额定功率小于或等于 200kW 单台电机与控制器输出容量的匹配关系见表 3-3。

表 3-3 额定电压小于或等于 360V 和额定功率小于或等于
200kW 单台电机与控制器输出容量的匹配关系

电机额定功率/kW	控制器输出容量/(kV·A)	电机额定功率/kW	控制器输出容量/(kV·A)	电机额定功率/kW	控制器输出容量/(kV·A)
1	5	18.5	50	90	150
2.2	5	22	50	110	200
3.7	10	30	60	132	200
5.5	15	37	60	150	270
7.5	15	45	100	160	330
11	35	55	100	185	360
16	35	75	150	200	420

七、电机控制器实例

如图 3-24 所示为无刷直流电机控制器，它除了具有调速功能外，还具有能量回收功能，把制动时整车的动能通过电机发电产生电能回馈到电池，既可以最大限度地减少摩擦制动造成的能量损失，又可以提高电动汽车的续驶里程，降低运营成本，提高运营效率。

无刷直流电机控制器具有以下特点。

① 电路具有完善的保护功能。具有过热保护、限流保护、异常保护和欠压保护功能。过热保护功能可避免调速器内部元件工作在过热环境中，能显著延长元件工作寿命；限流保护功能除了能在电机堵转时保护调速器内部元件外，还能防止电机过热；异常保护功能能在调速器或电机出现异常时迅速关断，避免故障进一步扩大；欠压保护功能可以避免蓄电池过度放电，显著延长蓄电池寿命，减少用户不必要的损失。

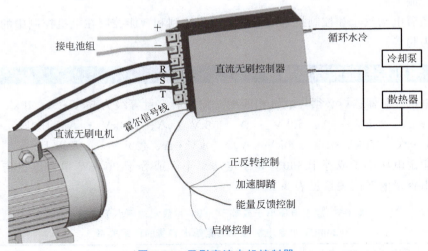

图 3-24　无刷直流电机控制器

② 经过严格的密封性测试，保证了其优良的防水防潮性能。

③ 控制器具有符合国际通用标准的 CAN 总线功能，便于与整车控制系统联网使用，达到快捷、智能化控制。

第九节　驱动电机系统接口

为了增强电机及控制器的可互换性，需要规范驱动电机系统电气及机械接口。

一、接口类型

电动汽车用驱动电机系统接口包括电气接口、机械接口和冷却液管路接口。

（1）电气接口　电气接口是连接驱动电机与控制器、控制器与整车的电气组件，包括动力电气接口及信号电气接口。动力电气接口是连接驱动电机与控制器、控制器与整车的动力电气组件，包括控制器动力输入接口、控制器动力输出接口、电机动力输入接口；信号电气接口是连接驱动电机与控制器、控制器与整车的信号电气组件，包括电机信号电气接口、控制器信号电气接口。

（2）机械接口　机械接口是驱动电机系统与相关部件的机械连接部件，包括电机与传动部件接口等。

（3）冷却液管路接口　冷却液管路接口是驱动电机系统与整车冷却液管路的接口。

二、连接方式

1. 动力电气接口的连接方式

动力电气接口的连接方式包括快速连接方式和固定连接方式。快速连接方式采用快速连接器连接,同一型号快速连接器的插头、插座之间应能完全互换;固定连接方式采用连接端子连接。

2. 信号电气接口的连接方式

电机控制信号推荐采用 12 针或 8 针的法兰式连接器,其连接器安装尺寸及安装方式如图 3-25 和 3-26 所示。

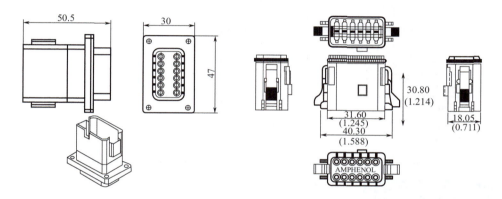

图 3-25　12 针电机控制信号连接器安装尺寸及安装方式

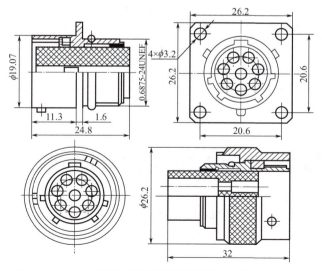

图 3-26　8 针电机控制信号连接器安装尺寸及安装方式

3. 机械接口

电机和控制器的安装方式由生产单位与用户协商确定，满足整车抗振性和防护要求。电机与传动机构的连接方式由制造商与用户协商确定。纯电动乘用车用驱动电机与传动机构推荐采用渐开线外花键连接方式，渐开线外花键优先采用表 3-4 中的参数。

表 3-4 渐开线外花键参数

传递转矩/(N·m)	模数/mm	齿数/个	分度圆直径/mm	压力角/(°)
≤100	1	18	18	30
≤200	1	20	20	30
≤200	1.25	18	22.5	30
≤300	1	24	24	30
≤300	1.25	21	26.25	30
≤400	1	28	28	30
≤400	1.25	24	30	30
≤500	1.25	28	35	30
≤600	1.25	30	37.5	30

4. 冷却液管路接口

使用冷却液的电机与控制器应按表 3-5 的要求选配冷却液接口。

表 3-5 冷却液管路接口尺寸优选序列

冷却液流量/(L/min)	推荐冷却水管接头外径/mm
<12	14,16
12~18	16,20
>18	22,25

第十节　驱动电机系统发展规划

以纯电驱动总成、插电式机电耦合总成、商用车动力总成、轮毂/轮边电机总成为重点，以基础核心零部件/元器件国产化为支撑，提升我国电驱动总成集成度与性能水平。

驱动电机系统总体发展目标见表 3-6。

表 3-6 驱动电机系统总体发展目标

2025 年	2030 年	2035 年
电驱动总成系统关键性能达到国际先进水平，实现可高压高速化与先进制造工艺，核心关键材料与关键制造装备实现国产化	电驱动总成系统关键性能达到国际领先水平，实现可高压高速化与先进制造工艺，核心关键材料与关键制造装备实现国产化	电驱动总成系统关键性能整体达到国际领先水平，核心关键材料、关键制造、测试装备与设计开发工具实现国产化
乘用车电机比功率达到 5.0kW/kg，电机系统效率大于 90% 的高效率区要大于 80%	乘用车电机比功率达到 6.0kW/kg，电机系统效率大于 93% 的高效率区要大于 80%	乘用车电机比功率达到 7.0kW/kg，电机系统效率大于 95% 的高效率区要大于 80%
乘用车电机控制器功率密度达到 40kW/L	乘用车电机控制器功率密度达到 50kW/L	乘用车电机控制器功率密度达到 70kW/L
纯电驱动系统比功率达到 2.0kW/kg，综合使用效率达到 87.0%（CLTC）	纯电驱动系统比功率达到 2.4kW/kg，综合使用效率达到 88.5%（CLTC）	纯电驱动系统比功率达到 3.0kW/kg，综合使用效率达到 90%（CLTC）

第四章
纯电动汽车整车控制器

整车控制器是电动汽车正常行驶的控制中枢，是整车控制系统的核心部件，是纯电动汽车的正常行驶、再生制动能量回收、故障诊断处理和车辆状态监视等功能的主要控制部件。

整车控制器包括硬件和软件两大组成部分，它的核心软件和程序一般由生产厂商研发，而汽车零部件供应商能够提供整车控制器硬件和底层驱动程序。现阶段国外对纯电动汽车整车控制器的研究主要集中在以轮毂电机驱动的纯电动汽车。对于只有一个电机的纯电动汽车通常不配备整车控制器，而是利用电机控制器进行整车控制。国外很多大企业都能够提供成熟的整车控制器方案，如大陆、博世、德尔福等。

第一节 整车控制器组成与原理

纯电动汽车整车控制系统主要分为集中式控制和分布式控制两种方案。

集中式控制系统的基本思想是整车控制器独自完成对输入信号的采集，并根据控制策略对数据进行分析和处理，然后直接对各执行机构发出控制指令，驱动纯电动汽车的正常行驶。集中式控制系统的优点是处理集中、响应快和成本低；缺点是电路复杂，并且不易散热。

分布式控制系统的基本思想是整车控制器采集一些驾驶员信号，同时通过CAN总线与电机控制器和电池管理系统通信，电机控制器和电池管理系统分别将各自采集的整车信号通过CAN总线传递给整车控制器。整车控制器根据整车信息，并结合控制策略对数据进行分析和处理，电机控制器和电池管理系统收到控制指令后，根据电机和电池当前的状态信息，控制电机运转和电池放电。分布式控制系统的优点是模块化和复杂度低；缺点是成本相对较高。

典型分布式整车控制系统示意图如图 4-1 所示，整车控制系统的顶层是整车控制器，整车控制器通过 CAN 总线接收电机控制器和电池管理系统的信息，并对电机控制器、电池管理系统和车载信息显示系统发送控制指令。电机控制器和电池管理系统分别负责驱动电机和动力电池组的监控与管理，车载信息显示系统用于显示车辆当前的状态信息等。

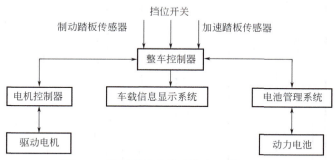

图 4-1　典型分布式整车控制系统示意图

如图 4-2 所示为某公司开发的纯电动汽车整车控制器组成原理图。整车控制器的硬件电路包括微控制器、开关量调理、模拟量调理、继电器驱动、高速 CAN 总线接口、电源等模块。

（1）微控制器模块　微控制器模块是整车控制器的核心，综合考虑纯电动汽车整车控制器的功能及其运行的外界环境，微控制器模块应该具有高速的数据处理性能、丰富的硬件接口、低成本和可靠性高的特点。

（2）开关量调理模块　开关量调理模块用于开关输入量的电平转换和整型，其一端与多个开关量传感器相连，另一端与微控制器相接。

（3）模拟量调理模块　模拟量调理模块用于采集加速踏板和制动踏板的模拟信号，并输送给微控制器。

（4）继电器驱动模块　继电器驱动模块用于驱动多个继电器，其一端通过光电隔离器与微控制器相连，另一端与多个继电器相接。

（5）高速 CAN 总线接口模块　高速 CAN 总线接口模块用于提供高速 CAN 总线接口，其一端通过光电隔离器与微控制器相连，另一端与系统高速 CAN 总线相接。

（6）电源模块　电源模块为微处理器和各输入、输出模块提供隔离电源，并对蓄电池电压进行监控，与微控制器相连。

整车控制器对电动汽车动力链的各个环节进行管理、协调和监控，以提高整车能量利用效率，确保安全性和可靠性。整车控制器采集驾驶员驾驶信号，通过 CAN 总线获得驱动电机和动力电池系统的相关信息，进行分析和运算，通过

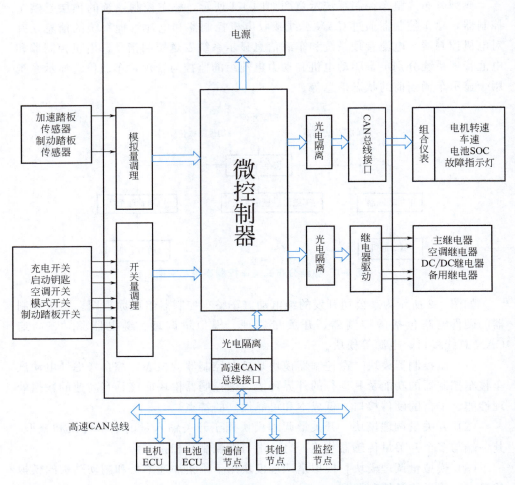

图 4-2 某公司开发的纯电动汽车整车控制器组成原理图

CAN 总线给出电机控制和电池管理指令,实现整车驱动控制、能量优化控制和制动能量回收控制。整车控制器还具有综合仪表接口功能,可显示整车状态信息;具备完善的故障诊断和处理功能;具有整车网关及网络管理功能。

第二节 整车控制器基本功能

整车控制器通过采集加速踏板信号、制动踏板信号和挡位开关信号等驾驶信息,同时接收 CAN 总线上电机控制器和电池管理系统发出的数据,并结合整车控制策略对这些信息进行分析和判断，提取驾驶员的驾驶意图和车辆运行状态信息，最后通过CAN总线发出指令来控制各部件控制器的工作，保证车辆的正常行驶。整车控制器应该具备以下基本功能。

（1）对汽车行驶控制的功能　电动汽车的驱动电机必须按照驾驶员意图输出驱动或制动转矩。当驾驶员踩下加速踏板或制动踏板时，驱动电机要输出一定的驱动功率或再生制动功率。踏板开度越大，驱动电机的输出功率越大。因此，整车控制器要合理解释驾驶员操作；接收整车各子系统的反馈信息，为驾驶员提供决策反馈；对整车各子系统的发送控制指令，以实现车辆的正常行驶。

（2）整车的网络化管理　整车控制器是电动汽车众多控制器中的一个，是CAN总线中的一个节点。在整车网络管理中，整车控制器是信息控制的中心，负责信息的组织与传输、网络状态的监控、网络节点的管理以及网络故障的诊断与处理。

（3）对制动能量的回收　纯电动汽车区别于内燃机汽车的重要特征就是能够进行制动能量回收，这是通过将纯电动汽车的电机工作在再生制动状态来实现，整车控制器分析驾驶员制动意图、动力电池组状态和驱动电机状态等消息，并结合制动能量回收控制策略，在满足制动能量回收的条件下对电机控制器发送电机模式指令和转矩指令，使得驱动电机工作在发电模式，在不影响制动性能的前提下将电制动回收的能量储存在动力电池组中，从而实现制动能量回收。

（4）整车能量管理和优化　在纯电动汽车中，动力电池除了给驱动电机供电以外，还要给电动附件供电，因此，为了获得最大的续驶里程，整车控制器将负责整车的能量管理，以提高能量的利用率。在电池的SOC值比较低的时候，整车控制器将对某些电动附件发出指令，限制电动附件的输出功率，来增加续驶里程。

（5）对车辆状态的监测和显示　整车控制器通过直接采集信号和接收CAN总线上的数据的方式获得车辆运行的实时数据，包括速度、电机的工作模式、转矩、转速、电池的剩余电量、总电压、单体电压、电池温度和故障等信息，然后通过CAN总线将这些实时信息发送到车载信息显示系统进行显示。此外整车控制器定时检测CAN总线上各模块的通信，如果发现总线上某一节点不能够正常通信，则在车载信息显示系统上显示该故障信息，并对相应的紧急情况采取合理的措施进行处理，防止极端状况的发生，使得驾驶员能够直接、准确地获取车辆当前的运行状态信息。

（6）故障诊断与处理　连续监测整车电控系统，进行故障诊断。故障指示灯指示出故障类别和部分故障码。根据故障内容，及时进行相应安全保护处理。对于不太严重的故障，能做到低速行驶到附近维修站进行检修。

（7）外接充电管理　实现充电的连接，监控充电过程，报告充电状态，充电结束。

（8）诊断设备的在线诊断和下线检测　负责与外部诊断设备的连接和诊断通信，实现 UDS 诊断服务，包括数据流的读取，故障码的读取和清除，控制端口的调试。

如图 4-3 所示是纯电动汽车整车控制器实例，它通过采集行车及充电过程中的控制信号，判断驾驶员意图，通过 CAN 总线对整车电控设备进行管理和调度，并针对不同车型采用不同的控制策略，实现整车驱动控制、能量优化控制、制动能量回收控制和网络管理。整车控制器运用了微型计算机、智能功率驱动、CAN 总线等技术，具有动态响应好、采样精度高、抗干扰能力强、可靠性好等特点。

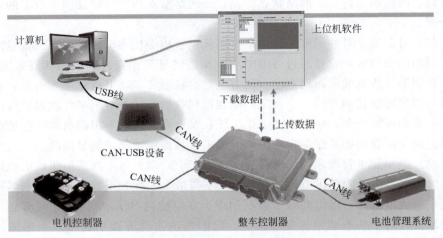

图 4-3　纯电动汽车整车控制器实例

第三节　整车控制器设计要求

直接向整车控制器发送信号的传感器包括加速踏板传感器、制动踏板传感器和挡位开关，其中加速踏板传感器和制动踏板传感器输出模拟信号，挡位开关输出信号是开关量信号。整车控制器通过向电机控制器、电池管理系统发送指令间接控制驱动电机运转和动力电池充放电，通过控制主继电器来实现车载模块的通断电。

根据整车控制网络的构成以及对整车控制器输入和输出信号的分析，整车控制器应满足以下技术要求。

① 设计硬件电路时，应该充分考虑电动汽车的行驶环境，注重电磁兼容性，提高抗干扰能力。整车控制器在软硬件上都应该具备一定的自保护能力，以防止极端情况的发生。

② 整车控制器需要有足够多的 I/O 接口，能够快速、准确地采集各种输入信息，至少具备两路 A/D 转换通道用于采集加速踏板信号和制动踏板信号，应该具有多个开关量输入通道，用于采集汽车挡位信号，同时应该具有多个用于驱动车载继电器的功率驱动信号输出通道。

③ 整车控制器应该具备多种通信接口，CAN 通信接口用于与电机控制器、电池管理系统和车载信息显示系统通信，RS232 通信接口用于与上位机通信，同时预留了一个 RS-485/422 通信接口，这可以将不支持 CAN 通信的设备兼容，例如某些型号的车载触摸屏。

④ 不同路况条件下，汽车会遇到不同的冲击和振动，整车控制器应该具备良好的抗冲击性，才能保证汽车的可靠性和安全性。

第五章
纯电动汽车制动能量回收系统

制动能量回收是把汽车制动时的一部分动能转化为其他形式的能量储存起来，在减速或制动的同时达到回收制动能量的目的，然后在汽车起步或加速时又释放储存的能量。制动能量回收对于提高电动汽车的能量利用率具有重要意义。国外有关研究表明，在存在较频繁的制动与启动的城市工况运行条件下，有效地回收制动能量，电动汽车大约可降低 15% 的能量消耗，可使电动汽车的续驶里程延长 10%~30%。

第一节　制动能量回收系统组成与原理

电动汽车制动能量回收系统主要由两部分组成，即电机再生制动部分和传统液压摩擦制动部分。所以，该制动系统可以视为机电复合制动系统。

电动汽车再生制动是利用电机的电动机/发电机可逆性原理来实现的。在电动汽车需要减速或者滑行时，可以利用驱动电机的控制电路实现电机的发电运行，使减速制动时的能量转换成对蓄电池充电的电流，从而得到再生利用。由于摩擦制动一般采用液压形式，所以所提到的机电复合制动系统也可以称为再生-液压混合制动系统。从保证制动安全和提高能量利用率的角度来考虑，再生-液压混合制动系统是最适合电动汽车的综合制动系统。

电机再生制动虽然可以回收制动能量并向车轮提供部分制动力，但是其无法使车轮完全停止转动，制动效果受到电机、电池和速度等诸多条件的限制，在紧急制动和高强度制动条件下不能独立完成制动要求，因此，为了保证汽车的制动安全性能，在采用电机再生制动的同时，必须使用传统的液压摩擦制动作为辅助,从而达到既保证汽车的制动安全性,又回收可观的能量的目的。

电动汽车的制动系统为双回路液压制动系统＋电动真空助力＋电机再生制动。

制动过程中,制动控制器根据制动踏板的开度(实际为主缸压力),判断整车的制动强度,确定相应的摩擦制动和再生制动的分配关系。前后轴的摩擦制动分配关系由液压系统对前后轮的分配关系实现;制动控制器根据制动强度和电池的 SOC 值确定可以输出的制动转矩并对前后轴进行分配,然后通过电机控制器控制驱动电机进行再生制动。在整个制动的过程中,要保证电动汽车的制动稳定性和平稳性,并尽可能多地回收制动能量,延长电动汽车续驶里程。

四轮轮毂电机驱动的纯电动汽车制动能量回收系统的结构原理如图 5-1 所示。电动汽车的制动过程是在液压摩擦制动与电机再生制动协调作用中完成的。再生制动系统主要是由轮毂电机、电机控制器、逆变器、制动控制器和动力电池等主要部件组成。汽车进行制动时,制动控制器根据不同的制动工况发出不同的指令,通过电机控制器控制轮毂电机,进行再生制动。

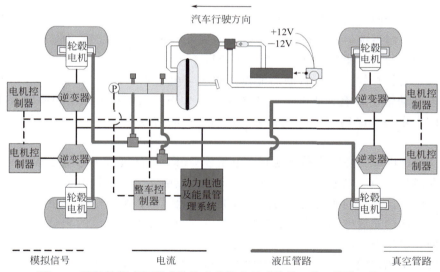

图 5-1　四轮轮毂电机驱动的纯电动汽车制动能量回收系统的结构原理

制动能量回收通过以下过程来实现。

① 在制动开始时,能量管理系统将动力电池 SOC 值发送给制动控制器,当 SOC>0.8 时,取消能量回收;当 0.7≤SOC≤0.8 时,制动能量回收受动力电池允许的最大充电电流制约;当 SOC<0.7 时,制动能量回收不受动力电池允许的最大充电电流制约。

② 制动控制器接收由压力变送器传送的主缸压力信号,并计算出需求的电

机再生制动强度上限。

③ 制动控制器根据轮毂电机转速，计算轮毂电机实际能够提供的制动强度。

④ 比较需求的电机再生制动强度上限和轮毂电机实际能够提供的制动强度，并将结果作为电信号发送给电机控制器。

⑤ 此时的轮毂电机工作在发电机状态下，可以提供电压恒定流向的电流，再通过逆变器限制电机产生的最高电压和对电压进行升压，以便满足电流输出要求，充到动力电池组中。

⑥ 为了对动力电池进行保护，能量管理系统需要时刻检测电池温度，当温度过高则停止制动能量回收。

第二节　制动能量回收控制策略

一、影响制动能量回收的因素

制动能量回收的过程是把驱动轮的部分动能通过电机回馈到动力电池组中，因此整车控制系统的各个模块和各模块的使用环境对制动能量回收有较大的影响。影响电动汽车能量回收的因素主要有以下 4 个方面。

（1）电机特性　当进行制动能量回收时，电机工作在再生制动模式，电机的最大制动转矩影响着能够提供的电制动力大小。向电池组充电功率的大小由电机的发电功率决定，同时在制定能量回收策略时也要考虑电机的工作温度等因素。

（2）蓄电池特性　当蓄电池剩余电量较高时，只能进行小电流充电或者不回收制动能量；当蓄电池剩余电量较低时，在不影响安全的前提下可以适当提高制动能量所占比例。同时充电时间过长或充电电流过大影响蓄电池的性能，蓄电池应该具有高的充放电循环次数和快速充放电能力。此外蓄电池的充电内阻影响蓄电池的充电功率，因此要选用内阻小的电池。

（3）车辆行驶工况　车辆在不同工况行驶时，纯电动汽车的制动频率和制动强度不同，当制动越频繁或制动强度越低时，电动汽车可以回收的制动能量就越多，例如在车辆频繁起步与停车的城市工况下。在高速公路行驶工况下制动频率较低，所以回收的制动能量也相对较少。

（4）制动的安全性　当车辆进行制动时，首先需要考虑的是制动系统要满足驾驶员的制动需求和制动时车辆的稳定性，只有在满足这些要求的前提下才能够考虑回收制动能量的多少。在有些情况下虽然电机能够提供足够大的制动力，但是为了防止车轮抱死也必须减少电制动力的大小来保证行车安全。

二、常见的制动能量回收控制策略

常见的电动汽车主要是采取前轮驱动的形式,因此相应的制动能量回收的控制策略主要关注前、后轮制动器提供的制动力和前轮电机提供的再生制动力三部分之间的关系。由此得到的基于电机再生制动的能量回收控制策略主要有前后轴制动力理想分配时的控制策略、前后轴制动力比例分配时的控制策略和最优能量回收控制策略。

(1) 前后轴制动力理想分配时的控制策略　当减速度要求较小时,仅电机再生制动系统工作。随着制动减速度逐渐增大,前后轴制动力将被控制在理想制动力分配曲线上。其中前轴制动力等于再生制动力和机械制动力总和。当控制系统得到驾驶员的减速度要求时,将根据制动电机的特性和车载蓄电池 SOC 值来决定驱动轴制动力由再生制动系统单独提供,还是由机械制动系统和再生制动系统共同提供。

(2) 前后轴制动力比例分配时的控制策略　需要的总制动力较小时,全部由再生制动力提供;当需要的减速度增大时,电机再生制动力所占的比例逐渐减小;机械制动力开始起作用;当总制动力大于一定值时意味着这是一个紧急制动,再生制动力减小到零,机械制动提供所有的制动力;当所需的制动减速度在两者之间时,再生制动与机械制动共同作用。

(3) 最优能量回收控制策略　当总制动力需求小于此时能提供的最大再生制动力时,仅由再生制动力起作用;当总制动力大于此时能提供的最大再生制动力时,总制动力减去最大再生制动力是应该提供的机械制动力,剩余的需提供的机械制动力将分配为前轮机械制动力和后轮机械制动力。前、后轮机械制动力的分配按照尽量使总的前、后轮制动力分配接近理想制动力分配曲线。

三种常见制动能量回收控制策略的比较见表 5-1。

表 5-1　三种常见制动能量回收控制策略的比较

项目	硬件组成的复杂程度	制动稳定性	制动能量回收效率
前后轴制动力理想分配时的控制策略	较复杂,需专门的制动力控制系统	较高	较高
前后轴制动力比例分配时的控制策略	一般,改动较小	中等	中等
最优能量回收控制策略	较复杂,需专门的制动力控制系统	较低	最高

可以看出,三种制动能量回收控制策略各有优缺点,其中,前、后轴制动力比例分配时的控制策略既能保证一定的能量回收效率,制动稳定性较理想,而且

结构较简单，是目前技术条件下的一种比较好的选择。

三、四轮驱动下的制动能量回收控制策略

单电机前轮驱动的电动汽车，能量回收只集中在电机所驱动的前轮上。汽车采用四轮驱动形式，前、后车轮都是由轮毂电机直接驱动的，所以制动能量回收在前轮和后轮同时存在。

四轮驱动下的制动能量回收控制策略主要考虑三部分的内容：一是摩擦制动力与电机再生制动力的分配关系；二是前后轴摩擦制动力的分配关系；三是前后轴电机再生制动力的分配关系。

四轮驱动下的制动能量回收控制策略的逻辑图如图 5-2 所示。

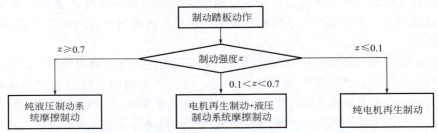

图 5-2　四轮驱动下的制动能量回收控制策略的逻辑图

控制逻辑中主要根据由液压制动压力所反映出的制动强度进行逻辑控制。当需求制动强度 $z \leqslant 0.1$ 时，仅由电机的再生制动力提供整车制动所需的力；随着需求制动力的增加，摩擦制动力逐渐开始起作用，电机再生制动力所占比例逐渐减小；当需求制动强度 $z \geqslant 0.7$ 时，此时认为车辆进行紧急制动，为了保证制动安全性，制动力完全由摩擦制动来提供；当需求制动强度介于两者之间，即 $0.1 < z < 0.7$ 时，整车的制动力由液压摩擦制动力与电机再生制动力共同提供。

基于上面的控制逻辑，四轮驱动下的制动能量回收控制策略如图 5-3 所示。

图 5-3 中，OAB 曲线所示为纯液压系统摩擦制动时前、后轴制动力的分配曲线；$OACBD$ 为再生-液压制动系统的前、后轴制动力的分配曲线，前后轴的摩擦制动力分配是按照一定比例进行的。

再生-液压制动系统中，总再生制动强度与整车制动强度的关系如图 5-4 所示。总再生制动强度是指总的电机再生制动力与整车重量的比值。由于四个轮毂电机是完全相同的，可以认为它们的再生制动工况是相同的，即四个轮毂电机平均分配整车的再生制动力。

四轮驱动汽车再生制动能量回收控制算法如图 5-5 所示。控制算法的总输入量为总制动力，由制动踏板力传感器得到。总再生制动力以及前、后车轴的再生

制动力由制动控制器中的再生制动力曲线得到,前、后轮摩擦制动力分配由制动回路中的高速开关阀实现。控制算法的输出量为前轮再生制动力、后轮再生制动力、前轮摩擦制动力和后轮摩擦制动力。所有的电机再生制动力都由电机控制器来实现控制。

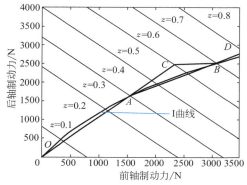

图 5-3 四轮驱动下的制动能量回收控制策略

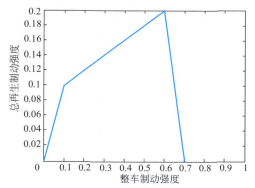

图 5-4 总再生制动强度与整车制动强度的关系

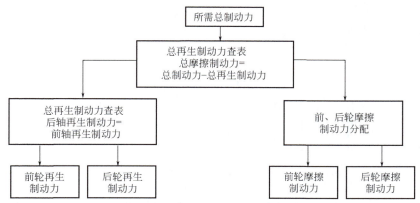

图 5-5 四轮驱动汽车再生制动能量回收控制算法

第三节 制动能量回收系统仿真

在 ADVISOR 中建立某四轮驱动电动汽车的制动能量回收仿真模型,选择公路行驶的 10-15 循环工况和典型的停车制动工况进行仿真,通过仿真结果考察制动过程中制动力的分配、能量回收效率和电池的充电电流等,对所建立的四轮轮毂驱动下的制动能量回收控制策略进行评价。

一、10-15 循环工况仿真

10-15 循环工况中汽车行驶速度如图 5-6 所示。10-15 循环工况总运行时间为 660s，平均车速为 22.68km/h，最高行驶车速为 70km/h，行驶过程中共停车 7 次。10-15 循环工况下，汽车行驶速度变化较小，平均速度较低，制动平缓，符合城市循环过程仿真。

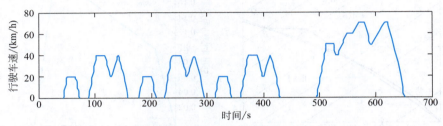

图 5-6　10-15 循环工况中汽车行驶速度

10-15 循环工况前、后车轮再生制动力分配如图 5-7 所示。制动时，前、后车轮获得的再生制动力是相等的。这与所制定的制动能量回收控制策略有关。车轮上再生制动力的大小还与循环中汽车速度变化的快慢有关。当车速变化较大时，整车的制动强度增大，从而轮毂电机的再生制动强度也增大，再生制动力相应增大。

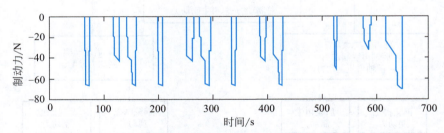

图 5-7　10-15 循环工况前、后车轮再生制动力分配

10-15 循环工况前、后车轮电机再生制动转矩如图 5-8 所示。前、后车轮电

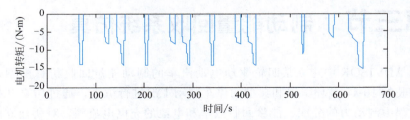

图 5-8　10-15 循环工况前、后车轮电机再生制动转矩

机的再生制动力矩是相同的。10-15 循环工况下,整车的制动强度较小,前、后车轮所负责的再生制动力相等,电机的再生制动转矩也是相等的。

10-15 循环工况电池的 SOC 值的变化曲线如图 5-9 所示。电动汽车采用全电驱动,在行驶过程中,电池向电机提供能量,SOC 值逐渐减小。在再生制动作用下,电机向电池充电,电池的 SOC 值会有一定程度的升高,电机的再生制动转矩越大,再生制动持续的时间越长,SOC 值升高得越多。

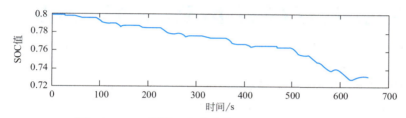

图 5-9　10-15 循环工况电池的 SOC 值的变化曲线

在再生制动的过程中,电机因其电动机/发电机可逆性,可以作为发电机将汽车的动能转化为电能,存储在电池中,此时电池显示负电流,表示向电池充电,如图 5-10 所示,此时的充电电流是四个电机所产生的电流的总和。充电电流的大小与电机的再生制动转矩和再生制动时间有关。

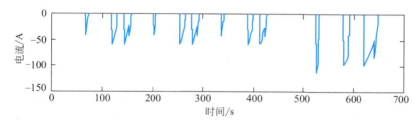

图 5-10　10-15 循环工况电池的充电电流

10-15 循环过程中制动能量回收曲线如图 5-11 所示。当电动机进行再生制动时,电机向动力电池充电,电池默认为负能量。电机回收制动能量的数量与电机再生制动的强度以及再生制动持续的时间有关,强度越大,时间越长,所回收的

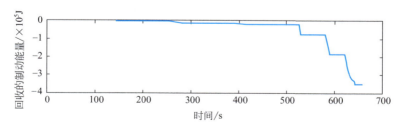

图 5-11　10-15 循环过程中制动能量回收曲线

能量也越多。除此之外,汽车的行驶车速以及电池的 SOC 值也都是影响能量回收的因素。

仿真结果表明,在一个 10-15 循环工况中,回收的制动能量为 3.56×10^5 J,总的制动能量为 7.28×10^5 J,整车消耗的总能量为 1.58×10^6 J,制动能量的回收效率为 48.91%,总能量回收效率为 22.5%。采用四轮轮毂电机驱动时,总能量的回收效率高于 20%,比前轮驱动下的总能量回收效率高。

二、停车制动工况仿真

汽车从行驶到完全制动停止的过程中,汽车的动能通过摩擦制动而转化为热能逐步耗散在空气中。电动汽车使用的是再生-液压制动系统,制动过程中有一部分的制动动能可以通过电机转化为电能存储在动力电池中。

动能向电机传输的过程中,有一部分消耗在机械摩擦过程中;电机向动力电池反充电的过程中,还要受到电池的充电电流、充电功率以及电池的 SOC 值等的限制。所以,只是一部分制动动能可以传递到动力电池中。

常见的制动停车可以分为紧急制动停车和缓速制动停车两种。紧急制动停车是在紧急状况下,为了使汽车在较短的时间内停止而采取的制动方式,需求的制动力大,制动时间短,制动强度较大。缓速停车制动是指汽车逐步减慢车速,必要时通过制动使汽车速度逐步减小直至车辆完全停止的过程,这一过程一般时间较长,制动平缓,制动强度小,是常见的停车方式。

设置停车制动的初始速度为 48km/h,完全制动停车的时间分别为 2s 和 10s。通过仿真分析,可以得到 2s 制动停车的能量回收效率为 6.2%,10s 制动停车的能量回收效率为 25.1%。10s 制动停车工况下汽车回收制动能量的能力远远高于 2s 制动停车工况,这与再生制动强度和再生制动持续的时间有关。对比两种制动停车工况,10s 制动停车工况下,整车制动以再生制动为主,摩擦制动为辅,电机再生制动持续时间较长,能量回收效果较好;2s 制动停车工况下,整车的制动以摩擦制动为主,电机再生制动为辅,电机再生制动持续时间较短,能量回收效果一般。

第六章
纯电动汽车传动系统参数匹配与性能仿真

传动系统的匹配直接影响电动汽车的动力性和经济性,其匹配方法有多种,本书只介绍最基本的匹配方法。纯电动汽车传动系统匹配主要包括驱动电机参数、传动系统传动比和蓄电池参数匹配。

第一节 驱动电机参数匹配

驱动电机参数主要包括额定转速和最高转速、额定功率和峰值功率、额定转矩和峰值转矩以及额定电压等。

一、驱动电机的转速

电机最高转速与电动汽车最高车速之间的关系为

$$n_{\max} = \frac{v_{\max} i_t}{0.377 r} \tag{6-1}$$

式中,$n_{\max}$ 为电机最高转速,r/min;$v_{\max}$ 为电动汽车最高车速,km/h;i_t 为电动汽车传动系统的传动比;r 为车轮半径,m。

电动汽车最高车速是指电动汽车能够往返各持续1km以上距离的最高平均车速。

电机额定转速为

$$n_e = \frac{n_{\max}}{\beta} \tag{6-2}$$

式中,n_e 为电机额定转速;β 为电机扩大恒功率区系数。

β 值越大,在低转速区电机就可获得越大的转矩,有利于提高车辆的加速能力和爬坡性能,稳定运行性能好;但 β 值太大,会增大电机的工作电流,同时功率变换器的功率损失和尺寸也会增大,因此 β 值不宜过高。β 通常取值为 2~4。

二、驱动电机的功率

驱动电机是纯电动汽车行驶的唯一动力源,对整车的动力性有直接的影响。所选的电机功率越大,整车的动力性也就越好,但是如果功率过大,电机的重量和体积也会增大,且电机的工作效率不高,这样就不能充分利用有限的车载能源,从而使续驶里程降低。

1. 驱动电机的峰值功率

驱动电机的峰值功率由整车的设计目标来确定,峰值功率应该达到最高车速、最大爬坡度及加速时间分别对应的最大功率需求。

(1) 根据电动汽车最高车速确定驱动电机峰值功率 电动汽车以最高车速在平坦路面行驶时所需要的驱动电机功率为

$$P_{m_1} = \frac{v_{\max}}{3600\eta_t}\left(mgf + \frac{C_D A v_{\max}^2}{21.15}\right) \qquad (6\text{-}3)$$

式中,P_{m_1} 为电动汽车以最高车速行驶时所消耗的功率,kW;m 为电动汽车试验质量,kg;f 为轮胎滚动阻力系数;C_D 为汽车迎风阻力系数;A 为电动汽车迎风面积,m^2;η_t 为电动汽车传动系统效率。

电动汽车试验质量是指电动汽车整备质量与试验所需附加质量的和。附加质量,如果最大允许装载质量小于或等于 180kg,该质量为最大允许装载质量;如果最大允许装载质量大于 180kg,但小于 360kg,该质量为 180kg;如果最大允许装载质量大于 360kg,该质量为最大允许装载质量的一半。最大允许质量包括驾驶员质量。

(2) 根据电动汽车最大爬坡度确定驱动电机峰值功率 电动汽车以爬坡车速爬上最大坡度时所需要的驱动电机功率为

$$P_{m_2} = \frac{v_p}{3600\eta_t}\left(mgf\cos\alpha_{\max} + mg\sin\alpha_{\max} + \frac{C_D A v_p^2}{21.15}\right) \qquad (6\text{-}4)$$

式中,P_{m_2} 为电动汽车以爬坡车速爬上最大坡度所消耗的功率,kW;v_p 为电动汽车爬坡车速,km/h;$\alpha_{\max}$ 为最大坡度角,(°)。

电动汽车爬坡车速是指电动汽车在给定坡度的坡道上能够持续 1km 以上的最高平均车速。

对于纯电动汽车,车辆通过 4% 坡度的爬坡速度不低于 60km/h;车辆通过 12% 坡度的爬坡速度不低于 30km/h;车辆最大爬坡度不低于 20%。

(3) 根据电动汽车加速能力确定驱动电机峰值功率　电动汽车加速能力是指电动汽车从静止起步加速到终止速度所需要的最短时间。电动汽车在水平道路上满足加速能力所需求的电机功率为

$$P_{m_3} = \frac{1}{3600\eta_t}\left(mgf\frac{u_e}{1.5} + \frac{C_D A u_e^3}{52.875} + \delta m \frac{u_e^2}{7.2 t_e}\right) \quad (6-5)$$

式中，P_{m_3} 为电动汽车在水平道路上满足加速能力所需求的电机功率，kW；δ 为电动汽车旋转质量换算系数；u_e 为加速终止时的速度，km/h；t_e 为加速时间，s。

对于纯电动汽车，0~50km/h 和 50~80km/h 的加速性能，其加速时间应分别不超过 10s 和 15s。

驱动电机的峰值功率应能同时满足电动汽车对最高车速、最大爬坡度和加速能力的要求，所以电动汽车驱动电机的峰值功率为

$$P_{e_{max}} \geqslant \max\{P_{m_1} \quad P_{m_2} \quad P_{m_3}\} \quad (6-6)$$

式中，$P_{e_{max}}$ 为驱动电机的峰值功率。

2. 驱动电机的额定功率

正确选择驱动电机的额定功率非常重要。如果选择过小，电机经常在过载状态下运行；相反，如果选择太大，电机经常在欠载状态下运行，效率及功率因数降低，不仅浪费电能，而且增加动力电池的容量，综合经济效益下降。电机额定功率应使电机尽可能工作在高效率区。

电机额定功率应满足电动汽车对最高车速的要求，同时要考虑电机的过载要求。电动汽车驱动电机的额定功率为

$$P_e \geqslant \max\left\{P_{m_1} \quad \frac{P_{e_{max}}}{\lambda}\right\} \quad (6-7)$$

式中，P_e 为驱动电机的额定功率；λ 为电机的过载系数。

三、驱动电机的转矩

驱动电机的额定转矩为

$$T_e = \frac{9550 P_e}{n_e} \quad (6-8)$$

式中，T_e 为驱动电机的额定转矩，N·m。

驱动电机的峰值转矩应满足电动汽车启动转矩和最大爬坡角的要求，同时结合传动系统最大传动比来确定。

$$T_{e_{max}} \geqslant \frac{mg(f\cos\alpha_{max} + \sin\alpha_{max})r}{\eta_t i_{max}} \quad (6-9)$$

式中，$T_{e_{max}}$ 为驱动电机的峰值转矩；i_{max} 为传动系统最大传动比。

四、驱动电机的额定电压

驱动电机电压等级的确定和动力电池组电压等级密切相关。在输出功率一样的条件下,电流会随电压变高而减小,这就降低了对开关和导线等元件的要求,如果电压较高,会增加单体电池串联的数量,会使整车质量和成本增加,动力性下降且布置困难。电机额定电压常由电机的参数决定,并正比于电机额定功率。即电机的额定功率越大,电机的额定电压越高。同时,电机额定电压选择要符合标准系列规定的电压。

第二节 传动系统的传动比匹配

在电机输出性能一定的前提下,传动比的选择主要取决于汽车的动力性。对于传统的内燃机汽车,挡位数越多,相应地增加了发动机工作在高性能区域的可能性,进而提高了汽车的燃料经济性。相比之下,电动汽车的动力来自驱动电机,电机具有较宽的工作范围。电机特性为低速恒转矩,高速恒功率,适合电动汽车的运行,并不需要过多挡位。过多挡位会增加变速器的结构复杂性。固定速比的变速器并不能满足电机常工作于高效率区。两挡变速器具有结构简单、成本低、控制容易的特点,同时又能满足汽车动力性和经济性的要求。

传动系统的传动比的选择应该满足的原则是,最大传动比应该满足汽车的爬坡性能,同时要兼顾电机低速区工作的效率;最小传动比应该满足汽车行驶的最高车速,同时尽量降低电机输入轴的转速,兼顾电机高转速工况下的效率。

在电机输出特性一定时,传动系统的传动比选择依赖于整车的动力性指标,即电动汽车传动比的选择应该满足汽车最高车速、最大爬坡度以及对加速时间的要求。

一、一挡传动比的确定

一挡驱动时,最大驱动力应小于或等于驱动轮的峰值附着力,以此确定一挡传动比的上限。对于前轮驱动电动汽车,一挡传动比的上限应满足

$$i_0 i_{g12} \leqslant \frac{mgrb\varphi}{T_{e_{max}} \eta_t L} \qquad (6-10)$$

式中,i_0 为主减速器传动比;i_{g12} 为变速器一挡传动比的上限;b 为电动汽车质心至后轴距离,m;L 为轴距,m;φ 为路面附着系数。

一挡传动比的下限应满足电动汽车在电机峰值转矩下的爬坡度,即

$$i_0 i_{g11} \geqslant \frac{r}{T_{e_{max}} \eta_t} \left(mgf\cos\alpha_{max} + mg\sin\alpha_{max} + \frac{C_D A u_p^2}{21.15} \right) \qquad (6-11)$$

式中，i_{g11} 为变速器一挡传动比的下限。

二、二挡传动比的确定

二挡传动比的上限与最高车速有关，即

$$i_0 i_{g22} \leq \frac{0.377 r n_{max}}{u_{max}} \tag{6-12}$$

式中，i_{g22} 为变速器二挡传动比的上限。

二挡传动比的下限与汽车以最高车速行驶时的阻力有关，即

$$i_0 i_{g21} \geq \frac{r}{T_{u_{max}} \eta_t} \left(mgf + \frac{C_D A u_{max}^2}{21.15} \right) \tag{6-13}$$

式中，i_{g21} 为变速器二挡传动比的下限；$T_{u_{max}}$ 为最高速度对应的输出转矩，N·m。

对于二挡变速器，两挡位传动比之间应该分配合理，否则可能由于一、二挡驱动力不连续导致换挡切换时的动力中断，进而影响驾驶体验。因此，二挡时电机基速下的驱动力应大于或者等于一挡时电机最高转速下对应的驱动力，即

$$\frac{9550 P_{e_{max}} i_{g2} i_0}{n_e} \geq \frac{9550 P_{e_{max}} i_{g1} i_0}{n_{max}} \tag{6-14}$$

式（6-14）整理可得

$$\frac{i_{g1}}{i_{g2}} \leq \frac{n_{max}}{n_e} \tag{6-15}$$

第三节 动力电池参数匹配

动力电池是整车的能量来源，整车所有的能量消耗都来自动力电池。因此所选择的动力电池的类型、质量和各种技术参数都会影响电动汽车的整车性能，是电动汽车的关键部件之一。动力电池参数匹配主要包括电池容量、电池数目、电池电压等参数的匹配。

一、动力电池匹配原则

动力电池类型的选择要符合电动汽车的运行要求。电动汽车要求动力电池具有较高的比能量和比功率，以满足电动汽车续驶里程和动力性的要求，同时也希望动力电池具有与汽车使用寿命相当的充放电循环寿命，拥有高效率、良好的性价比以及免维护特性。目前可用于纯电动汽车的动力电池主要有铅酸蓄电池、金属氢化物镍蓄电池和锂离子蓄电池。其中锂离子蓄电池的高能量和充放电速度快

等优越性能得到越来越多的关注,是目前市场前景最好的一种产品。

动力电池的电压等级要与驱动电机电压等级相一致且满足电机电压变化的要求。同时,由于电动空调、电动真空泵和电动转向助力泵等附件也消耗一定的电能,所以电池组的总电压要大于驱动电机的额定电压。

动力电池一般有能量型与功率型两种,为满足电动汽车的行驶要求,采用能量型电池,匹配时主要考查电池的能量,即电池应具有较大的容量,以增加车辆的续驶里程。电池容量与其功率成正比,容量越大,其输出的功率越大,所以其输出功率均能满足整车电力系统的要求,因此主要是根据其续驶里程来确定电池容量,并且确定的电池容量还须符合市场现有产品的标准,并通过对现有产品反复验证进行设计。

二、动力电池参数匹配设计

动力电池组是由一个或多个电池模块组成的单一机械总成;电池模块是一组相连的单体电池的组合;单体电池是构成电池的最小单元,一般由正极、负极和电解质等组成。

1. 动力电池组的容量

电池组的容量取决于电动汽车的续驶里程,电池组的容量越大,电动汽车续驶里程越长,但整车重量和成本随之增加。因此合理匹配动力电池组的容量可大大提高整车的性能。

电动汽车在水平路面上巡航行驶所消耗的功率为

$$P_{md} = \frac{v_d}{3600\eta_t}\left(mgf + \frac{C_D A v_d^2}{21.15}\right) \tag{6-16}$$

式中,P_{md} 为电动汽车巡航行驶时所消耗的功率,kW;v_d 为电动汽车巡航行驶速度,m/s。

电池组能量应满足

$$E_z \geqslant \frac{mgf + \frac{C_D A v_d^2}{21.15}}{3600\xi_{SOC}\eta_t\eta_e\eta_d(1-\eta_a)}S \tag{6-17}$$

式中,E_z 为电池组能量,kW·h;ξ_{SOC} 为蓄电池放电深度;η_e 为电机及控制器整体效率,是指电机转轴输出功率除以控制器输入功率乘以100%;η_d 为蓄电池放电效率;η_a 为汽车附件能量消耗比例系数;S 为电动汽车续驶里程,km。

电池组能量与容量的关系为

$$E_z = \frac{U_z C_z}{1000} \tag{6-18}$$

式中,U_z 为电池组电压,V;C_z 为电池组容量,A·h。

电池组容量应满足

$$C_z \geq \frac{mgf + \dfrac{C_D A v_d^2}{21.15}}{3.6 \xi_{SOC} \eta_t \eta_e \eta_d (1-\eta_a) U_z} S \tag{6-19}$$

2. 动力电池模块数目

电池模块数目必须满足驱动电机供电、电动汽车行驶时所需的峰值功率和续驶里程的要求。

电池组的最低工作电压应能满足驱动电机系统的最小工作电压，由此需要的电池模块数目为

$$N_1 \geq \frac{U_{e_{min}}}{U_{zd}} \tag{6-20}$$

式中，N_1 为满足电机系统最小工作电压所需要的电池模块数目；$U_{e_{min}}$ 为驱动电机的最小工作电压，V；U_{zd} 为电池组单体模块电压，V。

满足电动汽车行驶时所需的峰值功率要求的电池模块数目为

$$N_2 = \frac{P_{e_{max}}}{P_{b_{max}} \eta_e N_0} \tag{6-21}$$

式中，N_2 为满足电机峰值功率要求的电池模块数目；$P_{b_{max}}$ 为单体电池最大输出功率，kW；N_0 为电池模块所包含的单体电池的数目。

单体电池最大输出功率为

$$P_{b_{max}} = \frac{2U_b^2}{9R_{b_0}} \tag{6-22}$$

式中，U_b 为单体电池开路电压，V；R_{b_0} 为单体电池等效内阻，Ω。

满足电动汽车续驶里程要求的电池模块数目为

$$N_3 = \frac{1000 S P_{md}}{v_0 \eta_e U_{zd} C_z} \tag{6-23}$$

式中，N_3 为满足电动汽车续驶里程要求的电池模块数目。

实际电池组模块数量为

$$N_z \geq \max\{N_1 \quad N_2 \quad N_3\} \tag{6-24}$$

式中，N_z 为实际电池组模块数目。

已知电动汽车整车质量为 1350kg，滚动阻力系数为 0.0144，迎风面积为 $1.9m^2$，迎风阻力系数为 0.3，轮胎滚动半径为 0.28m，最高车速为 100km/h，最大爬坡度为 20%，续驶里程为 150km。根据纯电动汽车传动系统匹配公式，计算结果如下。

电机类型选取异步电机，额定功率 $P_e=30kW$；峰值功率 $P_{e_{max}}=72kW$；过

载系数 λ=2.4；最高转速 n_{max}=9000r/min。

主减速器传动比为 4.3245。

采用Ⅲ挡变速器，Ⅰ挡传动比为 2.0898，Ⅱ挡传动比为 1.4456，Ⅲ挡传动比为 1。

电池类型选择金属氢化物镍蓄电池，其容量为 250A·h，比能量为 80W·h/kg，比功率为 230W/kg，电池组模块数目为 22。

电动汽车传动系统主要参数都是从汽车行驶时所消耗的能量出发推导计算得到的，理论上，它的动力性和续驶里程能够满足设计要求。

第四节　传动系统参数匹配与性能仿真实例

纯电动汽车传动系统匹配仿真所需参数见表 6-1。

表 6-1　纯电动汽车传动系统匹配所需参数

整车质量/kg	滚动阻力系数	空气阻力系数	迎风面积/m^2	轮胎滚动半径/m
1500	0.012	0.33	2.16	0.281
旋转质量换算系数	传动系统效率	主减速器传动比	汽车质心至后轴距离/m	汽车轴距/m
1.05(一挡),1.27(二挡)	0.92	4.55	1.6	2.8

纯电动汽车设计目标如下。

① 最高车速不低于 120km/h。

② 最大爬坡度不低于 20°。

③ 百公里加速时间不超过 15s。

一、利用 MATLAB 匹配驱动电机参数

利用驱动电机功率需求数学模型，编写驱动电机功率匹配的 MATLAB 程序如下。

程序	注释

m=1500;g=9.8;f=0.012;Cd=0.33;A=2.16;r=0.281;at=0.92;
figure(1)
u=0:5:120;
Pm1=u.* (m*g*f+Cd*A*u.^2/21.15)/3600/at;
plot(u,Pm1)
xlabel('最高车速/(km/h)')
ylabel('电机功率/kW')
figure(2)
	汽车参数赋值
	设置图形窗口 1
	定义最高车速范围
	根据最高车速计算电机功率
	最高车速-电机需求功率曲线
	x 轴标注
	y 轴标注
	设置图形窗口 2

续表

程序	注释
| ```
af1=10:1:40;
af=atan(af1*pi/180);
up=[20 40 60];
for i=1:3
Pm2=up(i).*(m*g*f*cos(af)+m*g*sin(af)+Cd*A*up(i).
   ^2/21.15)/3600/at;
gss='-:-';
plot(af1,Pm2,[gss(2*i-1)gss(2*i)])
hold on
end
xlabel('爬坡度/(°)')
ylabel('电机功率/kW')
legend('爬坡速度 20km/h','爬坡速度 40km/h','爬坡速度 60km/h')
figure(3)
ue=100;
dt=1.05;
te=5:0.1:20;
Pm3=(m*g*f*ue./1.5+Cd*A*ue^3./52.875+dt*m*ue^2./
   te./7.2)./3600/at;
plot(te,Pm3)
xlabel('加速时间/s')
ylabel('电机功率/kW')
af=atan(20*pi/180);
Pm11=120*(m*g*f+Cd*A*120^2/21.15)/3600/at;
Pm22=20*(m*g*f*cos(af)+m*g*sin(af)+Cd*A*15^2/
   21.15)/3600/at;
Pm33=(m*g*f*ue./1.5+Cd*A*ue^3./52.875+dt*m*ue^2./
   14/7.2)./3600/at;
fprintf('电机需求功率 Pm1=%.2fkW\n',Pm11)
fprintf('电机需求功率 Pm2=%.2fkW\n',Pm22)
fprintf('电机需求功率 Pm3=%.2fkW\n',Pm33)
``` | 定义最大爬坡度范围<br>转换最大爬坡度<br>设置爬坡速度<br>循环开始<br>根据最大爬坡度求电机功率<br><br>定义线型<br>绘爬坡度-电机需求功率曲线<br>保存图形<br>循环结束<br>x 轴标注<br>y 轴标注<br>曲线标注<br>设置图形窗口 3<br>加速终止速度赋值<br>旋转质量换算系数赋值<br>百公里加速时间范围<br>根据加速时间求电机功率<br><br>加速时间-电机需求功率曲线<br>x 轴标注<br>y 轴标注<br>最大爬坡度赋值<br>求电机需求功率 1<br>求电机需求功率 2<br><br>求电机需求功率 3<br><br>输出电机需求功率 1<br>输出电机需求功率 2<br>输出电机需求功率 3 |

在 MATLAB 编辑器中输入这些程序，点击运行按钮，就会得到根据电动汽车最高车速、最大爬坡度和加速时间所需求的电机功率曲线。

图 6-1 所示为最高车速-电机功率曲线。可以看出，最高车速越大，需求的电机功率越大。满足最高车速 120km/h 所需求的电机功率 $P_{m_1}=23.98\text{kW}$。

图 6-2 所示为三种不同爬坡速度所需求的爬坡度-电机功率曲线。可以看出，最大爬坡度越大，所需求的电机功率越大；爬坡速度越高，所需求的电机功率越大。以 20km/h 速度爬 20°的坡时所需求的电机功率为 $P_{m_2}=30.31\text{kW}$。

图 6-3 所示为加速时间-电机功率曲线。可以看出，加速时间越短，所需求的电机功率越大；满足加速时间 14s 所需求的电机功率为 $P_{m_3}=54.8\text{kW}$。
```

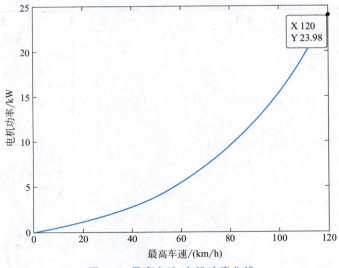

图 6-1　最高车速-电机功率曲线

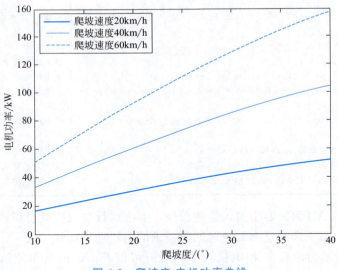

图 6-2　爬坡度-电机功率曲线

本实例选择电机类型为永磁同步电机,峰值功率取 55kW,过载系数取 2.5,额定功率为 22kW。

利用驱动电机转速数学模型,编写驱动电机转速匹配的 MATLAB 程序如下。

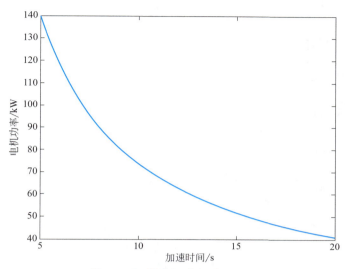

图 6-3　加速时间-电机功率曲线

程序	注释
`r=0.281;`	轮胎滚动半径赋值
`figure(1)`	设置图形窗口 1
`i=4.55;`	主减速器传动比赋值
`u=0:5:120;`	定义最高速度范围
`n=u*i/0.377/r;`	计算最高转速
`plot(u,n)`	绘制电机转速-最高车速曲线
`xlabel('最高车速/(km/h)')`	x 轴标注
`ylabel('电机最高转速/(r/min)')`	y 轴标注
`figure(2)`	设置图形窗口 2
`u=110;`	定义最高车速
`i=4:1:12;`	定义传动系统传动比范围
`n=u*i/0.377/r;`	计算最高转速
`plot(i,n)`	绘制电机转速-传动比曲线
`xlabel('传动比')`	x 轴标注
`ylabel('电机最高转速/(r/min)')`	y 轴标注

　　在 MATLAB 编辑器中输入这些程序，点击运行按钮，就会得到电机最高转速与最高车速、传动比的关系曲线。

　　图 6-4 所示为电机最高转速-最高车速曲线。可以看出，最高车速越高，电机最高转速越高。

　　图 6-5 所示为电机最高转速-传动比曲线。可以看出，传动比越大，电机最高转速越高。

　　电机的最高转速取 8000r/min；额定转速取 3000 r/min。电机的额定转矩为

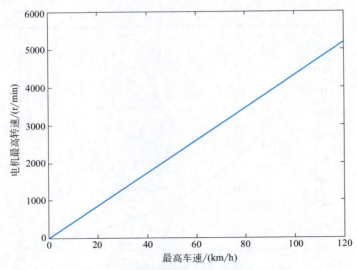

图 6-4　电机最高转速-最高车速曲线

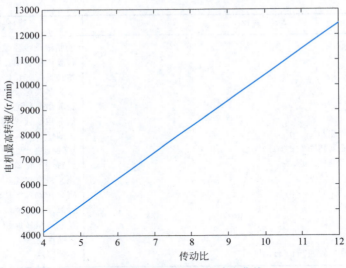

图 6-5　电机最高转速-传动比曲线

70N·m；电机的峰值转矩取 175 N·m。电机电压选择 336V。

综上所述，驱动电机匹配参数见表 6-2。

表 6-2　驱动电机匹配参数

参数名称	参数值
额定功率/kW	22

续表

参数名称	参数值
峰值功率/kW	55
额定转矩/(N·m)	70
峰值转矩/(N·m)	175
额定转速/(r/min)	3000
最高转速/(r/min)	8000
额定电压/V	336

二、利用 MATLAB 匹配二挡变速器传动比

利用变速装置传动比匹配数学模型,编写变速装置传动比匹配的 MATLAB 程序如下。

程序	注释
m=1500;g=9.8;f=0.012;Cd=0.33;A=2.16;r=0.281;at=0.92;	汽车参数赋值
af=atan(20*pi/180);	设置最大坡度角
Tmax=175;	设置峰值转矩
up=15;	设置爬坡车速
i0=4.55;	设置主减速器传动比
i11=r*(m*g*f*cos(af)+m*g*sin(af)+Cd*A*up^2/21.15)/Tmax/at/i0;	计算一挡传动比下限
fprintf('一挡传动比下限 i11=%.2f\n',i11)	输出一挡传动比下限
nmax=8000;	设置电机最高转速
fa=0.70;	设置地面附着系数
i12=m*g*r*fa*1.6/Tmax/at/i0/2.8;	计算一挡传动比上限
fprintf('一挡传动比上限 i12=%.2f\n',i12)	输出一挡传动比上限
umax=110;	设置最高车速
i22=0.377*r*nmax/umax/i0;	计算二挡传动比上限
fprintf('二挡传动比上限 i22=%.2f\n',i22)	输出二挡传动比上限
i21=r*(m*g*f+Cd*A*umax^2/21.15)/Tmax/at;	计算二挡传动比下限
fprintf('二挡传动比下限 i21=%.2f\n',i21)	输出二挡传动比下限

在 MATLAB 编辑器中输入这些程序,点击运行按钮,就会得到一挡传动比范围为 $1.93 \leqslant i_{g1} \leqslant 2.26$,二挡传动比范围为 $1.02 \leqslant i_{g2} \leqslant 1.69$。综合考虑,选择一挡传动比为 1.98,二挡传动比为 1。

三、利用 MATLAB 仿真纯电动汽车动力性

根据纯电动汽车动力性数学模型(详见第七章),编写绘制纯电动汽车动力性仿真图的 MATLAB 程序如下。

程序	注释
| ```matlab
m=1500;g=9.8;f=0.012;Cd=0.33;A=2.16;r=0.281;at=0.92;
ig1=1.98;ig2=1;i0=4.55;
q1=1.05;q2=1.27;
u1=0:0.01:70;
Ff1=Cd*A*(u1.^2)/21.15+m*g*f;
Fw1=Cd*A*(u1.^2)/21.15;
n1=ig1*i0*u1/r/0.377;
P=55;
for i=1:1:7001
if n1(i)<3000
    T1(i)=175;
else
    T1(i)=9550*P/n1(i);
end
end
Ft1=(T1*(ig1)*(i0)*(at))/r;
D1=(Ft1-Fw1)/m/g;
i1=tan(asin(D1-f*(1-(D1).^2+f.^2).^(1/2))/(1+f.^2))*
   180/pi;
a1=(D1-f)*g/q1;
u2=0:0.01:180;
Ff2=Cd*A*(u2.^2)/21.15+m*g*f;
Fw2=Cd*A*(u2.^2)/21.15;
n2=ig2*i0*u2/r/0.377;
for j=1:1:18001
if n2(j)<3000
    T2(j)=175;
else
    T2(j)=9550*P/n2(j);
end
end
Ft2=(T2*(ig2)*(i0)*(at))/r;
D2=(Ft2-Fw2)/m/g;
i2=tan(asin(D2-f*(1-D2.^2+f.^2).^(1/2))/(1+f.^2))*180/pi;
a2=(D2-f)*g/q2;
figure(1)
plot(u1,Ft1,'r','linewidth',1.5);
hold on;
plot(u2,Ft2,'b','linewidth',1.5,'LineStyle','--');
hold on;
plot(u2,Ff2,'k','linewidth',1.5,'LineStyle','-.');
xlabel('速度/(km/h)')
ylabel('电动汽车驱动力-行驶阻力/N')
text(20,5500,'一挡驱动力'),text(20,3000,'二挡驱动力')
text(20,700,'行驶阻力')
figure(2)
``` | 汽车参数赋值<br>传动比赋值<br>旋转质量换算系数赋值<br>定义一挡速度范围<br>计算行驶阻力<br>计算空气阻力<br>计算电机转速<br>峰值功率赋值<br>设置循环求转矩<br>转速小于3000r/min时<br>设置恒转矩<br>转速大于3000r/min时<br>计算转矩<br>结束<br>结束<br>计算驱动力<br>计算动力因数<br>计算爬坡度<br><br>计算加速度<br>设置速度范围<br>计算行驶阻力<br>计算空气阻力<br>计算电机转速<br>设置循环,求转矩<br>转速小于3000r/min时<br>设置恒转矩<br>转速大于3000r/min时<br>计算转矩<br>结束<br>结束<br>计算驱动力<br>计算动力因数<br>计算爬坡度<br>计算加速度<br>设置图形窗口1<br>一挡驱动力-速度曲线<br>保存图形<br>二挡驱动力-速度曲线<br>保存图形<br>行驶阻力-速度曲线<br>x轴标注<br>y轴标注<br>驱动力曲线标注<br>行驶阻力曲线标注<br>设置图形窗口2 |
```

续表

程序	注释

`plot(u1,a1,'r','linewidth',1.5);`
`hold on;`
`plot(u2,a2,'b','linewidth',1.5,'LineStyle','--');`
`xlabel('速度/(km/h)')`
`ylabel('加速度/(m/s^2)');`
`text(50,2.5,'一挡加速度'),text(100,1,'二挡加速度')`
`figure(3)`
`plot(u1,i1,'r','linewidth',1.5);`
`hold on;`
`plot(u2,i2,'b','linewidth',1.5,'LineStyle','--');`
`xlabel('速度/(km/h)')`
`ylabel('爬坡度/(°)')`
`text(50,18,'一挡爬坡度'),text(100,6,'二挡爬坡度')`
	绘制一挡加速度-速度曲线
	保存图形
	绘制二挡加速度-速度曲线
	x 轴标注
	y 轴标注
	加速度曲线标注
	设置图形窗口 3
	绘制一挡爬坡度-速度曲线
	保存图形
	绘制二挡爬坡度-速度曲线
	x 轴标注
	y 轴标注
	爬坡度曲线标注

在 MATLAB 编辑器中输入这些程序，点击运行按钮，就会得到电动汽车驱动力-行驶阻力平衡图，如图 6-6 所示，电动汽车最高车速约为 167km/h，也就是一挡驱动力和行驶阻力相交点所对应的车速。

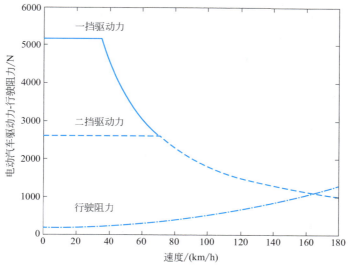

图 6-6　电动汽车驱动力-行驶阻力平衡图

图 6-7 所示为电动汽车加速度-速度曲线图。可以看出，一挡加速度大于二挡加速度；加速度出现负值是因为速度超过了最高车速，是无效的。

图 6-8 所示为电动汽车爬坡度-速度曲线图。可以看出，一挡爬坡度大于二挡爬度；爬坡度出现负值是因为速度超过了最高车速，是无效的。

通过改变电动汽车参数，使用该仿真程序，可以对任意电动汽车的传动系统

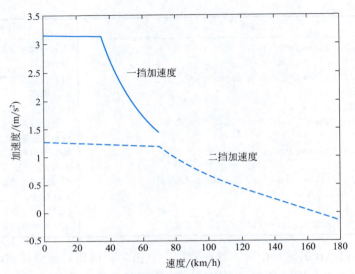

图 6-7　电动汽车加速度-速度曲线图

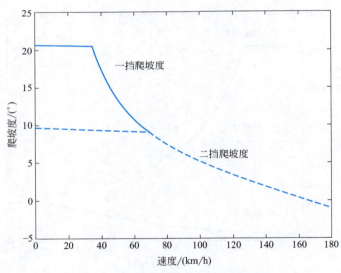

图 6-8　电动汽车爬坡度-速度曲线

匹配和性能仿真。

第七章 纯电动汽车动力性和经济性

动力性和经济性是纯电动汽车的重要性能,纯电动汽车传动系统设计必须满足动力性和经济性的要求。由于纯电动汽车与燃油汽车有着本质的区别,所以它们之间的动力性和经济性也有较大的区别。

第一节 纯电动汽车动力性

电动汽车动力性与内燃机汽车动力性的不同之处在于产生驱动力的动力源,内燃机汽车动力源来源于发动机,电动汽车动力源来源于电机。

一、电机的外特性

电动汽车中驱动电机输出的外特性曲线如图 7-1 所示。该特性曲线分为两个区域,恒转矩和恒功率工作区。恒转矩区域是从零转速到额定转速,电机的输出转矩恒定,而功率随转速的提高线性增加;恒功率区域是从额定转速到最大转速,电机的输出功率恒定,而转矩随转速的提高呈双曲线逐渐下降。

驱动电机输出转矩为

$$T_s = \begin{cases} T_{e\max} & n \leqslant n_e \\ \dfrac{9549 P_{e\max}}{n} & n > n_e \end{cases} \quad (7-1)$$

式中,T_s 为驱动电机输出转矩,N·m。

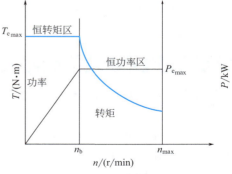

图 7-1 电动汽车中驱动电机输出的外特性曲线

为了建立驱动电机外特性的数学模型，需在专门的电动汽车动力测功平台上测试驱动电机的外特性，然后采用最小二乘法原理对电机外特性试验数据进行拟合，建立电机外特性数学模型。驱动电机外特性数学模型是整车动力性仿真计算的重要依据，是把在电动汽车动力平台上测试的电机转矩看成电机转速的函数，其数学模型为

$$T_s = \sum_{i=0}^{k} A_i n^i \quad (i=0,1\cdots k) \tag{7-2}$$

式中，A_i 为待拟合的各项系数；k 为多项式的阶数，一般取 3~5。

二、电动汽车的驱动力和行驶阻力

电动汽车在行驶过程中，动力电池储存的电能通过控制器输出给驱动电机，电机输出功率，驱动电机产生的转矩经传动系统传到驱动轮上。

电动汽车驱动力为

$$F_t = \frac{T_s i_t \eta_t}{r} \tag{7-3}$$

式中，F_t 为汽车驱动力。

在恒功率区域，电动汽车驱动力是电机转速的函数。

电动汽车的行驶阻力也包括滚动阻力、空气阻力、坡度阻力和加速阻力，其表达式和燃油汽车的一样，即

$$F_f = mgf\cos\alpha \tag{7-4}$$

$$F_w = \frac{C_D A v^2}{21.15} \tag{7-5}$$

$$F_i = mg\sin\alpha \tag{7-6}$$

$$F_j = \delta m \frac{dv}{dt} \tag{7-7}$$

式中，F_f 为汽车滚动阻力；F_w 为汽车空气阻力；F_i 为汽车坡度阻力；F_j 为汽车加速阻力。

三、电动汽车的动力性评价指标

电动汽车动力性评价指标和燃油汽车一样，也是最高车速、加速能力和爬坡能力。

当电动汽车达到最高车速时，电机处于恒功率区域运行，汽车的驱动力与滚动阻力及空气阻力处于平衡状态，求出电动汽车驱动力与行驶阻力曲线的交点，得出最高车速；同时，已知电机调速所能达到的最高转速，由式(6-1)确定所能达到的最高车速，取两者之中的小者。

如图 7-2 所示为某具有两挡变速器电动汽车的驱动力-行驶阻力平衡图，可以看出一、二挡驱动力曲线交点出现在车速约为 38km/h 处，当汽车从原地起步加速行驶到此车速时，为了获得最大驱动力，车辆应该从一挡换入二挡。行驶阻力曲线与二挡驱动力曲线存在交点，汽车的最高行驶车速接近 110km/h。

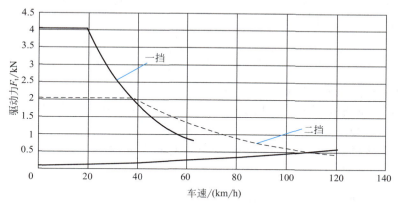

图 7-2　具有两挡变速器电动汽车的驱动力-行驶阻力平衡图

电动汽车行驶加速度为

$$a_\mathrm{j}=\frac{F_\mathrm{t}-(F_\mathrm{f}+F_\mathrm{w})}{\delta m} \tag{7-8}$$

式中，a_j 为电动汽车行驶加速度。

电动汽车从静止起步全力加速至速度 v_a 的加速时间为

$$t=\int_0^{v_\mathrm{a}}\frac{\delta m}{3.6[F_\mathrm{t}-(F_\mathrm{f}+F_\mathrm{w})]}\mathrm{d}v \tag{7-9}$$

如图 7-3 所示为某具有二挡变速器电动汽车行驶车速与时间的关系曲线，从图中可知，0～50km/h 加速时间约为 7.3s，在国家标准规定的 10s 之内；50～80km/h 的加速时间约为 7.5s，在国家标准规定的 15s 之内。

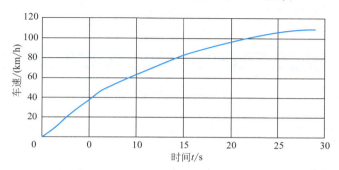

图 7-3　某具有两挡变速器电动汽车行驶车速与时间的关系曲线

电动汽车的爬坡能力与驱动电机的外特性密切相关,电动汽车最大动力因数为

$$D_{\max}=\frac{F_t-F_w}{mg}=\frac{\dfrac{T_{s_{\max}}i_t\eta_t}{r}-\dfrac{C_D A v^2}{21.15}}{mg} \quad (7\text{-}10)$$

式中,$T_{s_{\max}}$ 为驱动电机最大输出转矩;$D_{\max}$ 为最大动力因数。

电动汽车最大爬坡度为

$$i_{\max}=\tan\left(\arcsin\frac{D_{\max}-f\sqrt{1-D_{\max}^2+f^2}}{1+f^2}\right) \quad (7\text{-}11)$$

式中,$i_{\max}$ 为最大爬坡度。

如图 7-4 所示为某具有二挡变速器电动汽车爬坡度图,由图可知,汽车最大爬坡度在 20% 以上,满足国家标准。汽车通过 4% 坡度的行驶车速接近 70km/h,高于标准规定的 60km/h;通过 12% 坡度的行驶车速约为 36km/h,满足国家标准规定的 30km/h。

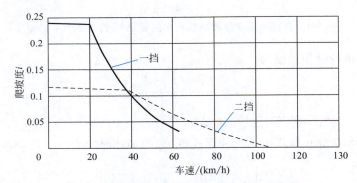

图 7-4　某具有两挡变速器电动汽车爬坡度图

电动汽车驱动电机的外特性特征是低速区恒转矩输出,高速区恒功率输出。电机本身具有很宽的工作范围,基本不必通过变速机构或多挡变速机构即可提供汽车正常行驶所需要的动力性能。因此绘制出来的电动汽车驱动力-行驶阻力平衡图、加速度图以及爬坡度图比燃油汽车的简单。

四、电动汽车动力性仿真实例

电动汽车动力性仿真所需的基本数据见表 7-1。

表 7-1　电动汽车动力性仿真所需参数

整车质量/kg	车轮滚动半径/m	迎风面积/m²	总传动比
1575	0.318	2.5	8.3

续表

峰值功率/kW	峰值转矩/(N·m)	额定功率/kW	额定转矩/(N·m)
70	210	35	105
传动系统效率	空气阻力系数	滚动阻力系数	旋转质量换算系数
0.9	0.3	0.012	1.1

根据电动汽车动力性数学模型，编写绘制电动汽车动力性仿真曲线的 MATLAB 程序如下。

程序	注释
`m=1575;r=0.318;Cd=0.3;A=2.5;f=0.012;at=0.9;dt=1.1;it=8.3;g=9.8;`	设置汽车参数
`Pm=70;Tm=210;Pr=35;Tr=105;`	设置电机参数
`aa=0;`	设置坡度角为 0
`nn=Pr*9550/Tr;`	计算电机基速
`Ff=m*g*f*cos(aa);`	计算滚动阻力
`Fj=m*g*sin(aa);`	计算坡度阻力
`for i=1:1901`	速度循环开始
`    v(i)=0.1*i-0.1;`	设置速度范围为 0 到 190km/h
`    n(i)=it*v(i)/r/0.377;`	计算电机转速
`    if n(i)< nn`	如果电机转速小于基速
`        Ft(i)=Tm*it*at/r;`	计算驱动力
`    else`	否则
`        Ft(i)=(Pm*9550/n(i))*it*at/r;`	计算驱动力
`    end`	结束
`    Fw(i)=Cd*A*(v(i).^2)/21.15;`	空气阻力计算
`    F(i)=Fw(i)+Ff+Fj;`	行驶阻力计算
`    if abs(Ft(i)-F(i))< 1`	驱动力判断
`       vmax=v(i);`	计算最高车速
`    end`	结束
`    a(i)=(Ft(i)-F(i))/dt/m;`	求最大加速度
`    angle(i)=tan(asin((Ft(i)-Fw(i)-Ff)/m/g))*100;`	求最大坡度角
`end`	速度循环结束
`for j=1:1901`	时间循环开始
`    va(1)=0;`	设置初始速度为 0
`    na(j)=it*va(j)/r/0.377;`	计算当前速度下的电机转速
`    if na(j)< nn`	如果电机转速小于基速
`        Fta(j)=Tm*it*at/r;`	计算驱动力
`    else`	否则
`        Fta(j)=(Pm*9550/na(j))*it*at/r;`	计算驱动力
`    end`	结束
`    Fwa(j)=Cd*A*(va(j).^2)/21.15;`	计算空气阻力
`    Fa(j)=Fwa(j)+Ff+Fj;`	计算行驶阻力

续表

程序	注释
acc(j)=(Fta(j)-Fa(j))/m/at;	计算当前车速下的加速度
va(j+1)=va(j)+acc(j)*0.1*3.6;	计算下一循环时刻的速度
if abs(va(j)-100)< 0.5	判断百公里加速时间
ta=(j-1)*0.1;	计算百公里加速时间
end	判断结束
end	时间循环结束
figure(1)	设置绘图窗口1
plot(v,Ft,v,F)	绘制驱动力-行驶阻力平衡图
grid on	设置网格背景
xlabel('速度/(km/h)')	x轴标注
ylabel('电动汽车驱动力-行驶阻力/N')	y轴标注
fprintf('最大车速 vmax=%.2fkm/h\n',vmax)	命令行窗口输出最高车速
figure(2)	设置绘图窗口2
plot(v,a)	绘制最大加速度曲线
axis([0 inf 0 3])	设置横纵坐标范围
grid on	设置网格背景
xlabel('速度/(km/h)')	x轴标注
ylabel('加速度/(m/s^2)');	y轴标注
figure(3)	设置绘图窗口3
t=0:1901;	设置时间
plot(t*0.1,va)	绘制汽车加速时间曲线
grid on	设置网格背景
xlabel('时间/s')	x轴标注
ylabel('速度/(km/h)')	y轴标注
fprintf('百公里加速时间 t=%.2fs\n',ta)	命令行窗口输出百公里加速时间
figure(4)	设置绘图窗口4
plot(v,angle)	绘制最大爬坡度曲线
axis([0 inf 0 35]);	设置横纵坐标范围
grid on	设置网格背景
xlabel('速度/(km/h)')	x轴标注
ylabel('爬坡度/%')	y轴标注
fprintf('最大坡度 angle=%.2fs\n',angle(1))	命令行窗口输出最大坡度

在MATLAB编辑器中输入这些程序,点击运行按钮,就可得到电动汽车驱动力-行驶阻力平衡图,如图7-5所示;电动汽车行驶最大加速度曲线如图7-6所示;电动汽车加速时间曲线如图7-7所示;电动汽车行驶最大爬坡度曲线如图7-8所示。最高车速为176km/h;百公里加速时间为11.8s;最大坡度为32.3%。

通过改变电动汽车参数,使用该仿真程序,可以对任意电动汽车的动力性能进行仿真。

第七章　纯电动汽车动力性和经济性

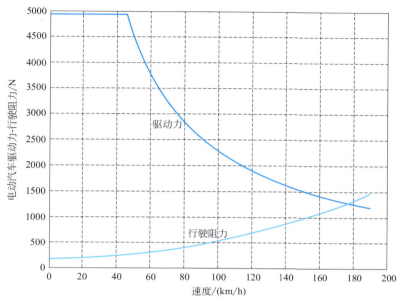

图 7-5　电动汽车驱动力-行驶阻力平衡图

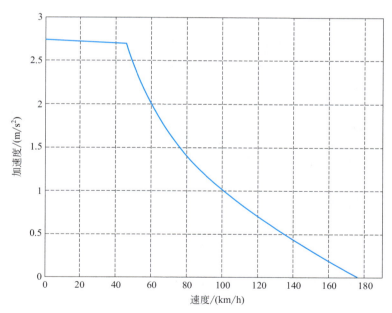

图 7-6　电动汽车最大加速度曲线

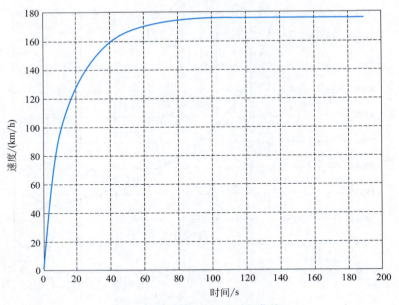

图 7-7 电动汽车加速时间曲线

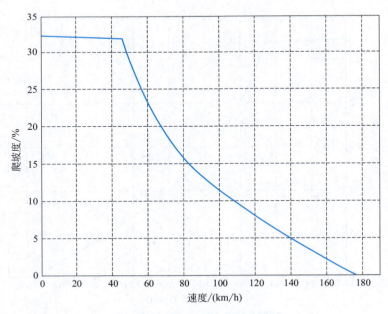

图 7-8 电动汽车最大爬坡度曲线

第二节 纯电动汽车经济性

电动汽车与燃油汽车在驱动系统、动力源方面存在着质的差别,由此导致这两种车辆在经济性评价指标和评价方法上存在着很大的差异。动力电池作为电动汽车唯一的动力源,能量存储密度不能达到燃油的水平,致使车辆续驶里程短,因此降低能量消耗率、提高能耗经济性对电动汽车更加重要。

一、电动汽车经济性评价指标

电动汽车能耗经济性评价常用的指标是以一定的速度或循环行驶工况为基础,以车辆行驶一定里程的能量消耗量来衡量,主要有续驶里程和单位里程能量消耗。

续驶里程是电动汽车电池组充满电后可连续行驶的里程,可以分为等速续驶里程和循环工况续驶里程。此项指标对于综合评价电动汽车电池组、电机及传动效率、电动汽车实用性具有积极意义。但此指标与电动汽车电池组装车容量及电池水平有关,在不同车型和装配不同容量电池组的同种车型间不具有可比性。即使装配相同容量、同种电池的同一车型,续驶里程也受到电池组状态、天气、环境因素等使用条件的影响而有一定的波动。

单位里程能量消耗又可分为单位里程电网交流电能量消耗率和电池组直流电能量消耗率,其中交流电能量消耗率受不同类型充电设备的效率影响;直流电能量消耗率仅以车载电池组的能量状态作为标准,脱离了充电机的影响,可以比较直接地反映电动汽车的实际性能。

交流电能量消耗率是指电动汽车经过规定的试验循环后对动力蓄电池重新充电至试验前的容量,从电网上得到的电能除以续驶里程所得的值,即

$$E_i = \frac{E_d}{S} \tag{7-12}$$

式中,E_i 为电动汽车交流电能量消耗率,W·h/km;E_d 为蓄电池在充电期间来自电网的能量,W·h。

循环工况续驶里程是指充满电后,基于一定的运动工况需求进行行驶,其所能实现的最大的行驶里程。运动工况主要有 NEDC 循环工况和 60km/h 工况。

电动汽车 NEDC 循环工况由 4 个市区循环和 1 个市郊循环组成,理论试验距离为 11.022km,试验时间为 1180s,如图 7-9 所示。

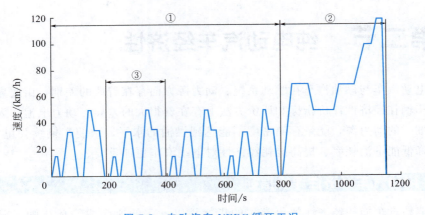

图 7-9 电动汽车 NEDC 循环工况
①—市区循环；②—市郊循环；③—市区基本循环

市区基本循环如图 7-10 所示。

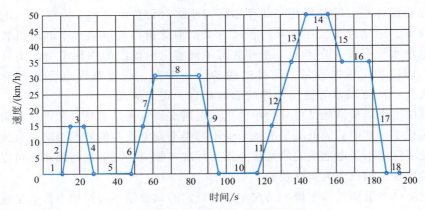

图 7-10 市区基本循环

市区基本循环试验参数见表 7-2。

表 7-2 市区基本循环试验参数

运转次序	操作状态	工况序号	加速度 /(m/s²)	速度 /(km/h)	操作时间 /s	工况时间 /s	累计时间 /s
1	停车	1	0	0	11	11	11
2	加速	2	1.04	0→15	4	4	15
3	等速	3	0	15	8	8	23
4	减速	4	−0.83	15→0	5	5	28

续表

运转次序	操作状态	工况序号	加速度/(m/s²)	速度/(km/h)	操作时间/s	工况时间/s	累计时间/s
5	停车	5	0	0	21	21	49
6	加速	6	0.69	0→15	6	12	55
7	加速		0.79	15→32	6		61
8	等速	7	0	32	24	24	85
9	减速	8	−0.81	32→0	11	11	96
10	停车	9	0	0	21	21	117
11	加速	10	0.69	0→15	6	26	123
12	加速		0.51	15→35	11		134
13	加速		0.46	35→50	9		143
14	等速	11	0	50	12	12	155
15	减速	12	−0.52	50→35	8	8	163
16	等速	13	0	35	15	15	178
17	减速	14	−0.97	35→0	10	10	188
18	停车	15	0	0	7	7	195

一个市区基本循环时间是195s，其中停车60s，占30.77%；加速42s，占21.54%；等速59s，占30.26%；减速34s，占17.44%。一个市区基本循环的理论行驶距离是1017m，平均速度为18.77km/h。

市郊循环工况如图7-11所示。

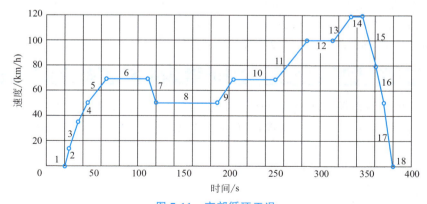

图7-11 市郊循环工况

市郊循环试验参数见表7-3。

表 7-3 市郊循环试验参数

运转次序	操作状态	工况序号	加速度 /(m/s²)	速度 /(km/h)	操作时间 /s	工况时间 /s	累计时间 /s
1	停车	1	0	0	20	20	20
2	加速	2	0.69	0→15	6	41	26
3	加速		0.51	15→35	11		37
4	加速		0.42	35→50	10		47
5	加速		0.40	50→70	14		61
6	等速	3	0	70	50	50	111
7	减速	4	−0.69	70→50	8	8	119
8	等速	5	0	50	69	69	188
9	加速	6	0.43	50→70	13	13	201
10	等速	7	0	70	50	50	251
11	加速	8	0.24	70→100	35	35	286
12	等速	9	0	100	30	30	316
13	加速	10	0.28	100→120	20	20	336
14	等速	11	0	120	10	10	346
15	减速	12	−0.69	120→80	16	34	362
16	减速		−1.04	80→50	8		370
17	减速		−1.39	50→0	10		380
18	停车	13	0	0	20	20	400

一个市郊循环时间是 400s,其中停车 40s,占 10%;加速 109s,占 27.25%;等速 209s,占 52.25%;减速 42s,占 10.50%。一个市郊循环的理论行驶距离是 6956m,平均速度为 62.60km/h。

二、电动汽车经济性计算方法

交流电能量消耗率评价指标不仅与电动汽车本身的经济性有关,还受电网、充电设备等影响,因此,可以选择以动力电池组的直流电能量消耗率作为评价指标。

电动汽车单位里程能量消耗率为

$$E_p = \frac{\int_0^{t_i} P_{ei} dt}{S_i} \tag{7-13}$$

式中,E_p 为电动汽车直流电能量消耗率,kW·h/km;P_{ei} 为汽车工况行驶的功率需求，kW；t_i 为工况行驶时间，h；S_i 为工况行驶的距离，km。

对于加速工况，汽车行驶功率需求为

$$P_j = \frac{v(t)}{3600\eta_t}\left[mgf + mgi + \frac{C_D A v^2(t)}{21.15} + \delta m a_j\right] \quad (7\text{-}14)$$

式中，P_j 为汽车加速行驶的功率需求，kW；$v(t)$ 为汽车某时刻的行驶速度，km/h；i 为坡度；a_j 为加（减）速度，m/s²。

汽车某时刻的行驶速度为

$$v(t) = v_0 + 3.6 a_j t \quad (7\text{-}15)$$

式中，v_0 为加速起始速度，km/h。

汽车加速工况行驶的距离为

$$S_j = \frac{v_j^2 - v_0^2}{25920 a_j} \quad (7\text{-}16)$$

式中，S_j 为汽车加速工况行驶的距离，km；v_j 为加速终了速度，km/h。

汽车加速时间为

$$t_0 = \frac{v_j - v_0}{3.6 a_j} \quad (7\text{-}17)$$

将式(7-14)~式(7-17) 代入式(7-13)，可得电动汽车加速工况单位里程能量消耗量为

$$E_j = \frac{1}{\eta_t}\left[\frac{C_D A}{2 \times 21.15}(v_j^2 + v_0^2) + (mgf + mgi + \delta m a_j)\right] \quad (7\text{-}18)$$

式中，E_j 为电动汽车加速工况单位里程能量消耗量。

可以看出，在加速工况，电动汽车单位里程能量消耗率是加速段起止速度平方和的函数，在平均速度相同的情况下，加速段起止速度平方和小的能耗低。提高起始速度和增加速度间隔，单位里程能耗都将增加。

对于等速工况，汽车行驶功率需求为

$$P_d = \frac{v_d}{3600\eta_t}\left(mgf + mgi + \frac{C_D A v_d^2}{21.15}\right) \quad (7\text{-}19)$$

式中，P_d 为汽车等速行驶的功率需求，kW；v_d 为汽车等速行驶速度，km/h。

汽车等速行驶距离为

$$S_d = \frac{v_d t_d}{3600} \quad (7\text{-}20)$$

式中，S_d 为汽车等速工况行驶的距离，km；t_d 为等速行驶时间，s。

将式(7-19) 和式(7-20) 代入式(7-13)，可得电动汽车等速工况单位里程能量消耗量为

$$E_\text{p} = \frac{1}{\eta_\text{t}} \left(mgf + mgi + \frac{C_\text{D} A v_\text{d}^2}{21.15} \right) \tag{7-21}$$

式中，E_p 为电动汽车等速工况单位里程能量消耗量。

可以看出，在等速工况，电动汽车单位里程能量消耗率是速度平方的函数，提高行驶速度，单位里程能耗将增加。

对于减速工况，电动汽车减速行驶包含 2 种情况：一种是滑行减速或无再生制动功能下的制动减速，此时驱动电机处于关断状态，电能输出为零，电动汽车单位里程能量消耗率为零；另一种是有再生制动功能下的制动减速，此时车轮拖动电机，电机处于发电机工作状态。电动汽车能量消耗为负，即动力电池处于充电工作状态。

对于驻车工况，驱动电机处于关断状态，电动汽车单位里程能量消耗率为零。

因此，电动汽车能量消耗主要发生在加速和等速运行工况，减速和驻车阶段能量消耗可忽略不计。

汽车减速工况行驶的距离为

$$S_\text{b} = \frac{v_{\text{b}_0}^2 - v_{\text{b}_\text{j}}^2}{25920 a_\text{j}} \tag{7-22}$$

式中，S_b 为汽车减速工况行驶的距离，km；v_{b_0} 为减速初速度，km/h；v_{b_j} 为减速终了速度，km/h。

电动汽车整个循环的能量消耗率为

$$E = \frac{\sum E_i S_i}{\sum S_i} \tag{7-23}$$

式中，E 为电动汽车整个循环的能量消耗率，kW·h/km；E_i 为某一工况下的单位里程能量消耗率，kW·h/km；S_i 为某一工况下的续驶里程，km。

三、电动汽车续驶里程

汽车在良好的水平路面上一次充电后等速行驶直至消耗掉全部携带的电能为止所行驶的里程，称为等速行驶的续驶里程。它是电动汽车的经济性指标之一。

电池携带的额定总能量为

$$E_\text{m} = C_\text{m} U_\text{m} = G_\text{m} q \tag{7-24}$$

式中，E_m 为电池携带的额定总能量，W·h；C_m 为电池的额定容量，A·h；U_m 为电池的端电压，V；G_m 为电动汽车携带的电池总质量，kg；q 为电池比能量，W·h/kg。

等速行驶续驶里程为

$$S_{d_0} = \frac{E_m v}{P_{m_d}} \eta_d \tag{7-25}$$

式中，S_{d_0} 为汽车等速工况行驶的距离，km。

多工况续驶里程为

$$S = \sum_{i=1}^{k} S_i \tag{7-26}$$

式中，S 为多工况续驶里程，km；S_i 为每个状态行驶的距离，km；k 为车辆能够完成的状态总数。

电动汽车续驶里程的影响因素较为复杂，其中最主要的因素是动力电池。续驶里程与电动汽车在行驶过程中所消耗的能量密切相关，影响因素主要来自电动汽车行驶的外部条件和电动汽车本身的结构条件。

1. 滚动阻力系数对续驶里程的影响

轮胎的滚动阻力系数越小，续驶里程越大。所以降低轮胎滚动阻力系数可明显增加电动汽车的续驶里程。特别是对低速、整车重量较大的电动汽车，尤其如此。因此，采用滚动阻力系数小的子午线轮胎，增大轮胎气压等是增加电动汽车续驶里程的重要途径。

2. 空气阻力系数对续驶里程的影响

空气阻力系数越小，续驶里程越长；速度越快，空气阻力系数对电动汽车续驶里程的影响越明显。通过对电动汽车进行流线型设计，底部做成光滑表面，同时取消散热器罩等措施，可以降低空气阻力系数。

3. 机械效率对续驶里程的影响

提高电动汽车动力传动系统的机械效率，能有效地增加电动汽车的续驶里程。电动汽车整车重量越小，行驶速度越低，机械效率对续驶里程的影响越大。

4. 整车重量对续驶里程的影响

整车重量越大，续驶里程越短；并且不同速度时，续驶里程也不相同。为了降低整车总重量，可通过采用轻质材料的方法实现。

5. 蓄电池参数对电动汽车续驶里程的影响

蓄电池参数包括很多，这里主要从蓄电池的放电深度、电池比能量、电池箱串联电池个数、电池箱并联电池组数、自行放电率等几个方面分析。

（1）放电深度　蓄电池的放电深度越大，电动汽车的续驶里程就越大；同时，速度和负荷对续驶里程的影响也很明显。

（2）电池比能量　当电动汽车携带的电池总量一定时，电池参数中电池的比能量对续驶里程影响最大，可见提高电池的比能量对提高电动汽车续驶里程意义重大。

（3）电池箱串联电池个数　增加每个电池箱串联电池的个数，电动汽车的续驶里程明显增加。这主要是一方面由于增加了电池的数量，可以增加电池组的总能量储备；另一方面由于电池组的电压增高，在电池放电效率相同的情况下，减小了电池的放电电流，可以增加电池组的有效容量。在增加电池数量的同时，也增加了电动汽车的总重量，从而增加了电动汽车的能量消耗，降低了电动汽车的续驶里程。但每个电池箱电池数量的增加，会增加电池组的电压，电动汽车的动力性会得到提高。因此，电动汽车动力传动系统的匹配应兼顾电动汽车的续驶里程和动力性。

（4）电池箱并联电池组数　在保持电池组总电压的情况下，增加并联电池箱的数量可显著增加电动汽车的续驶里程。这主要是一方面增加了电池的数量，可增加电池组的总能量储备；另一方面由于并联支路的增加，在各并联支路电池箱不超过额定放电电流的情况下，可以增加电池组总的放电电流，从而增加电池组的额定容量。增加电池箱并联数量，可提高电池组的放电功率，电动汽车的动力性会显著提高。因此，增加电池箱并联数量可提高电动汽车的动力性和续驶里程。但是，随着电池数量的增加，电池占整车重量的比重和电动汽车的总重量都将增大，这将增加电动汽车的能量消耗，降低电动汽车的续驶里程。

（5）自行放电率　蓄电池的自行放电率是指在电池的存放期间容量的下降率，即蓄电池无负荷时自身放电使容量损失的速度。显然，自放电率越大，电池在存放期间的容量的损失就越多，能量的无用损耗越多，相应的电动汽车的续驶里程也就越短。

6. 续驶里程其他影响因素的分析

（1）行驶工况　行驶工况对电动汽车的续驶里程影响很大。对于恒速行驶，电流随速度的增加而增加，每千米消耗的电能随速度的升高而增加，电池的放电容量则随速度的升高而减小，故其续驶里程随行驶速度的升高而减少。

（2）行驶环境　在相同的车辆条件下，电动汽车行驶的道路情况与环境气候对电动汽车行驶的续驶里程有很大影响。如气温的高低一方面对电池的有效容量有很大影响；另一方面也会影响电动汽车的总效率（电机效率、机械传动效率和电器元件的效率等）和通风、冷却、空调所消耗的能量。另外，风力的方向与大小、道路的种类（摩擦系数、坡度、平整性）及交通拥挤状况都会使车辆的能量消耗增加或减小，从而使电动汽车的续驶里程有显著的差别。

（3）辅助系统和低电压电器系统　电动汽车上制动系统的空气压缩机、转向系统的油泵需要辅助电机驱动，其他还有照明、音响、空调、通风、取暖等电器都需要消耗电池的能量。辅助系统和低电压系统的功率越大，消耗的电能就越大，电动汽车的续驶里程就越小，动力性能也会受到影响。

由此可见，影响电动汽车续驶里程的因素众多，在实际设计中，尽可能综合考虑各种因素的影响，提高电动汽车的续驶里程。

四、电动汽车循环工况续驶里程仿真实例

电动汽车循环工况续驶里程仿真所需参数见表 7-4。

表 7-4 电动汽车续驶里程仿真所需参数

整车质量/kg	滚动阻力系数	空气阻力系数	迎风面积/m²
1200	0.012	0.28	2.0
轮胎滚动半径/m	电机效率	机械传动效率	电池放电效率
0.3	0.9	0.92	0.95
旋转质量换算系数	电池组容量/(A·h)	电池组额定电压/V	
1.1	100	320	

根据表 7-2 和表 7-3 数据和循环工况电动汽车续驶里程数学模型，编写循环工况电动汽车续驶里程仿真的 MATLAB 程序如下。

程序	注释
m=1200;f=0.012;Cd=0.28;A=2.0;dt=1.1;nd=0.9;nt=0.92;g=9.8;	汽车参数赋值
Ue=320;Ce=100;ne=0.95;	电池参数赋值
m=1000:100:1500;	设置整车质量范围
uj1=15;u01=0;aj1=1.04;	速度和加速度赋值
Sj1=(uj1^2-u01^2)/25920/aj1;	计算行驶距离
Pj1=uj1*(m*g*f+Cd*A*uj1^2/21.15+dt*m*aj1)/3600/nd/nt;	计算需求功率
Ej1=Pj1*Sj1/uj1/ne;	计算能量消耗
ud1=15;t1=8;	行驶速度和时间赋值
Sd1=ud1*t1/3600;	计算行驶距离
Pd1=ud1*(m*g*f+Cd*A*ud1^2/21.15)/3600/nd/nt;	计算需求功率
Ed1=Pd1*Sd1/ud1/ne;	计算能量消耗
uj2=0;u02=15;aj2=-0.83;	速度和减速度赋值
Sj2=(uj2^2-u02^2)/25920/aj2;	计算行驶距离
uj3=15;u03=0;aj3=0.69;	速度和加速度赋值
Sj3=(uj3^2-u03^2)/25920/aj3;	计算行驶距离
Pj3=uj3*(m*g*f+Cd*A*uj3^2/21.15+dt*m*aj3)/3600/nd/nt;	计算需求功率
Ej3=Pj3*Sj3/uj3/ne;	计算能量消耗
uj4=32;u04=15;aj4=0.79;	速度和加速度赋值
Sj4=(uj4^2-u04^2)/25920/aj4;	计算行驶距离
Pj4=uj4*(m*g*f+Cd*A*uj4^2/21.15+dt*m*aj4)/3600/nd/nt;	计算需求功率
Ej4=Pj4*Sj4/uj4/ne;	计算能量消耗
ud2=32;t2=24;	行驶速度和时间赋值
Sd2=ud2*t2/3600;	计算行驶距离
Pd2=ud2*(m*g*f+Cd*A*ud2^2/21.15)/3600/nd/nt;	计算需求功率
Ed2=Pd2*Sd2/ud2/ne;	计算能量消耗

续表

程序	注释
uj5=0;u05=32;aj5=-0.81;	速度和减速度赋值
Sj5=(uj5^2-u05^2)/25920/aj5;	计算行驶距离
uj6=15;u06=0;aj6=0.69;	速度和加速度赋值
Sj6=(uj6^2-u06^2)/25920/aj6;	计算行驶距离
Pj6=uj6 * (m * g * f+Cd * A * uj6^2/21.15+dt * m * aj6)/3600/nd/nt;	计算需求功率
Ej6=Pj6 * Sj6/uj6/ne;	计算能量消耗
uj7=35;u07=15;aj7=0.51;	速度和加速度赋值
Sj7=(uj7^2-u07^2)/25920/aj7;	计算行驶距离
Pj7=uj7 * (m * g * f+Cd * A * uj7^2/21.15+dt * m * aj7)/3600/nd/nt;	计算需求功率
Ej7=Pj7 * Sj7/uj7/ne;	计算能量消耗
uj8=50;u08=35;aj8=0.46;	速度和加速度赋值
Sj8=(uj8^2-u08^2)/25920/aj8;	计算行驶距离
Pj8=uj8 * (m * g * f+Cd * A * uj8^2/21.15+dt * m * aj8)/3600/nd/nt;	计算需求功率
Ej8=Pj8 * Sj8/uj8/ne;	计算能量消耗
ud3=50;t3=12;	行驶速度和时间赋值
Sd3=ud3 * t3/3600;	计算行驶距离
Pd3=ud3 * (m * g * f+Cd * A * ud3^2/21.15)/3600/nd/nt;	计算需求功率
Ed3=Pd3 * Sd3/ud3/ne;	计算能量消耗
uj9=35;u09=50;aj9=-0.52;	速度和减速度赋值
Sj9=(uj9^2-u09^2)/25920/aj9;	计算行驶距离
ud4=35;t4=15;	行驶速度和时间赋值
Sd4=ud4 * t4/3600;	计算行驶距离
Pd4=ud4 * (m * g * f+Cd * A * ud4^2/21.15)/3600/nd/nt;	计算需求功率
Ed4=Pd4 * Sd4/ud4/ne;	计算能量消耗
uj10=0;u010=35;aj10=-0.97;	速度和减速度赋值
Sj10=(uj10^2-u010^2)/25920/aj10;	计算行驶距离
S11=Sj1+Sj2+Sj3+Sj4+Sj5+Sj6+Sj7+Sj8+Sj9+Sj10+Sd1+Sd2+Sd3+Sd4;	计算市区基本循环行驶距离
E11=Ej1+Ej3+Ej4+Ej6+Ej7+Ej8+Ed1+Ed2+Ed3+Ed4;	计算市区基本循环能量消耗
S10=4 * S11;	计算市区循环行驶距离
E10=4 * E11;	计算市区循环能量消耗
uj11=15;u011=0;aj11=0.69;	速度和加速度赋值
Sj11=(uj11^2-u011^2)/25920/aj11;	计算行驶距离
Pj11=uj11 * (m * g * f+Cd * A * uj11^2/21.15+dt * m * aj11)/3600/nd/nt;	计算需求功率
Ej11=Pj11 * Sj11/uj11/ne;	计算能量消耗
uj12=35;u012=15;aj12=0.51;	速度和加速度赋值
Sj12=(uj12^2-u012^2)/25920/aj12;	计算行驶距离
Pj12=uj12 * (m * g * f+Cd * A * uj12^2/21.15+dt * m * aj12)/3600/nd/nt;	计算需求功率
Ej12=Pj12 * Sj12/uj12/ne;	计算能量消耗
uj13=50;u013=35;aj13=0.42;	速度和加速度赋值
Sj13=(uj13^2-u013^2)/25920/aj13;	计算行驶距离
Pj13=uj13 * (m * g * f+Cd * A * uj13^2/21.15+dt * m * aj13)/3600/nd/nt;	计算需求功率

续表

程序	注释
Ej13=Pj13*Sj13/uj13/ne;	计算能量消耗
uj14=70;u014=50;aj14=0.40;	速度和加速度赋值
Sj14=(uj14^2-u014^2)/25920/aj14;	计算行驶距离
Pj14=uj14*(m*g*f+Cd*A*uj14^2/21.15+dt*m*aj14)/3600/nd/nt;	计算需求功率
Ej14=Pj14*Sj14/uj14/ne;	计算能量消耗
ud5=70;t5=50;	行驶速度和时间赋值
Sd5=ud5*t5/3600;	计算行驶距离
Pd5=ud5*(m*g*f+Cd*A*ud5^2/21.15)/3600/nd/nt;	计算需求功率
Ed5=Pd5*Sd5/ud5/ne;	计算能量消耗
uj15=50;u015=70;aj15=-0.69;	速度和减速度赋值
Sj15=(uj15^2-u015^2)/25920/aj15;	计算行驶距离
ud6=50;t6=69;	行驶速度和时间赋值
Sd6=ud6*t6/3600;	计算行驶距离
Pd6=ud6*(m*g*f+Cd*A*ud6^2/21.15)/3600/nd/nt;	计算需求功率
Ed6=Pd6*Sd6/ud6/ne;	计算能量消耗
uj16=70;u016=50;aj16=0.43;	速度和加速度赋值
Sj16=(uj16^2-u016^2)/25920/aj16;	计算行驶距离
Pj16=uj16*(m*g*f+Cd*A*uj16^2/21.15+dt*m*aj16)/3600/nd/nt;	计算需求功率
Ej16=Pj16*Sj16/uj16/ne;	计算能量消耗
ud7=70;t7=50;	行驶速度和时间赋值
Sd7=ud7*t7/3600;	计算行驶距离
Pd7=ud7*(m*g*f+Cd*A*ud7^2/21.15)/3600/nd/nt;	计算需求功率
Ed7=Pd7*Sd7/ud7/ne;	计算能量消耗
uj17=100;u017=70;aj17=0.24;	速度和加速度赋值
Sj17=(uj17^2-u017^2)/25920/aj17;	计算行驶距离
Pj17=uj17*(m*g*f+Cd*A*uj17^2/21.15+dt*m*aj17)/3600/nd/nt;	计算需求功率
Ej17=Pj17*Sj17/uj17/ne;	计算能量消耗
ud8=100;t8=30;	行驶速度和时间赋值
Sd8=ud8*t8/3600;	计算行驶距离
Pd8=ud8*(m*g*f+Cd*A*ud8^2/21.15)/3600/nd/nt;	计算需求功率
Ed8=Pd8*Sd8/ud8/ne;	计算能量消耗
uj18=120;u018=100;aj18=0.28;	速度和加速度赋值
Sj18=(uj18^2-u018^2)/25920/aj18;	计算行驶距离
Pj18=uj18*(m*g*f+Cd*A*uj18^2/21.15+dt*m*aj18)/3600/nd/nt;	计算需求功率
Ej18=Pj18*Sj18/uj18/ne;	计算能量消耗
ud9=120;t9=10;	行驶速度和时间赋值
Sd9=ud9*t9/3600;	计算行驶距离
Pd9=ud9*(m*g*f+Cd*A*ud9^2/21.15)/3600/nd/nt;	计算需求功率
Ed9=Pd9*Sd9/ud9/ne;	计算能量消耗
uj19=80;u019=120;aj19=-0.69;	速度和减速度赋值

程序	注释
Sj19=(uj19^2-u019^2)/25920/aj19;	计算行驶距离
uj20=50;u020=80;aj20=-1.04;	速度和减速度赋值
Sj20=(uj20^2-u020^2)/25920/aj20;	计算行驶距离
uj21=0;u021=50;aj21=-1.39;	速度和减速度赋值
Sj21=(uj21^2-u021^2)/25920/aj21;	计算行驶距离
S20=Sj11+Sj12+Sj13+Sj14+Sj15+Sj16+Sj17+Sj18+Sj19+Sj20+Sj21+Sd5+Sd6+Sd7+Sd8+Sd9;	计算市郊循环行驶距离
E20=Ej11+Ej12+Ej13+Ej14+Ej16+Ej17+Ej18+Ed5+Ed6+Ed7+Ed8+Ed9;	计算市郊循环能量消耗
E=Ue * Ce/1000;	计算电池能量
S1=S10+S20;	计算 NEDC 循环行驶距离
E1=E10+E20;	计算 NEDC 循环能量消耗
S=S1 * E. /E1;	计算循环工况续驶里程
plot(m,S)	绘制续驶里程-整车质量曲线
xlabel('整车质量/kg')	x 轴标注
ylabel('续驶里程/km')	y 轴标注

在 MATLAB 编辑器中输入这些程序,点击运行按钮,可以得到电动汽车续驶里程随整车质量的变化曲线,如图 7-12 所示。可以看出,整车质量越大,续驶里程越短,可采用轻量化技术降低整车质量,提高续驶里程。

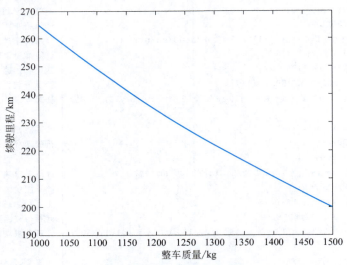

图 7-12 续驶里程与整车质量的关系

同理可求滚动阻力系数、空气阻力系数、机械传动效率、电机效率、电池能量、电池放电效率等对续驶里程的影响。

图 7-13 所示为电动汽车续驶里程随滚动阻力系数的变化曲线。可以看出,

滚动阻力系数越小，续驶里程越长。因此，应该采用滚动阻力小的轮胎，延长续驶里程。

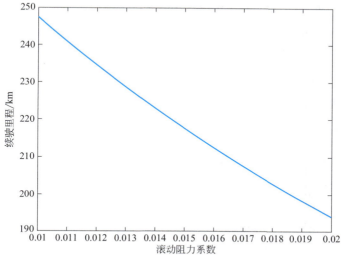

图 7-13　续驶里程与滚动阻力系数的关系

图 7-14 所示为电动汽车续驶里程随空气阻力系数的变化曲线。可以看出，空气阻力系数越小，续驶里程越长。因此，应该优化电动汽车造型设计，降低空气阻力系数，延长续驶里程。

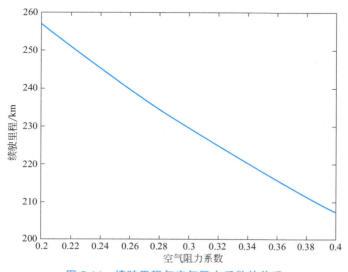

图 7-14　续驶里程与空气阻力系数的关系

图 7-15 所示为电动汽车续驶里程随机械传动效率的变化曲线。可以看出，机械传动效率越高，续驶里程越长。

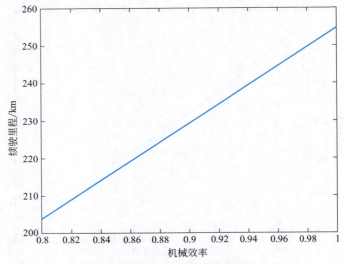

图 7-15　续驶里程与机械传动效率的关系

图 7-16 所示为电动汽车续驶里程随电机效率的变化曲线。可以看出，电机效率越高，续驶里程越长。

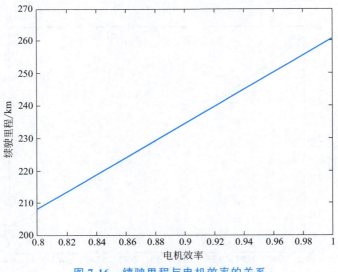

图 7-16　续驶里程与电机效率的关系

图 7-17 所示为电动汽车续驶里程随电池放电效率的变化曲线。可以看出，

电池放电效率越高，续驶里程越长。

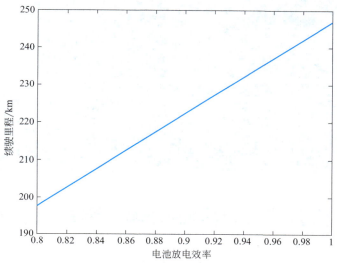

图 7-17　续驶里程与电池放电效率的关系

图 7-18 所示为电动汽车续驶里程随电池能量的变化曲线。可以看出，电池能量越高，续驶里程越长。

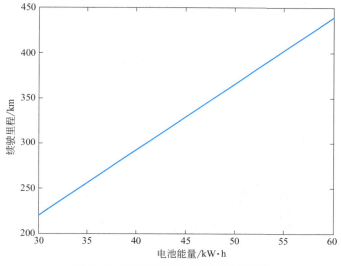

图 7-18　续驶里程与电池能量的关系

通过改变电动汽车参数，使用该仿真程序，可以对任意电动汽车的续驶里程进行仿真分析。

第八章 纯电动汽车实例

一、比亚迪 E6 纯电动汽车

比亚迪 E6 纯电动汽车的车身尺寸为 4560mm×1822mm×1630mm，轴距为 2830mm，轮距为 1556mm，最小离地间隙为 150mm；整备质量为 2295kg。比亚迪 E6 的动力电池和启动电池均采用比亚迪自主研发生产的磷酸铁锂电池，额定容量为 57A·h，标称电压为 330V。驱动电机采用永磁同步电机，额定功率为 75kW，峰值转矩为 450N·m，工作电压为 320V。车载充电机的输入电压为 220V，输出功率为 200kW，充电时间为 7h，如果选择快充的话，15min 左右可充满电池电量的 80%。

比亚迪 E6 的续驶里程达到 316km，0～100km/h 加速时间在 10s 以内，最高车速可达 150km/h，最大爬坡度为 30%，而能量消耗率为 21.5kW·h/100km 左右，相当于燃油车消费价格的 30% 左右。

比亚迪 E6 纯电动汽车如图 8-1 所示。

图 8-1 比亚迪 E6 纯电动汽车

二、北汽 E150 纯电动汽车

北汽 E150 纯电动汽车的车身尺寸为 3998mm×1720mm×1503mm，轴距为 2500mm；整备质量为 1320kg。动力电池采用磷酸铁锂离子电池，电池组容量为25.6kW·h。驱动电机采用永磁磁阻同步电机，额定功率为20kW，峰值功率为45kW，峰值转矩高达180N·m。

北汽E150纯电动汽车一次充满电的综合工况续驶里程达160km，而60km/h的等速工况则能达到200km；最高车速为125km/h。

北汽E150有三种充电方式，220V家用充电、国标慢充电桩、国标直流快速充电；使用快充，约30min就能充到80%；使用慢充需要6~8h。

北汽E150纯电动汽车如图8-2所示。

图8-2 北汽E150纯电动汽车

图8-3 江淮同悦iEV纯电动汽车

三、江淮同悦iEV

江淮同悦iEV纯电动轿车的车身尺寸为4155mm×1650mm×1445mm，轴距为2400mm；整备质量为1200kg；乘坐4人。江淮同悦iEV搭载了永磁同步电机和磷酸铁锂动力电池，电机的额定功率为18kW，峰值转矩为170N·m；电池容量为40A·h，电池组电压为340V，电池组能量为19kW·h。

江淮同悦iEV最高车速为95km/h，最大爬坡度为25%，0~100km/h加速时间为14.5s；在市区内能实现最大160km的续驶里程，在匀速60km/h的情况下则能实现最大200km的续驶里程；能量消耗率为13kW·h/100km。

江淮同悦iEV提供快速以及慢速两种充电模式，其中使用慢充口充电需8h，使用快充口充电需2.5h（1h将充满80%），车内备有两种充电线，可以满足国家电网充电桩和家庭220V插座两种充电方式。

江淮同悦iEV纯电动汽车如图8-3所示。

四、上汽荣威E50EV

上汽荣威E50EV纯电动汽车的车身尺寸为3569mm×1551mm×1540mm，轴距为2305mm；整备质量为1080kg；乘坐4人。搭载了永磁同步电机和磷酸铁锂动力电池，电机的额定功率为28kW，峰值功率为52kW，峰值转矩为155N·m；电池容量为60A·h，电池组电压为300V，电池组能量为18kW·h。

上汽荣威E50EV最高车速为130km/h，最大爬坡度为25%，0~100km/h

加速时间为15s；在市区内能实现最大140km的续驶里程，在匀速60km/h的情况下则能实现最大190km的续驶里程；能量消耗率为11.6kW·h/100km。

上汽荣威E50EV提供快速以及慢速两种充电模式，其中使用慢充口充电需6h，使用快充口充电需30min充满80%，车内备有两种充电线，可以满足国家电网充电桩和家庭220V插座两种充电方式。

上汽荣威E50纯电动汽车如图8-4所示。

图8-4　上汽荣威E50纯电动汽车

图8-5　特斯拉Model S纯电动汽车

五、特斯拉Model S

特斯拉Model S是由美国特斯拉汽车公司制造的全尺寸高性能电动轿车。它把电动汽车最前沿的技术进行了实际应用，集成多功能的大尺寸液晶显示屏，多样化的电池选择，支持太阳能充电，最大502km的续驶里程等。

特斯拉Model S车身尺寸为4978mm×1964mm×1435mm，轴距为2595mm，最小离地间隙为152mm；整备质量为2108kg；乘坐5人。

特斯拉Model S提供三种不同配置供消费者选择。特斯拉Model S60配置的电机峰值功率为222kW，峰值转矩为440N·m，电池容量为60kW·h，最高车速为190km/h，最大续驶里程为390km，0~100km/h加速时间为6.2s；特斯拉Model S85配置的电机峰值功率为270kW，峰值转矩为440N·m，电池容量为85kW·h，最高车速为200km/h，最大续驶里程为502km，0~100km/h加速时间为5.6s；特斯拉Model SP85配置的电机峰值功率为310kW，峰值转矩为600N·m，电池容量为85kW·h，最高车速为200km/h，最大续驶里程为502km，0~100km/h加速时间为4.4s。

充电方式上，该车可以选择传统插座充电和充电站充电两种方式。此外，特斯拉Model S还支持太阳能充电，对于容量为85kW·h的电池，仅需1h就可将电量充满。

特斯拉Model S纯电动汽车如图8-5所示。

第二篇
增程式电动汽车

　　增程式电动汽车（Extended-Range Electric Vehicle，E-REV）是一种既可通过外接电源获得电能驱动车辆行驶，也可通过增程器获得电能驱动车辆行驶的新型电动汽车。当动力电池电能充足时，整车运行在纯电动模式下，整车需求功率来自动力电池，增程器关闭，不参与工作；当以纯电方式行驶距离较长，动力电池电量消耗过多，荷电状态降低至某临界值时，增程器将自动开启，既可以驱动车辆，也可以为动力电池充电。增程式电动汽车介于混合动力电动汽车和纯电动汽车之间，兼有纯电动汽车和混合动力电动汽车的特点。

第九章 概 述

第一节　增程式电动汽车组成与原理

增程式电动汽车中存在三种能量源：一是动力电池，为增程式电动汽车的主要能量源，负责以纯电动方式行驶中的能量供给；二是增程器，为增程式电动汽车的备用能量源，负责动力电池以及驱动电机的能量补给；三是驱动电机，为增程式电动汽车的回收能量源，是指在制动能量回馈过程中驱动电机回馈的能量。

一、增程式电动汽车组成

增程式电动汽车动力传动系统组成如图9-1所示，主要由驱动电机系统、电源系统、增程器和整车控制器等组成。与纯电动汽车相比，增加了增程器。

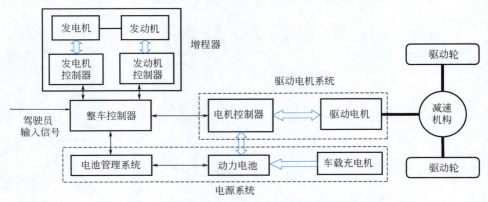

图 9-1　增程式电动汽车动力传动系统组成
━━ 机械连接；⇨ 电气连接；→ 通信连接

（1）驱动电机系统　驱动电机系统与纯电动汽车的类似，也是由驱动电机及电机控制器组成。区别在于驱动电机能量来源除动力电池外，还有增程器。发动机到驱动电机之间没有机械连接，是通过发电机发电将发动机发出的机械能转化为电能，然后电机控制器根据车辆工况的需求将电能分配给驱动电机，如果有多余的电能，将被储存到动力电池中。

增程式电动汽车驱动电机应该具备较高的功率密度，而且在较宽的转速和转矩范围内具备较好的效率特性，同时驱动电机控制器能实现双向控制，以实现制动能量回收。

增程式电动汽车驱动电机参数匹配方法与纯电动汽车一样，根据整车动力性匹配驱动电机的峰值功率。在满足动力性的前提下，为提高驱动电机工作效率并减轻重量，应尽量选择较小峰值功率以及高转速的电机。

（2）电源系统　电源系统与纯电动汽车的类似，也是由动力电池、电池管理系统、车载充电机等组成。区别在于动力电池的要求需兼顾纯电动和混合动力两种模式，具体要求是，在深度放电的情况下，依然有较长的循环寿命；在较低的SOC值状态下，可输出大功率的电能，使增程式电动汽车在低SOC下加速性能仍然良好；在高的SOC状态下，可以接收大电流充电，以保证制动能量回收的效率不受SOC状态的影响；在保持高SOC状态下，可延长其使用的寿命；能量密度及比能量高，以减小电池组的体积和重量；安全性好。

动力电池是整车驱动的主要能量源，是能量储存装置，应具有良好的充放电性能用以保证车辆的动力性和再生制动回收的能力，其容量应能够满足增程式电动汽车性能要求的纯电动续驶里程；其电压等级要与电力系统电压等级和变化范围一致；其充放电功率应能够满足整车驱动和电器负载的功率要求。

增程式电动汽车动力电池参数匹配方法与纯电动汽车一样，只不过设计要求不一样。增程式电动汽车纯电动模式的续驶里程较短，动力电池容量要求比纯电动汽车低。

（3）增程器　发动机、发电机及其控制器共同组成了增程器（APU）。增程器是增程式电动汽车动力传动系统的关键组件，发动机/发电机系统与驱动车轮在机械上是分离的，发动机的转速和转矩与速度及牵引转矩的需求无关，因此可控制发动机运行在其转速-转矩平面上的任意点。通常应控制发动机使其运行在最佳工况区，此时发动机的油耗和排放降到最低程度，由于发动机和驱动车轮没有机械连接，因此最佳的发动机运行状态是可以实现的，与驱动电机系统的运行模式和控制策略密切相关。

增程器只提供电能，电能用来驱动电机或者为动力电池充电，增加电动汽车的续驶里程，发动机到驱动电机之间的动力传动路线没有机械连接，可以将电能用于驱动车辆，不经过动力电池的充放电过程，降低了从增程器到动力电池的能量传递损失。

增程器根据电能来源的不同可分为发动机/发电机组、燃料电池和超级电容等,其中发动机/发电机组的增程器是目前应用最多和技术最成熟的增程器。增程器用发动机的选型目前主要有往复式发动机和转子式发动机。往复式发动机属于传统发动机,是最为常见的一种发动机,如雪佛兰沃蓝达和沃尔沃 C30 配备的增程器。转子发动机一般燃烧效率较低,但其特殊的结构使其具有旋转顺畅、利于小型化的优点,符合增程器的设计要求;且在增程器上转子发动机是在一定条件下启动的,因此并不比往复式发动机逊色,如 AVL 研发的增程器。AVL 增程器采用发动机和发电机一体化的形式配备在后轴上,采用的转子发动机旋转顺畅、噪声小且节省空间。

发动机功率的选择对增程式电动汽车动力系统的设计至关重要。发动机选型设计中常按照汽车的最高车速来初步选择发动机功率,这是因为汽车的加速性能和爬坡性能可以由汽车的最高车速来体现。发动机输出功率满足下式。

$$P_{RE} = \frac{1}{3600\eta_t} \left(mgfv_{max} + \frac{C_D A v_{max}^3}{21.15} \right) \tag{9-1}$$

式中,P_{RE} 为满足增程式电动汽车最高车速行驶所需要的发动机输出功率,kW。

发动机额定功率的选择应大于式(9-1)计算的理论值,以承载连续的非牵引负载,如灯光、娱乐、空调、动力转向装置和制动增压等。

根据所选发动机的燃料消耗 MAP 图,可以计算满足增程式电动汽车增程续驶里程所需要的油箱容积为

$$V = \frac{S_2 g_c}{v} \tag{9-2}$$

式中,V 为油箱容积,L;S_2 为增程续驶里程,km;g_c 为发动机高效工作点处油耗,L/h。

增程器中发动机与发电机连接方式主要有两种,即弹性联轴器结构连接和直接刚性连接件连接。前者轴线尺寸会较大,对定位安装工艺要求高;后者发电机惯量及动态加载会给轴系带来冲击,存在动力过载损坏轴系的危险。

增程器要稳定可靠,可以立刻启动并进入正常工作状态;为了实现高效率和低排放的要求,要求系统处在最优工作点工作,因此控制器非常关键,通过控制策略和优化措施,在保证整车动力性前提下提高经济性和效率。

(4) 整车控制器　整车控制器通过 CAN 网络与发动机控制器、发电机控制器、驱动电机控制器以及电池管理系统进行信息交互,实现增程的控制。增程器、驱动电机、动力电池三者之间通过整车控制器进行电能交互,实现能量的最优分配。同时动力电池通过车载充电机充电,保证纯电动模式下的行驶。

二、增程式电动汽车原理

增程式电动汽车的动力传动系统在组成上与串联插电式混合动力汽车的动力系统相似。特殊之处在于增程式电动汽车的能量传递路线体现出两种动力系统，但是只有一种驱动方式，即电机驱动。不需要非常复杂的电能与化学能的耦合。在结构上，增程式电动汽车是在纯电动汽车的基础上开发的电动汽车，增程器的布置对原有车辆的动力系统结构影响较小。之所以称为增程式电动汽车是因为车辆追加了增程器，而为车辆追加增程器的目的是进一步提升纯电动汽车的续驶里程，使其能够尽量避免频繁地停车充电。

增程式电动汽车有5种工作模式，即纯电动模式、增程器单独驱动模式、混合驱动模式、制动模式和停车充电模式。

(1) 纯电动模式　当动力电池能量充足时，使用纯电动模式。纯电动模式的能量传递路线如图9-2所示，增程器处于关闭状态，动力电池是唯一的动力源，相当于一辆纯电动汽车。不同之处是，增程式纯电动行驶里程可以设置的相对较小，不必装备大量的动力电池，既降低了成本又降低了整车重量。动力电池的能量应能够满足车辆起步、加速、爬坡、急速，以及驱动汽车空调等附件的功率需求。

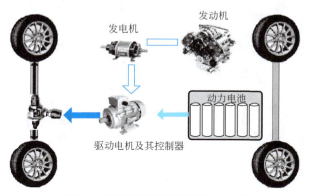

图 9-2　纯电动模式的能量传递路线

⬅ 机械能；　⬅ 电能；　⬅ 电气连接

(2) 增程器单独驱动模式　当动力电池能量不足时，使用增程模式。增程器单独驱动模式的能量传递路线如图9-3所示。在动力电池SOC值降至设定的阈值 SOC_{min} 时，增程器启动，发动机根据制定的控制策略运行在最佳的状况，使发电机发电，一部分用于驱动车辆行驶，多余的电能为动力电池充电。

当动力电池电量恢复至充足时，发动机又停止工作，继续由动力电池驱动电机，提供整车功率需求。

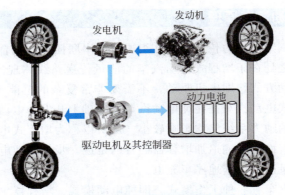

图 9-3 增程器单独驱动模式的能量传递路线

（3）混合驱动模式　当路面需求功率较大，动力电池供能不足时，增程器开启，发动机-发电机组联合动力电池一起工作，提供整车行驶需要的动力，其能量传递路线如图 9-4 所示。

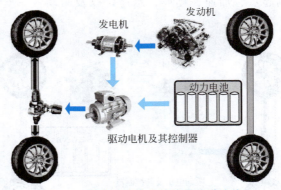

图 9-4 混合驱动模式的能量传递路线

增程器单独驱动模式和混合驱动模式都属于增程模式。增程模式的发动机可以有多种工作方式，根据控制策略的不同，可以选择发动机恒功率模式、功率跟随模式、恒功率与功率跟随结合模式，此外还有智能控制策略和优化算法控制策略等复杂控制策模式。当车辆停止的时候，可以利用市电为动力电池充电。

（4）制动模式　在车辆运行过程中，发生减速、制动请求时，驾驶员需要踩下制动踏板，若满足一定的条件，整车即进入制动能量回收模式；当制动强度较低、制动较为缓和、制动请求功率较小时，采用电机单独制动；当发生急减速或紧急制动时，一旦车辆的制动负载功率超出电机再生制动功率的上限，为了保护蓄电池组、限制其输入功率，此时摩擦制动器参与工作，与电机再生制动协同提供车辆的制动功率需求。制动模式的能量传递路线如图9-5所示。再生制动可以将车辆的动能转化为电能储存在动力电池中，以供车辆驱动使用，提高了整车能量利用率。在再生制动情况下，电机以发电状态工作，回收的制动能量储存在动力电池中。

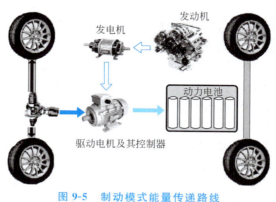

图9-5 制动模式能量传递路线

← 机械能； ← 电能； ⇐ 电气连接

（5）停车充电模式 停车充电模式的能量传递路线如图9-6所示。停车时动力系统全部停止，此时通过车载充电机连接外接电网对动力电池进行充电，以备下次行车使用。此模式是保证车辆大部分时间以纯电动方式行驶的基础，可减少燃料发动机的使用频次，能够显著降低车辆的行驶成本以及减少车辆的污染物排放。

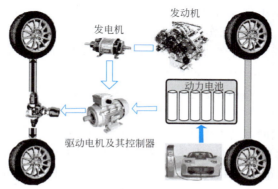

图9-6 停车充电模式能量传递路线

← 电能； ⇐ 电气连接

第二节　增程式电动汽车特点

增程式电动汽车与纯电动汽车相比,可以随时在加油站加油,续驶里程得到很大提高。在相同续驶里程条件下,增程式电动汽车动力电池的容量只需要纯电动汽车的30%~40%,无需配备大容量的动力电池,制造成本大幅降低。当动力电池SOC值降低到阈值时,转为增程模式运行,避免了动力电池的过放电,寿命可以得到延长。

增程式电动汽车与常规混合动力电动汽车相比,由于常规混合动力电动汽车采用了复杂的机械动力混合结构,发动机和电机复合驱动,电池能量很小,只起到辅助驱动和制动能量回收的作用。增程式电动汽车采取电池扩容的方式解决了电池驱动的续驶能力问题。增程式电动汽车能外接充电,尽可能利用晚间低谷电充电,进一步提高了能源利用率。

增程式电动汽车与插电式混合动力电动汽车相比,增程式电动汽车在电能充足条件下行驶时发动机不参与工作。因此,增程式电动汽车并不需要像插电式混合动力电动汽车那样对其工作模式进行特定的说明。增程式电动汽车所使用的动力电池、驱动电机以及动力系统的用电功率都必须从满足整车性能的要求而加以设计,车辆所搭载的动力电池及其容量也必须从能够满足纯电动汽车整车性能需要的角度加以考虑。在动力电池电能充足的情况下,增程式电动汽车必须在所有的工作模式下维持纯电动模式。在增程器设计方面,增程式电动汽车允许将发动机的功率显著降低,发动机所提供的动力不需要达到车辆动力性能所需的峰值功率,仅满足车辆行驶所需要的持续动力需求即可。

增程式电动汽车能够有效提高燃料利用率,主要原因如下。

① 由于发动机不直接与机械系统相连,发动机的工作状态相对独立,可将发动机设定于最佳效率点工作。

② 在电量保持模式下,主要由发动机驱动整车行驶,当需求功率较小时,发动机关闭,由动力电池驱动整车行驶,当需求功率较大时,动力电池弥补发动机功率不足的部分,这样可避免发动机的工作点波动,保证发动机工作于最佳效率点。

③ 当车辆制动时,动力电池能有效回收制动能量。

综上所述,增程式电动汽车是一种可增加续驶里程的纯电动汽车,兼有混合动力电动汽车和纯电动汽车的特征,是现阶段解决新能源汽车技术问题最切实可行的方案之一。增程式纯电动汽车具有以下特点。

① 在纯电动模式下,发动机不启动,由动力电池驱动整车行驶,这样可减

少整车对石油的依赖，缓解石油危机。

② 在动力电池电能不足时，为了保证车辆性能和动力电池的安全性，进入电量保持模式，由动力电池和发动机联合驱动整车行驶。

③ 整车纯电动续驶里程满足大部分人员每天行驶里程要求，动力电池可利用晚间低谷电力充电，缓解供电压力。

④ 整车大部分情况在电量消耗模式下行驶，能达到零排放和低噪声的效果。

⑤ 发动机与机械系统不直接相连，发动机可工作于最佳效率点，大大提高整车燃料效率。

第十章
增程式电动汽车控制策略

　　增程式电动汽车各动力部件的参数在满足整车动力性前提下，整个动力传动系统中机械部件和电气部件的协调工作是影响整车经济性的一个关键因素。为使整个动力传动系统中机械部件和电气部件协调工作以及满足增程式电动汽车在不同工作模式下的切换，制定一个简洁和高效的控制策略是非常重要的。

　　增程式电动汽车控制策略目的是在动力电池电能充足的情况下，保持在纯电动工作模式，将有害物质排放降到最低。增程模式下的控制策略要保证增程器和动力电池得到最佳的匹配，获得最优的整车系统效率。

　　增程式电动汽车的工作模式分为纯电动工作模式和增程工作模式，两种工作模式的切换可以采用基于逻辑门限值的控制策略。增程模式下采用将恒功率和功率跟随控制策略结合起来的控制方法，在不同的工作模式下能分别体现出两种控制方式的优点。将增程模式工作区域划分为 6 种工作状态，与纯电动模式和制动能量回收工作模式一起构成 8 种工作模式。

第一节　增程式电动汽车控制策略类型

　　增程式电动汽车的控制策略是服务于车辆控制器的一种算法，车辆控制器接收来自驾驶员的指令，并采集当前车辆行驶工况信息，以当前车辆状态作为反馈条件，如电池 SOC 值，并根据预设的算法指令，确定发动机/发电机组和动力电池的能量分配关系，从而通过控制器来决定车辆的运行状态。

　　基于增程式电动汽车的特殊运行模式，在纯电动模式下仅靠动力电池的能量驱动车辆行驶，增程模式下首先由发动机/发电机组为驱动电机提供驱动电能，多余的电量为电池充电，因此，增程模式下能量管理控制策略的好坏直接影响到整车的动力性和经济性。增程模式下的控制策略主要有恒功率控制策略、功率跟随控制策略、瞬时优化控制策略、自适应控制策略、模糊控制策略等。

一、恒功率控制策略

恒功率控制策略又称为单点控制策略，增程器启动后，发动机在预设的工作点按恒定功率输出，输出功率不随工况的变化而变化，该工作点可以是最佳功率点，也可以是保证动力性前提下的最低油耗点，工作点的选取应兼顾发动机的燃料消耗、功率及转速。该控制策略下发动机的输出功率优先用来驱动车辆行驶，当车辆驱动需求功率较小时，剩余的发动机输出功率将用来为动力电池充电。此外，为了在动力电池 SOC 值最低的情况下也能提供足够的电能，满足各种行驶工况的需要，就要求发动机能够在较高的转速下工作，发动机恒功率运行的工作过程应持续到使动力电池组充电的 SOC 值达到最大，之后再关闭增程器或使发动机怠速运行。

恒功率控制策略的优点是发动机可以工作在低油耗或者高效率区，可以提高整车的燃料经济性，缺点在于动力电池放电电流会随着工况的频繁变化而产生较大波动，使动力电池经常处于深度充放电循环状态，因此这种控制模式虽然控制策略简单，但采用这种控制策略，会降低动力电池的使用寿命。

二、功率跟随控制策略

功率跟随控制策略包括三点功率跟随控制策略和曲线功率跟随控制策略。

（1）三点功率跟随控制策略　预先选定三个最优工作区域的发动机功率值，可以根据不同的工况环境及驾驶员驾驶意图来确定相应的工作点，这样发动机的工作点增加，与恒功率控制策略相比，有两个优点：第一，大部分发动机功率可以经过动力传递路线，传给驱动电机，驱动汽车行驶，降低了能量由化学能-电能-化学能-电能的多级转换，降低了驱动电机功率损失，提高了整车的效率；第二，动力电池的充放电波动小，有效地避免了动力电池过放电，提高了动力电池的寿命和使用稳定性。

（2）曲线功率跟随控制策略　即发动机的运行沿着固定曲线变化，可以连续地改变发动机的功率值，一般选择最佳燃料经济性时候的发动机功率曲线为目标跟随曲线。该控制策略是由车辆行驶工况决定的，发动机的特性已知，车辆在某一个时刻工况下的需求功率，决定了在这一功率下的最低燃料消耗率点的数值。因此，当动力电池的 SOC 值达到阈值时，发动机/发电机组开启，并沿着最低燃料消耗率曲线运行，这种控制模式下，发动机能够提供给动力电池充电的功率很少，降低了化学能和电能之间的二级转化，极大地提高了动力性和燃料经济性。但是这种控制方法的发动机的工作区间变大，怠速的时候发动机能量利用率低。

三、瞬时优化控制策略

瞬时优化控制策略多用于混合动力电动汽车中以消耗燃料为主的动力系统，燃料消耗是电池电能间接消耗燃料与发动机直接消耗燃料之和，在计算时将动力电池消耗的电能等效成燃料消耗量。可以有效地结合燃料消耗和排放，对电能和燃料消耗做出一个准确的评估，同时通过计算过程可以看出这种优化方法的计算量大，在计算等效燃料消耗时准确性低，且系统复杂，成本高。

四、自适应控制策略

自适应控制策略的目标是将整车的燃料消耗和排放两种不同的量纲进行统一，定义权重系数的大小，来突出降低整车的燃料消耗或者降低排放两种控制目标。控制的因子为加速时间、百公里油耗、HC、CO、NO_x以及PM，根据车辆的行驶工况环境来确定各因子的权值。

自适应控制策略的优点是驾驶员灵活性较好，驾驶员可以根据环境或者自己的意愿来调整自己的驾驶目标，由于该策略同时将动力性和经济性作为影响因子，综合考虑了发动机/发电机的最佳工作点，故在这种控制策略下，车辆的综合性能较好。但这种控制策略没有考虑电机驱动的影响，所以在应用这种控制策略前，首先要将电机的电量消耗等效折算成燃料消耗量和排放量。

五、模糊控制策略

模糊控制策略的工程化较强，该控制策略以发动机最高效率区域和最低燃料消耗为目标，由模糊控制器和处理器组成，模糊逻辑控制器驱动发动机工作。控制器又由模糊化接口和反模糊化接口、模糊推理、知识库4部分组成。

模糊逻辑控制策略的优点是不需要建立明确的数学模型，而是通过实验数据来进行分析和处理，将采集到的信号数据做模糊化处理，作为模糊计算的输入数据，根据预设的推理方法和知识规则，得出模糊结论。缺点是要有大量的工程实验数据作为模糊计算的参考依据，此外，基于实验得到的数据处理模糊算法规则非常有限，不同配置的汽车发动机，规则的建立比较困难。

第二节　增程式电动汽车控制策略设计

通过对各种控制策略的分析，恒功率模式具有较高的工作效率，而功率跟随模式具有更好的燃料经济性和动力性，因此在不同的车辆运行模式下，分别选择更加适合当前功率的控制策略，两者之间进行切换，会使两种控制策略的优势得以充分发挥。

增程模式下的控制策略是将恒功率定点控制策略和最佳燃料消耗曲线的功率跟随控制策略结合起来使用，充分利用增程器和动力电池的相对高效工作区域，当车辆行驶需求功率高于一定值的时候，采用功率跟随模式的控制策略，避免动力电池的频繁启停和过放电；当车辆行驶需求功率较小时，则根据SOC值划分出不同的工作模式。

设定 SOC 阈值作为纯电动模式和增程模式的切换点。当汽车运行在增程模式下，发电机为动力电池充电，使电池 SOC 值升高，在未达到 SOC 最高值时，不会启用纯电动运行模式，而是将多余的电量储存在动力电池中，直到 SOC 达到最高限值后，发动机将再次关闭，汽车再次进入纯电动运行模式。增程式电动汽车的总体运行模式如图 10-1 所示，图中纵坐标分别为动力电池的 SOC 值和发动机开启或者关闭的状态。

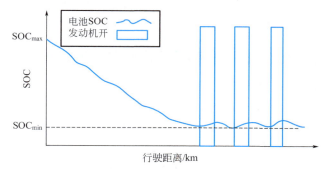

图 10-1 增程式电动汽车的总体运行模式

一、增程式电动汽车控制策略要求

增程式电动汽车主要利用电能为驱动能源，增加一个发动机/发电机组作为增程器，在动力电池的 SOC 值达到阈值时，启动增程器，在最佳的状况下工作，多余的电能用来为动力电池充电，具有低排放甚至零排放的特点，当车辆运行在日常的城市上下班道路上的时候，几乎不需要启动发动机，电能足够满足驾驶者的出行需求。因此，增程式电动汽车的控制策略可以分为两部分：一部分与纯电动汽车一样，为以纯电动方式行驶时候的控制策略；另一部分是增程模式下的控制策略，此时的控制策略要最大限度地降低能量转化带来的能量损耗，在保证动力性的前提下，达到燃料经济性最佳的目标，提高能量利用率，同时兼顾动力电池的充放电和循环使用寿命，提高整车的工作效率。

为了使两种能源得到最佳的组合和协调运行，应在保证动力性前提下，使燃料经济性最好以及排放最低，故应采用合适的能源管理控制策略。在汽车行驶过程中，工况是多变和不可预测的，因此控制策略应可以根据不同的路况以及车辆的运行需求，适时、合理地分配其能量流及做出合理的反应。对增程式电动汽车控制策略具有以下要求。

① 纯电动模式和增程模式的切换控制要合理，充分利用动力电池驱动，实现零排放。

② 防止对动力电池的过充电和过放电，避免频繁地充放电，延长动力电池的使用寿命。

③ 在启动增程模式下运行后，发动机的启停控制要合理。当发动机为动力电池充电电量达到一定值的时候，才可关闭发动机/发电机组，继续用电能驱动，这样能量多级转化的损失非常大。但是如果发动机启动后提供给动力电池的电量比较小，就切换到纯电动运行模式，则需要频繁地启动发动机，发动机的寿命必然受到影响，也不利于降低排放的设计要求。

④ 发动机长期不用的时候，要能够设置在动力电池 SOC 值最低的时候也能运行的特殊控制模式，以使长期不用的发动机/发电机组得到维护和保养。

二、纯电驱动模式控制策略

增程式电动汽车运行按照动力电池的状态分为两个模式（图 10-2）：一个是电量消耗状态（Charge-Depleting，CD）；另一个是电量保持（Charge-Sustain，CS）状态。最初运行时刻，电池系统的 SOC 处于最高值状态，车辆运行过程中，动力电池是唯一动力源，驱动电机的功率也完全是由动力电池提供的，故该状态又称为纯电动运行模式，因为动力电池的 SOC 值不断降低，而发动机/发电机组又完全关闭，故将最大 SOC 值设为 0.9，防止过充电对动力电池造成的损害。当动力电池的 SOC 值降低到阈值时，发动机/发电机组开始工作，此时切换到电量保持 CS 阶段，此阶段的 SOC 值并不是一个固定的值，而是在某一个 SOC 范围内。

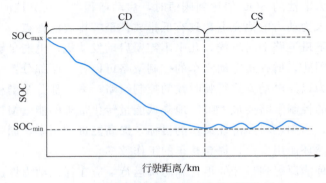

图 10-2 增程式电动汽车两种模式转换图

为了有效防止对动力电池过充电和过放电,应设置动力电池 SOC 的最高值和最低值。

CD 模式代表动力电池电能耗尽后的增程运行模式,该模式下发动机/发电机组产生的能量若有剩余,则会为动力电池提供电量,使动力电池处于充电状态,故在 CD 模式下动力电池的 SOC 是一个变化值,考虑到应防止动力电池频繁充放电,所以该模式下的转换判断图应是单向起作用。如图 10-3 所示,在 CD 模式下,发动机/发电机组为动力电池充电 SOC 值达到最高值时,发动机关闭,转为纯电动行驶,此时仍为 CD 模式,而一旦 SOC 值小于最低值,系统进入 CS 模式后,控制系统则不应回到 CD 模式下。在 CD 模式下,当需求功率小于等于 0 时,

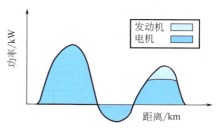

图 10-3 CD 模式下的驱动功率分配

设置为制动能量回收模式,将一部分能量再回馈给动力电池,CD 模式下的驱动功率分配如图 10-3 所示,横坐标以上区域是动力电池为车辆提供行驶驱动功率,横坐标以下区域是制动时候的制动能量回收模式。

三、增程模式控制策略

汽车在纯电动模式下运行,动力电池的 SOC 降低到阈值时,增程器开启,进入增程模式运行,在功率跟随模式下,发动机工作在最低燃料消耗率区域。此时包括两条能量传递路线:第一条为发动机→发电机→传动系统→驱动电机;第二条为发动机→发电机→动力电池→驱动电机。第二条路线由于在动力电池处多了一次能量转化,其能量利用率要低于第一条。但从整车运行工况来看,如果只采用第一条能量传递路线,所对应的发动机运行状态与传统发动机一样,能量利用率非常低。所以应根据不同的工况选取不同的能量传递路线。

假设两种能量传递路线的发动机功率临界值为 P_0,发动机最优工作区域的输出功率为 $P_1 \sim P_2$;SOC 高效放电区是 $S_1 \sim S_2$,阈值为 S_{min}。通过对发动机工作区域的划分以及动力电池最优充放电 SOC 区域值的划分,将驱动模式下的工作状态分为 6 个区域,见表 10-1。此外,将需求功率小于 0 的状态,定义为制动能量回收阶段。

表 10-1 增程模式工作状态

工作状态	SOC 条件	需求功率 P_{req}/kW
动力电池单独工作	$S_1 <$ SOC $< S_2$	$P_{req} > 0$
动力电池单独工作	$S_{min} <$ SOC $< S_1$	$P_{req} < P_0$

续表

工作状态	SOC 条件	需求功率 P_{req}/kW
发动机单独驱动	$S_{min}<SOC<S_1$	$P_0<P_{req}<P_2$
发动机和动力电池联合驱动	$S_{min}<SOC<S_1$	$P_{req}>P_2$
发动机驱动发电	$SOC<S_{min}$	$P_{req}<P_2$
发动机单独驱动	$SOC<S_{min}$	$P_{req}>P_2$

根据表 10-1 的工作状态划分，得出控制流程状态转换逻辑框图，如图 10-4 所示。

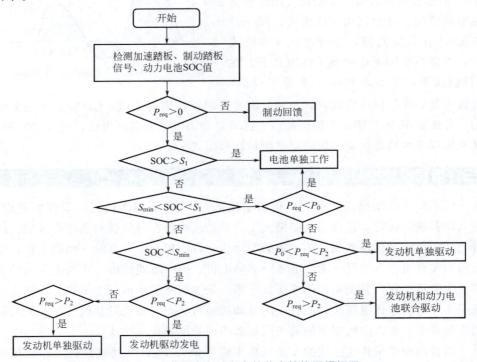

图 10-4 增程式电动汽车的状态转换逻辑框图

第三节 增程式电动汽车动力系统建模与仿真

某增程式电动汽车动力系统参数见表 10-2。

利用 Cruise 软件，对增程式电动汽车进行建模与仿真，预测车辆在各种条件下的动力性、燃油经济性和排放性等。

表 10-2 某增程式电动汽车动力系统参数

部件	参数类型	取值	参数类型	取值
驱动电机 永磁同步电机	峰值功率/kW	103	额定转矩/(N·m)	134
	额定功率/kW	49	最高转速/(r/min)	7000
	峰值转矩/(N·m)	328	基速/(r/min)	3000
蓄电池	类型	磷酸铁锂蓄电池	额定电压/V	288
	单体数量/个	90	单体电池电压/V	3.2
	容量/(A·h)	63	SOC 使用范围/%	27~80
发动机	类型	直列四缸发动机	功率/kW	43
	排量/L	1.3	转速/(r/min)	4000
发电机	功率/kW	43	电压/V	288

一、Cruise 平台整车建模

根据增程式电动汽车动力系统参数，利用 Cruise 建立整车模型，图 10-5 所示。

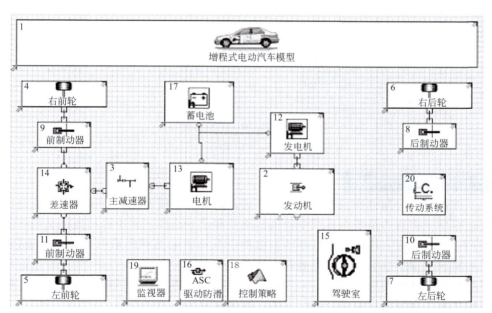

图 10-5 增程式电动汽车模型

整车结构采用前置前驱方案，模型包括整车模块、发动机模块、发电机模块、动力电池模块、驱动电机模块、主减速器、差速器、制动模块，用于整车动力性能、燃油消耗量和排放性的实时监测及仿真，还可以评价虚拟的主观平顺性。

1. 模块参数设计

模块的参数是根据所设计的动力传动系统部件和已有车型来确定的。对各个部件进行设置，以准确实现对匹配好的参数进行仿真分析，包括基本参数和性能参数的输入。模型的输入可以采用手工输入、从已有模型中调入数据、从已有数据文件中导入数据和拷贝与粘贴方式输入数据 4 种方式。

由于在 Cruise 软件中搭建的模型较难实现增程式电动汽车各种工作模式的转换，所以模型中添加了 Matlab 控制模块，通过信号接口接收来自驾驶员的输入信息、发动机信号、转速、制动信号等，如图 10-6 所示为控制模块定义的接口。Simulink 控制模型以及 Stateflow 状态转化模型中的参数定义都是与这些接口模块匹配的。

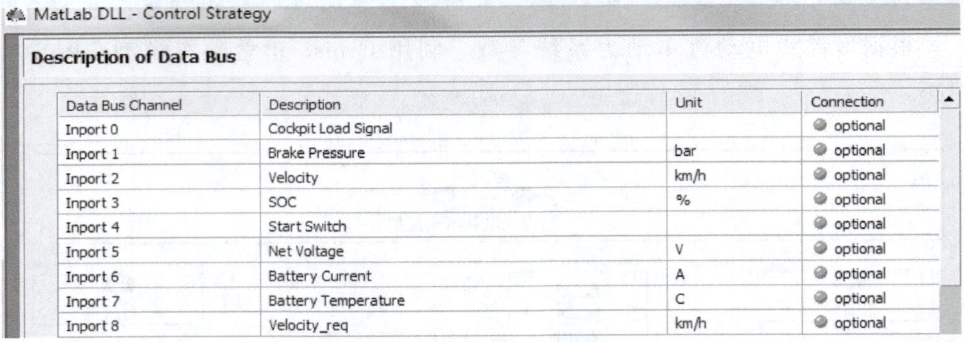
MatLab DLL - Control Strategy

Description of Data Bus

Data Bus Channel	Description	Unit	Connection
Inport 0	Cockpit Load Signal		optional
Inport 1	Brake Pressure	bar	optional
Inport 2	Velocity	km/h	optional
Inport 3	SOC	%	optional
Inport 4	Start Switch		optional
Inport 5	Net Voltage	V	optional
Inport 6	Battery Current	A	optional
Inport 7	Battery Temperature	C	optional
Inport 8	Velocity_req	km/h	optional

图 10-6 控制模块定义的接口

$1\text{bar}=10^5\text{Pa}$

2. 部件间的信息连接

部件之间的信息连接有三种连接方式，即机械连接、电气连接和总线信息连接。模型中实现的是整车系统中的机械连接和信号连接，其中机械连接又叫物理连接，电气连接实现了发电机和动力电池以及动力电池和驱动电机之间的连接。最后要设置模型中的总线信息连接，如发动机连接，如图 10-7 所示，通过控制模块进行发动机的启停控制，采集信号以及将信号传递到控制模块输入端口，控制模块根据做好的控制策略进行判断，做出发动机的启停控制。

总线信息连接中最左边一栏列出来的是需要从别的零部件获得信息的部件，例如发动机。

第二栏中定义了这个部件中所有需要的参数值，如节气门位置。这一列中标记有灰色的是必须连接的参数，带有黑色标记的参数可以根据需要进行选择性

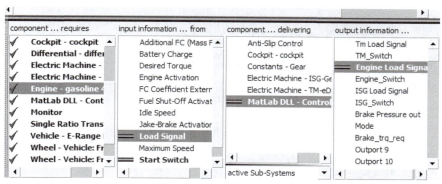

图 10-7 总线信息连接图

连接。

第三栏中列出了可以传递这种参数或者变量信息的部件，如驾驶室是可以传递节气门位置的唯一部件，因为节气门位置的开度是由驾驶员操作实现的。

第四栏为可以传递信息的部件，如节气门位置。在 Cruise 软件中，预先设定好这些总线信息连接，这些部件可以采集和传递车辆信息。例如由驾驶室传递节气门位置信息到发动机控制模块，再由控制器决定发动机的输出转矩。

二、联合仿真模块

Matlab 接口模块用来实现与 Cruise 的联合仿真，Cruise 软件与 Matlab 的接口允许客户自定义模型元件以及相关的控制策略，便于客户自己进行复杂控制。Cruise 与 Matlab 有三种连接方式。

（1）Cruise Interface　Cruise 与 Matlab 的联合仿真分析（Matlab 在前台，而 Cruise 处在被调用状态）。

（2）Matlab API　Cruise 与 Matlab 的联合仿真分析（Cruise 在前台，而 Matlab 处在被调用状态）。

（3）Matlab DLL　通过 Simulink 模型生成的动态链接库（DLL）与 Cruise 进行耦合仿真。

由于 Cruise 模型是非常完整的模型，采用第三种方法，通过生成 Matlab/Simulink 的 DLL 文件实现与 Cruise 的联合仿真，如图 10-8 所示。

其中第一列为整车模型中 Matlab 控制模块的 14 个接口，实现与 Matlab 的连接，以实现接口的识别，第一列为子系统参数模型，定义了从 Cruise 中采集的接口参数与其他参数之间的关系。其中发动机的转矩曲线是需要从 Cruise 中整车系统采集的数组模型。最右边为对应于 Cruise 软件中模型参数的 7 个输出接口：电机负载信号、电机开关、发动机转换开关、发动机负载信号、ISG 负载

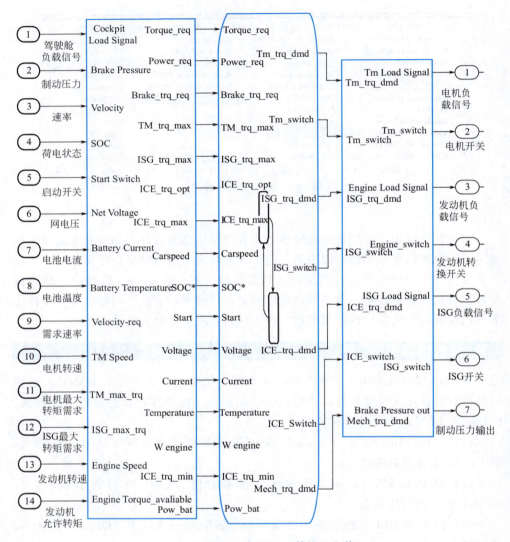

图 10-8 Matlab 与 Cruise 的接口文件

信号、ISG 开关、制动压力输出。

发动机的 Simulink 模型如图 10-9 所示。需要获得的信息或者输入的信息有发动机的输出转矩、发动机最大转矩、发动机最小转矩和由软件所采集监测到的发动机转矩信息。

中间部分为不同的工作模式状态转换条件 Stateflow 模型，如图 10-10 所示。Stateflow 模块由图形对象和非图形对象构成，模型中用方块表示系统的运

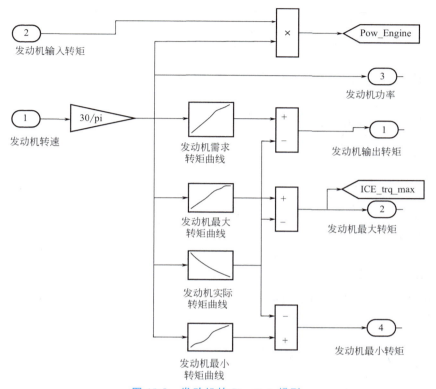

图 10-9 发动机的 Simulink 模型

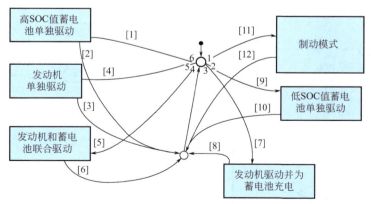

图 10-10 状态转换条件及转换时候的控制

行模式，带有方向箭头的线条表示状态转化的流向，每个运行模式状态都有执行条件和跳出条件，分别写在带箭头的线上。Stateflow 模型中的状态转化条件见表 10-3，同时加入了车辆启停状态控制和制动能量回收模块。

表 10-3 Stateflow 模型中的状态转化条件

序号	工作状态	SOC 条件	需求功率 P_{req}/kW
1	转换到动力电池单独驱动	$S_1 < SOC < S_2$	$P_{req} > 0$
2	跳出状态 1	$SOC \leqslant S_1$	$P_{req} > 0$
3	发动机单独驱动	$S_{min} < SOC < S_1$	$P_0 < P_{req} < P_2$
4	跳出状态 3	$SOC \leqslant S_{min}$ 或 $SOC \geqslant S_1$	$P_{req} \geqslant P_2$ 或 $P_{req} \leqslant P_0$
5	发动机和动力电池联合驱动	$S_{min} < SOC < S_1$	$P_{req} > P_2$
6	跳出状态 5	$SOC \leqslant S_{min}$ 或 $SOC \geqslant S_1$	$P_{req} \leqslant P_2$
7	发动机驱动和为动力电池充电	$SOC < S_{min}$	$P_{req} < P_2$
8	跳出状态 7	$SOC \geqslant S_{min}$	$P_{req} \geqslant P_2$
9	动力电池单独驱动	$S_{min} < SOC < S_1$	$P_{req} < P_0$
10	跳出状态 9	$SOC \leqslant S_{min}$ 或 $SOC \geqslant S_1$	$P_{req} \geqslant P_0$
11	制动	$SOC < S_2$	$P_{req} \leqslant 0$
12	跳出状态 11	$SOC \leqslant S_2$	$P_{req} > 0$

开关信号以及制动力矩模型如图 10-11 所示，其中制动力矩是与 Cruise 中车辆模型对应的，以实现不同软件中信号的识别。

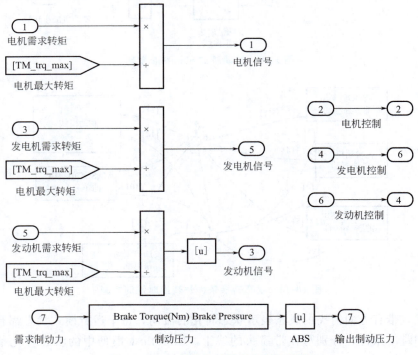

图 10-11 开关信号以及制动力矩模型

三、仿真结果

为了更加准确地仿真出增程式的动力性、经济性和排放性，对 NEDC 循环行驶工况、爬坡性能、加速性能、最高车速进行了仿真。

电动汽车 NEDC 循环工况如图 7-9 所示。首先在一个 NEDC 循环下工作，仿真结果如图 10-12 所示。

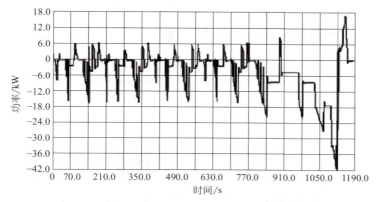

图 10-12　NEDC 循环行驶工况电池功率消耗

由于工况的运行距离为 11.022km，为纯电动行驶阶段，发动机和发电机启动，动力电池 SOC 值下降较小，从 0.8 下降到 0.72，由此可得纯电动行驶里程大约为 70km。

从图 10-12 可以看出电机功率跟随工况的变化情况，由于 NEDC 前面为多变的 4 个城市工况循环，驱动电机的功率变化较大，当功率为负的时候，为功率消耗区，负的功率为制动能量回收所增加的功率，在刹车减速到静止的过程中功率是由制动能量回收得到的。由 Cruise 中的 result 文件可以读取出燃油消耗和排放都为 0，由于循环工况结束时 SOC 值为 0.72，所以此工况循环为纯电动行驶，发动机和发电机不启动。

为了更好地观测纯电动行驶和增程模式的整个工况过程，选定 3 个 NEDC 工况，在多个工况下循环试验。如图 10-13 所示为 3 个 NEDC 循环工况的目标速度曲线，运行结束的仿真结果如图 10-14～图 10-16 所示。

由图 10-14～图 10-16 比较可以看出，多工况下，动力电池 SOC 值降低到放电限值时，时间为 1900s，发动机开启，一部分能量提供给驱动电机，另一部分能量为动力电池充电，动力电池 SOC 变化曲线也开始升高，此时的动力电池功率有非常大的跳转，由放电时的负值变成了发动机为动力电池充电时候的正功率。当动力电池 SOC 值上升到 0.6 时，约为 2450s，由于工况的原因，此时为 NEDC 中的城市

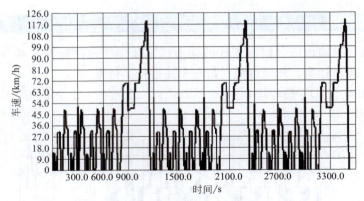

图 10-13　3 个 NEDC 循环工况的目标速度曲线

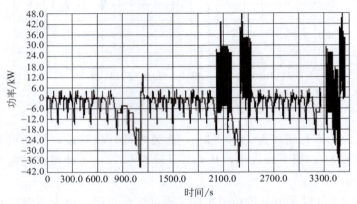

图 10-14　3 个 NEDC 循环工况下的驱动电机功率

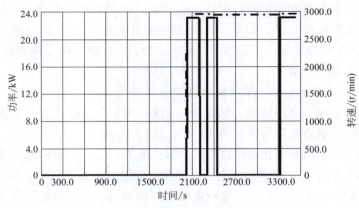

图 10-15　3 个 NEDC 循环工况下的发动机转速和功率

——发动机功率；— · —发动机转速

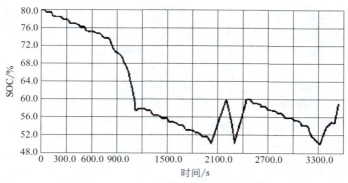

图 10-16　3 个 NEDC 循环工况 SOC 变化图

循环工况，目标转速下降，车辆需求功率较小，根据 Stateflow 中状态转化条件，关闭发动机/发电机组，采用动力电池的电能单独驱动汽车行驶。

读取 3 个 NEDC 工况时的 result 文件夹，可以得出燃料消耗仿真结果，见表 10-4。由表 10-4 可以看出增程式电动汽车由于首先采用纯电动模式行驶，在长途行驶的时候，发动机/发电机组才启动，驱动汽车行驶，在增程模式下，当需求功率较小的时候，也采用关闭发动机/发电机组的控制策略，因此燃料经济性高，排放性能好。

表 10-4　燃料消耗与排放仿真结果

项目	数值	项目	数值
工况	NEDC	燃油消耗率/(L/100km)	0.22
循环周期	3	总燃油消耗/kg	0.0544
时间/s	13540	怠速油耗/kg	0.0075
NO_x 排放/g	45.9	加速油耗/kg	0.0106
CO 排放/g	113.4	常速油耗/kg	0.0268
HC 排放/g	9.58	减速燃油消耗/kg	0.0095

爬坡度仿真结果见表 10-5，可以看出增程式电动汽车在不同速度时候的爬坡度。

表 10-5　爬坡度仿真结果

驱动电机转速/(r/min)	速度/(km/h)	爬坡度/%
1000	18.73	44.24
4000	74.93	13.80
5700	112.39	7.22

最高车速仿真所得的结果是此增程式电动汽车的最高车速为 140km/h，与预期的设计目标一致。读取 result 文件获得加速性能仿真结果为 13.2s，与预期的设计目标相比，加速能力的余量不大。

第十一章 增程式电动汽车实例

一、瑞麒 X1 增程式电动汽车

瑞麒 X1 增程式电动汽车的车身尺寸为 3866mm×1622mm×1638mm,锂离子电池可以提供 100km 的续驶里程,最高车速可达 120km/h。当车载电池电量消耗至最低临界限值时,一台 6kW 的 2 缸汽油发动机便开始自动启动,继续提供电能或直接驱动电机,以实现 300km 的续驶里程。在普通电源上为其充电,耗时 6~8h,而使用高压快速充电,可在 30min 内充满。

瑞麒 X1 增程式电动汽车如图 11-1 所示。

图 11-1　瑞麒 X1 增程式电动汽车

二、广汽传祺 GA5 增程式电动汽车

广汽传祺 GA5 增程式电动汽车如图 11-2 所示,它搭载了永磁同步电机,可输出最大功率 94kW,最大转矩 225N·m。纯电动模式下续驶里程为 80km。当电池容量不足时,配备的 1.0L 发动机将会通过发电机给电池供电,发动机是不参与动力驱动的。新车最大续航里程超过 600km。

图 11-2　广汽传祺 GA5 增程式电动汽车

三、马自达 ExtenderEV 增程式电动汽车

马自达增程式电动汽车 Extender EV 装载了一款 19kW、排量为 0.33L 的转子发动机，油箱容积为 9L，并搭配了一款最大功率为 74.5kW、峰值转矩为 153N·m 的驱动电机。在纯电动模式下，使用锂离子模块供电时（容量为 20kW·h），可以提供 200km 的续驶里程。增程模式下最大续驶里程达到 380km。该车的 0～100km/h 的加速时间为 10.8s。Extender EV 也装配有制动能量回收系统。该车 CO_2 排放量可以控制在 15g/km 内。

马自达 Extender EV 增程式电动汽车如图 11-3 所示。

图 11-3　马自达 Extender EV 增程式电动汽车

四、雪佛兰增程式电动汽车

雪佛兰增程式电动汽车的车身尺寸为 4498mm×1787mm×1439mm，轴距为 2685mm；整备质量为 1700kg。雪佛兰配备的锂离子充电电池容量为 16kW·h，采用 T 形的方式布置在底盘上。使用层压式结构，288 个电池单元并列布置，在每个单元之间设计了冷却水管路，低温时为温水，高温时为冷水，由此可一直保持电池在最佳的工作温度。动力系统由一个主电机、一个副电机兼发电机以及一台

1.4L 发动机组成。主电机峰值功率为 111kW，而峰值转矩 370N·m 则可以与 6 缸发动机相媲美，副电机功率为 55kW。只用作发电的发动机额定功率为 62.5kW。

可以通过电力来全时、全速驱动车辆，其运行模式有两种，即电池电力驱动和增程式电力驱动。在电池电力驱动下，依靠车载的 16kW·h 锂离子电池组，可实现最高达 80km 的"零油耗、零排放"行驶。当车载电池电量消耗至最低临界限值时，将平顺切换至增程式电力驱动模式，此时车载发动机和发电机将自动启动，为车辆提供续驶电能，从而实现高达 490km 的续驶里程。0～100km/h 加速时间仅需约 9s，最高车速可达 160km/h。

雪佛兰增程式电动汽车如图 11-4 所示。

图 11-4　雪佛兰增程式电动汽车

第三篇
混合动力电动汽车

　　混合动力电动汽车是指能够至少从两类车载储存的能量（可消耗的燃料、可再充电能/能量储存装置）中获得动力的汽车。混合动力电动汽车是内燃机汽车向纯电动汽车发展过程中的过渡车型，目前技术相对成熟。

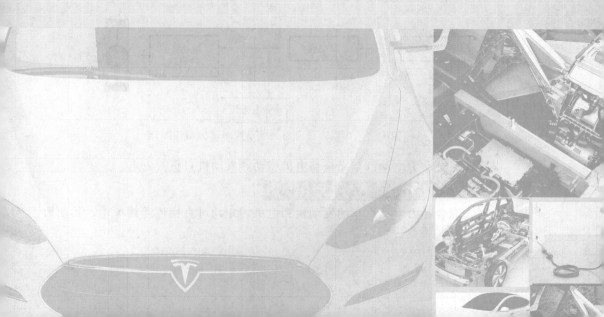

第十二章 概述

第一节 混合动力电动汽车分类

混合动力电动汽车可以按动力系统结构形式、油电混合度、外接充电能力分类。

一、按动力系统结构形式划分

按动力系统结构形式划分,混合动力电动汽车分为串联式混合动力电动汽车、并联式混合动力电动汽车及混联式混合动力电动汽车。

1. 串联式混合动力电动汽车（SHEV）

串联式混合动力电动汽车的发动机动力必须通过电机才能传递到车轮,其动力系统结构如图12-1所示。代表车型有通用的沃蓝达。

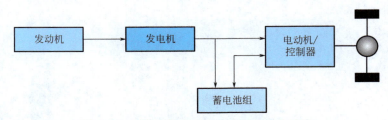

图12-1　串联式混合动力电动汽车动力系统

串联式混合动力电动汽车完全靠电机驱动,发动机只负责发电。

2. 并联式混合动力电动汽车（PHEV）

并联式混合动力电动汽车的发动机和电机转矩均可直接传递到车轮,其动力系统结构如图 12-2 所示。代表车型有本田 CR-Z、别克君越 eAssist。

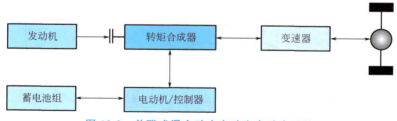

图 12-2　并联式混合动力电动汽车动力系统

并联式混合动力电动汽车靠发动机和电机共同驱动。

3. 混联式混合动力电动汽车（PSHEV）

混联式混合动力汽车既可实现发动机与电机分别控制，车辆靠电机驱动，也可实现发动机与电机共同驱动，其动力系统结构如图 12-3 所示。代表车型有丰田普锐斯、丰田凯美瑞尊瑞、雷克萨斯 CT 200h、比亚迪 F3DM 等。

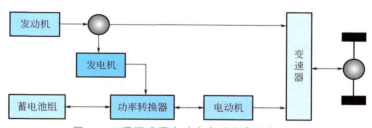

图 12-3　混联式混合动力电动汽车动力系统

二、按油电混合度划分

混合度是指混合动力电动汽车中的电机峰值功率占动力源总功率（电机峰值功率＋发动机峰值功率）的百分比。

按照混合度数值的大小，可以将混合动力电动汽车分为微混合型混合动力电动汽车、轻度混合型混合动力电动汽车和重度混合型混合动力电动汽车。

1. 微混合型混合动力电动汽车

微混合型混合动力电动汽车是以发动机为主要动力源，电机作为辅助动力，具备制动能量回收功能的混合动力电动汽车。微混合型混合动力电动汽车的混合度小于 10％，节油率为 5％～8％。

仅具有停车怠速停机功能的汽车也可称为微混合型混合动力电动汽车。

微混合型混合动力电动汽车功能示意图如图 12-4 所示。它是在传统汽车基础上增加了怠速停机功能。

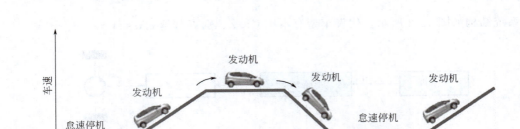

图 12-4 微混合型混合动力电动汽车功能示意图

2. 轻度混合型混合动力电动汽车

轻度混合型混合动力电动汽车主要采用集成启动电机（ISG），是以发动机为主要动力源，电机作为辅助动力，在车辆加速和爬坡时，电机可向车辆行驶系统提供辅助驱动力矩，补充发动机本身动力输出的不足，但不能单独驱动车辆行驶的混合动力电动汽车。轻度混合型混合动力电动汽车的混合度大于10%，可以达到30%左右，目前技术比较成熟，应用广泛。本田汽车公司旗下的Insight、Accord和Civic混合动力电动汽车采用并联式结构的轻度混合动力系统。

轻度混合型混合动力电动汽车功能示意图如图12-5所示。它是在传统汽车基础上增加了怠速起停、加速助力、制动能量回收和行驶（巡航）充电功能；在城市循环工况下节油率可以达到20%～30%，目前技术比较成熟，应用广泛。

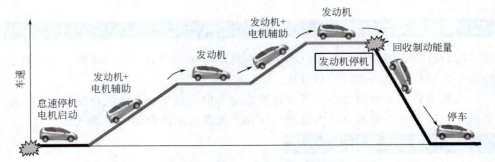

图 12-5 轻度混合型混合动力电动汽车功能示意图

3. 重度混合型混合动力电动汽车

重度混合型混合动力电动汽车是以发动机和/或电机为动力源，且电机可以独立驱动车辆行驶的混合动力电动汽车。重度混合动力系统一般采用200V以上的高压电机，混合度大于30%，可以达到50%以上，在城市循环工况下节油率可以达到30%～50%。

重度混合型混合动力电动汽车的特点是动力系统以发动机为基础动力，动力电池为辅助动力。采用的电机功率更为强大，完全可以满足车辆在起步和低速时的动力要求。因此，重度混合车型无论是在起步还是低速行驶状态下都不需要启动发动机，依靠电机可以完全胜任，在低速时就像一款纯电动汽车。在急加速和爬坡运行工况下车辆需要较大的驱动力时，电机和发动机同时对车辆提供动力。随着电机、电池技术的进步，重度混合动力系统逐渐成为混合动力技术的主要发展方向。丰田普锐斯混合动力汽车就是混联式结构的重型混合动力系统。第三代普锐斯 Hybrid 采用的电机峰值功率达到60kW，峰值转矩达到207N·m，足以驱动汽车进行中低速行驶。

重度混合型混合动力电动汽车功能示意图如图12-6所示。它是在传统汽车基础上增加了怠速起停、加速助力、制动能量回收、行驶（巡航）充电和低速纯电动行驶功能。

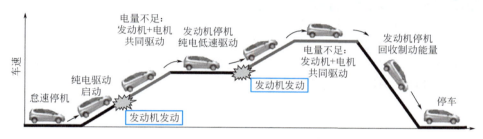

图12-6　重度混合型混合动力电动汽车功能示意图

三、按照外接充电能力划分

按照是否能够外接充电，混合动力电动汽车可分为外接充电型混合动力电动汽车和非外接充电型混合动力电动汽车。

1. 外接充电型混合动力电动汽车

外接充电型混合动力电动汽车是一种被设计成在正常使用情况下从非车载装置中获取电能量的混合动力汽车。插电式混合动力电动汽车属于此类型。

插电式混合动力电动汽车是可以利用电网对动力电池充电的混合动力汽车，如图12-7所示。它可以使用纯电模式驱动车辆行驶，且纯电动行驶里程较长；电能不足时，车辆仍然可以用重度混合模式行驶。插电式混合动力系统的电机功率比纯电动汽车的稍小，动力电池的容量介于重度混合动力系统和纯电动车辆之间。

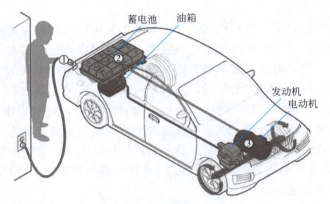

图 12-7　插电式混合动力电动汽车

①—续航方式；②—能量存储方式；③—动力来源

2. 非外接充电型混合动力电动汽车

非外接充电型混合动力电动汽车是一种被设计成在正常使用情况下从车载燃料中获取全部能量的混合动力电动汽车。油电混合动力电动汽车属于此类型。

油电混合动力汽车是非插电的混合动力汽车，动力来源主要是发动机，电机只是一个辅助动力源，纯电续航能力小。图 12-8 所示为凯美瑞油电混合动力电动汽车。

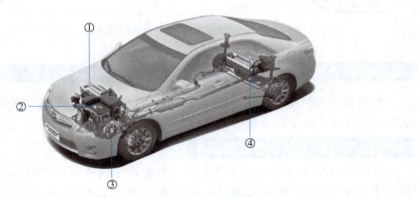

图 12-8　凯美瑞油电混合动力电动汽车

①—发动机；②—DC/AC 变换器；③—永磁同步电机；④—镍氢蓄电池

油电混合动力汽车的电池容量很小，仅在起/停、加/减速的时候供应/回收能量，不能外部充电，不能用纯电模式行驶，属于节能汽车；插电式混合动力汽车的电池容量较大，可以外部充电，可以用纯电模式行驶，电池电量耗尽后再以混合动力模式行驶，属于新能源汽车。

常规混合动力电动汽车技术成熟，插电式混合动力电动汽车是发展重点。

第二节　混合动力电动汽车构型

混合动力电动汽车的混动构型按照电机的放置位置进行分类，其中 P 的定义就是电机的位置。对于单电机的混合动力系统，根据电机相对于传统动力系统的位置，可以把单电机混合动力方案分为五大类，分别以 P0、P1、P2、P3、P4 命名，如图 12-9 所示。

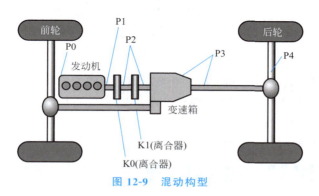

图 12-9　混动构型

P0~P4 构型示意图如图 12-10 所示。

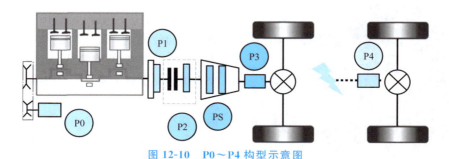

图 12-10　P0~P4 构型示意图

一、P0 构型

电机位于发动机前端皮带上，给发动机增加一款小型发电机（BSG），其通过皮带与曲轴连接，当发动机运转时，由曲轴带动发电。自动起停、弱混是常见的 P0 构型。

图 12-11 所示为吉利的 P0 构型。48V 启发电一体机主要实现的功能是快速

起停、制动能量回收和辅助转矩，理论上它还可以实现在部分巡航速度下停止发动机工作，并在快速需要动力的时候又能保证快速启动发动机。

图 12-11　P0 构型

这项微混技术现阶段受到了很多欧系品牌的青睐，在国内，诸如长安、奇瑞等品牌也都有这项技术。它的优势在于改进成本低，与发动机的适配性很好。48V P0 微混技术仅仅是更换了一个启发电一体机，其节油效果比较有限，这项技术大概能够实现 8%～15% 的节油效果。

二、P1 构型

电机位于发动机曲轴上，在发动机后离合器前，原来飞轮的位置。电机和曲轴转速相等，因此电机需要有较大转矩。与 P0 相仿，支持发动机起停、制动能量回收发电。同时电机与曲轴刚性连接，可以辅助动力输出。目前 P1 构型多以轻度混合型混合动力电动汽车为主，由于其可靠性高而且成本较低，国内公交车和自主品牌多采用 P1。本田思域混动和 Insight 的第一代本田 IMA 混动，以及奔驰的 S400 混动，都采用 P1 布局。P1 不能使用纯电动模式。

图 12-12　P1 构型

图 12-12 所示为 P1 构型。

三、P2 构型

P2 也需要布置在发动机和变速器中间，但因为不必像 P1 一样整合在发动机外壳中，P2 布置的形式更灵活，不仅可以直接套在变速器输入轴上，也可以通过皮带与变速器输入轴连接，甚至也可以使用减速齿轮。

P2 在纯电动模式下可以和发动机断开连接，因为电机和发动机之间还有个离合器，因此在纯电动模式下发动机并不会被拖动，同时由于 P2 模式下，电机的后面有变速器，因此变速器的所有挡位都可以被电机利用。

P2 的模式是发动机→离合器 1→电机→离合器 2→变速器→差速器→车轮。

P2 是目前市场混合动力车型采用最多的模式。电机放在离合器后变速器前，通过在发动机与变速器之间插入两个离合器和一套电机来实现混动；是一种并联式的两个离合器的混合动力系统。P2 和 P1 模式基本相同，唯一区别在于电机和发动机之间有没有离合器，是不是可以切断电机的辅助驱动。P2 系统可以实现纯电驱动。

因为电机和发动机之间有离合器，因此可以单独驱动车轮；在动能回收时也可以切断与发动机的连接。因为电机和轴之间可以有传动比，因此不需要太大的转矩，可以降低成本和电机的体积。

图 12-13 所示为 P2 构型。

图 12-13　P2 构型

四、P3 构型

电机位于变速器输出端，与发动机共享一根轴，同源输出。P3 最主要的优势是可以纯电驱动和动能回收的效率高。同时，P3 会比 P2 少一组离合器，且纯电传动更为直接，更高效。比如比亚迪秦，在急加速方面就表现非常突出。P3 比较适合后驱车，有充足的空间予以布置。代表车型为本田 i-DCD、比亚迪秦、长安逸动。现代的混合动力和法拉利的 LaFerrari 混合动力超级跑车也采用这种系统。

图 12-14 所示为 P3 构型。

图 12-14　P3 构型

P2.5（也称 PS）是介于 P2 和 P3 之间的一种混合动力形式，就是将电机整合进入变速器内。相比电机置于发动机输出端的 P1 及变速器输入端的 P2 形式，P2.5 在油电衔接瞬时冲击方面更具优势。相比电机置于变速器输出端的 P3 形式，P2.5 可将电机的力矩通过变速器多挡位放大，不仅能让电机经济运行区域更广，而且选型时也可以考虑采用功率更小的电机。吉利博瑞 GE 的 PHEV 版本，采用的动力系统是 1.5T+7DCT，并采用了 P2.5 构型的混合动力系统。

图 12-15 所示为 P2.5 构型。电机是集成在变速箱壳体内部位置，其输出端与变速箱输出端形成并联结构。在纯电模式下，电机直接驱动车轮；在混合动力模式下，电机与发动机一同协调工作。

图 12-15　P2.5 构型

实际应用中被人们称为 P3 的混合动力构型，其实往往是 P2.5，比如大众速腾混动、奥迪 A3 e-tron、沃尔沃 T5 前驱混动、比亚迪秦等。使用 P2.5 的方案包含了中混、强混、混合策略插电混动，以及增程式插电混动等。

五、P4 构型

电机放在后桥上,另外轮边驱动也叫 P4。P4 布局最大的特点是电机与发动机不驱动同一轴,这意味着车辆可以实现四驱。如果混动车型有两个电机,就是 Pxy 构型。比如长城 WEYP8 混合动力汽车,在发动机前端与后轴都有电机,属于 P04 构型;沃尔沃的 T8 混合动力四驱,在发动机的驱动轴也有一个电机,属于 P24 构型。

P4 大多应用于各种插电混动,或者是微混模式,因为不方便纯电驱与纯发动机驱动间的切换,P4 强混反而是比较少的。因此,大部分 P4 混动采用插电混动,以电机后驱为主,只有在需要更大功率时才启动发动机驱动前轴。

图 12-16 所示为 P4 构型。

图 12-16　P4 构型

P0~P4 的比较见表 12-1。

表 12-1　P0~P4 的比较

电机布置方式	作用	特点
P0(BSG 电机)	自动起停,转矩辅助,能量回收	成本低
P1(ISG 电机)	自动起停,转矩辅助,能量回收	成本较低
P2	转矩辅助,能量回收	短距离纯电驱动,成本低
P2.5	转矩辅助,能量回收,纯电驱动	体积小,效率高
P3	转矩辅助,能量回收,纯电驱动	功率转矩大,效率高
P4	转矩辅助,能量回收,纯电驱动	功率转矩大,适合四驱

第三节　混合动力电动汽车组成与原理

混合动力电动汽车的组成与其动力系统结构形式密切相关。

一、串联式混合动力电动汽车

串联式混合动力电动汽车系统结构如图 12-17 所示，它主要由发动机、发电机、功率转换器、电机控制器、驱动电机、动力电池系统及车载充电机等部件组成。在串联式混合动力电动汽车上，由发动机带动发电机所产生的电能和动力电池输出的电能，共同输出到驱动电机来驱动汽车行驶，电力驱动是唯一的驱动模式。发动机与发电机直接连接产生电能，来驱动电机或者给动力电池充电。驱动电机直接与驱动桥相连，汽车行驶时的驱动力由驱动电机输出。当动力电池的荷电状态 SOC 值降到一个预定值时，发动机即开始对动力电池进行充电，来延长混合动力电动汽车的续驶里程。另外，动力电池系统还可以单独向驱动电机提供电能来驱动电动汽车，使混合动力电动汽车在零污染状态下行驶。发动机与驱动系统并没有机械地连接在一起，这种方式可以很大程度地减少发动机所受到的车辆瞬态响应。瞬态响应的减少可以使发动机进行最优的喷油和点火控制，使其在最佳工况点附近工作。

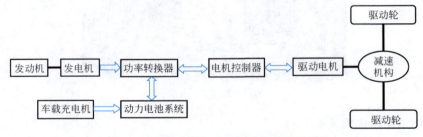

图 12-17　串联式混合动力电动汽车系统结构
⇒ 电气连接；── 机械连接

串联式混合动力系统的关键特征是在功率转换器中两个电功率被加在一起。该功率转换器起电功率耦合器的作用，控制从动力电池和发电机到驱动电机的功率流，或反向控制从驱动电机到动力电池的功率流。

串联式混合动力电动汽车的发动机能够经常保持在稳定、高效、低污染的运转状态，使有害排放气体控制在最低范围。串联式混合动力电动汽车从总体结构上看，比较简单，易于控制，其特点更加趋近于纯电动汽车。发动机、发电机、驱动电机三大部件总成在电动汽车上布置起来，有较大的自由度，但各自的功率较大，外形较大，重量也较大，在中小型电动汽车上布置有一定的困难。另外在发动机→发电机→电机驱动系统中的热能→电能→机械能的能量转换过程中，能量损失较大。串联式混合动力电动汽车适用于大型汽车上，但小型汽车上也有应用。

串联式混合动力电动汽车动力流程图如图 12-18 所示。

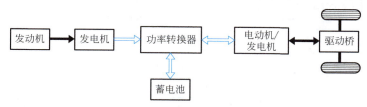

图 12-18　串联式混合动力电动汽车动力流程图

⇒ 电力传递；━ 机械力传递

串联式混合动力电动汽车的工作模式主要有纯电驱动模式、纯发动机驱动模式、混合驱动模式、行车充电模式、混合充电模式、再生制动模式和停车充电模式，如图 12-19 所示。

（1）纯电驱动模式　纯电驱动模式是指发动机关闭，由蓄电池向电机提供电能，驱动车辆行驶，如图 12-19(a) 所示。

（2）纯发动机驱动模式　纯发动机驱动模式是由发动机-发电机组向电机提供电能，驱动车辆行驶；蓄电池既不供电也不从传动系统中获取能量，如图 12-19(b) 所示。

（3）混合驱动模式　混合驱动模式是指发动机-发电机组和蓄电池共同向电机提供电能，驱动车辆行驶，如图 12-19(c) 所示。

（4）行车充电模式　行车充电模式是指发动机-发电机组向电机提供电能驱动车辆行驶以外，同时向蓄电池充电，如图 12-19(d) 所示。

（5）混合充电模式　混合充电模式是指发动机-发电机组和运行在发电机状态下的电机（发电机）共同向蓄电池充电，如图 12-19(e) 所示。

（6）再生制动模式　再生制动模式是指发动机-发电机组关闭，电机运行在发电机状态（发电机），通过消耗车辆本身的动能产生电功率向蓄电池充电，如图 12-19(f) 所示。

（7）停车充电模式　停车充电模式是指车辆停止行驶，电动机/发电机不接收功率，发动机-发电机组仅向蓄电池充电，如图 12-19(g) 所示。

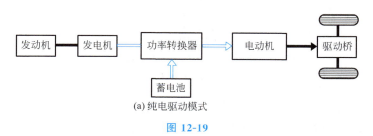

(a) 纯电驱动模式

图 12-19

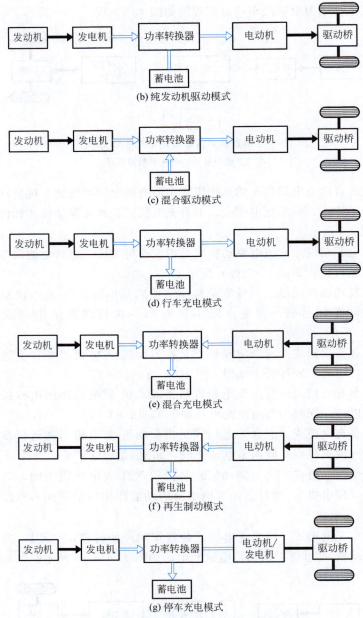

图 12-19　串联式混合动力电动汽车的工作模式

⇒ 电力传递；━ 机械力传递

美国通用汽车的沃蓝达混合动力系统采用的是串联式结构，如图 12-20 所示。沃蓝达混合动力系统采用 1 台发动机、1 台发电机和 1 台驱动电机对车辆进行综合驱动。动力电池采用的是容量为16kW·h的360V锂电池组，电池组呈T形布置，隐藏于后排座椅下及车身中部，以纯电动方式最高行驶里程可达80km。

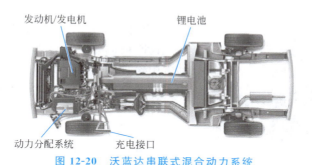

图12-20 沃蓝达串联式混合动力系统

沃蓝达混合动力系统由1台最大功率为111kW的驱动电机、1台55kW的发电机和1台1.4L自然进气、最大功率为63kW的发动机组成，发动机仅用于发电。其中功率较大的驱动电机主要用于驱动车辆，而功率较小的发电机主要用于发电，如图12-21所示。

发动机、发电机和驱动电机通过1个行星齿轮机构以及3个离合器组成动力产生/回收/分配系统，如图12-22所示。行星齿轮机构的太阳轮连接到驱动电机，行星架连接到减速机构，直接输出动力到车轮，而齿圈则根据实际情况连接到动力分配系统的壳体（固定）或者连接到发电机和发动机。

图12-21 沃蓝达混合动力电动汽车的动力系统

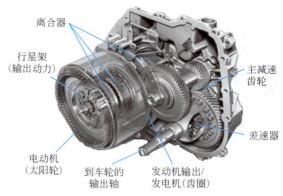

图12-22 沃蓝达动力分配系统结构图

沃蓝达混合动力系统通过3个离合器来控制动力的分配，这3个离合器分别命名为C_1、C_2、C_3。C_1用于连接行星齿轮齿圈与动力分配系统的壳体（固定）；

C_2 用于连接发电机与行星齿轮齿圈；C_3 用于连接发动机与发电机。

沃蓝达混合动力系统一共有 5 种工作模式，分别为 EV 低速模式、EV 高速模式、EREV 混合低速模式、EREV 混合高速模式以及能量回收模式。

(1) EV 低速模式　处于 EV 低速模式时，C_1 吸合，C_2、C_3 松开，发动机停转，仅由驱动电机驱动车辆，如图 12-23 所示。齿圈被固定，电池为驱动电机供电，推动太阳轮转动，行星架因太阳轮的转动而转动，把动力传输到减速齿轮并传递到车轮。

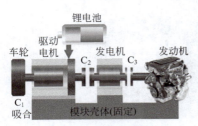

图 12-23　EV 低速模式

(2) EV 高速模式　处于 EV 高速模式时，C_2 吸合，C_1、C_3 松开，发动机停转，发电机和驱动电机共同驱动车辆，如图 12-24 所示。电池为驱动电机和发电机供电，发电机充当驱动电机工作，推动齿圈转动。同时，功率较大的另一个驱动电机推动太阳轮转动。齿圈和太阳轮同时转动，带动行星架转动，从而把动力传到车轮。发电机充当驱动电机推动齿圈转动，降低了与太阳轮连接的另一个驱动电机的转速，提高了其能源使用率。

(3) EREV 混合低速模式　处于 EREV 混合低速模式时，C_1、C_3 吸合，C_2 松开，发动机运转，发动机为电池充电，驱动电机驱动车辆，如图 12-25 所示。此时，发动机推动发电机发电，并为电池充电；同时电池为驱动电机供电，推动太阳轮转动，由于齿圈固定，行星架跟随太阳轮转动，从而把动力传到车轮。

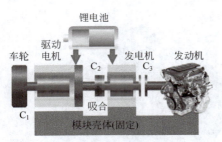

图 12-24　EV 高速模式

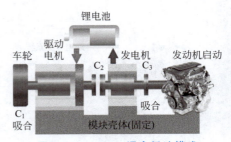

图 12-25　EREV 混合低速模式

(4) EREV 混合高速模式　处于 EREV 混合高速模式时，C_2、C_3 吸合，C_1 松开，发动机运转，发动机为电池充电的同时与驱动电机共同驱动汽车，如图 12-26 所示。发动机与发电机转子连接后推动齿圈转动同时发电，驱动电机推动太阳轮转动。齿圈和太阳轮同时转动，带动行星架转动，从而把动力传到车轮。发动机推动齿圈转动，降低了与太阳轮连接的另一个驱动电机的转速，提高了其能源使用率。

（5）能量回收模式　处于能量回收模式时，C_1 吸合，C_2、C_3 松开，发动机停转，驱动电机充当发电机回收来自车辆的动能，如图12-27所示。车轮带动行星架转动，由于齿圈固定，太阳轮随着行星架转动。此时，功率较大的驱动电机作为发电机对电池充电。

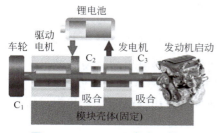

图12-26　EREV混合高速模式

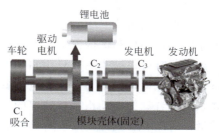

图12-27　沃蓝达能量回收模式

二、并联式混合动力电动汽车

并联式混合动力电动汽车有发动机和电机两套驱动系统，它们可以分开工作，也可以一起协调工作，共同驱动。因此，并联式混合动力电动汽车可以在比较复杂的工况下使用，应用范围较广。并联式混合动力电动汽车由于电机的数量和种类、传动系统的类型、部件的数量和位置关系的差别，具有明显的多样性。

并联式混合动力电动汽车系统结构如图12-28所示，它主要由发动机、驱动电机、电机控制器、动力电池系统、车载充电机、动力耦合器等部件组成，有多种组合形式，可以根据使用要求进行设计。并联式混合动力系统采用发动机和驱动电机两套独立的驱动系统驱动车轮。发动机和驱动电机通过动力耦合器、减速机构来驱动车轮，可以采用发动机单独驱动、驱动电机单独驱动或者发动机和驱动电机混合驱动3种工作模式。当发动机提供的功率大于车辆所需驱动功率时或者当车辆制动时，电机工作于发电机状态，给动力电池充电。发动机和电机的功率可以互相叠加，发动机功率和电机/发电机功率为电动汽车所需最大驱动功率的 0.5～1 倍，因此，可以采用小功率的发动机与电机/发电机，使得整个动力系

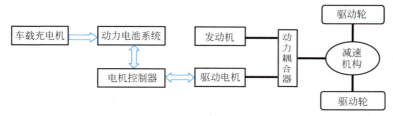

图12-28　并联式混合动力电动汽车系统结构

⇒ 电气连接；── 机械连接

统的装配尺寸和重量都较小，造价也更低，行程也可以比串联式混合动力电动汽车长，其特点更加趋近于内燃机汽车。并联式混合动力驱动系统通常被应用在小型混合动力电动汽车上。

发动机和驱动电机通过动力耦合器、减速机构同时与驱动桥直接相连接。驱动电机可以用来平衡发动机所受的载荷，使其能在高效率区域工作，因为通常发动机工作在满负荷（中等转速）下燃料经济性最好。当车辆在较小的路面载荷下工作时，内燃机车辆的发动机燃料经济性比较差，而并联式混合动力电动汽车的发动机此时可以被关闭而只用驱动电机来驱动汽车，或者增加发动机的负荷使电机作为发电机，给动力电池充电以备后用（即一边驱动汽车，一边充电）。由于并联式混合动力电动汽车在稳定的高速下发动机具有比较高的效率和相对较轻的重量，所以它在高速公路上行驶具有比较好的燃料经济性。

并联式混合驱动系统有两条能量传输路线，可以同时使用电机和发动机作为动力源来驱动汽车，这种设计方式可以使其以纯电动汽车或低排放汽车的状态运行，但是此时不能提供全部的动力能源。

并联式混合动力电动汽车动力流程图如图 12-29 所示。

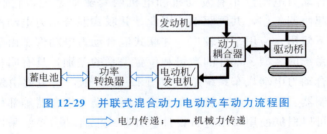

图 12-29　并联式混合动力电动汽车动力流程图

并联式混合动力电动汽车的工作模式主要有纯电驱动模式、纯发动机驱动模式、混合驱动模式、行车充电模式、再生制动模式和停车充电模式，如图 12-30 所示。

(1) 纯电驱动模式　当混合动力电动汽车处于起步、低速等轻载工况且蓄电池的电量充足时，若以发动机作为动力源，则发动机燃料经济性较低，并且排放性能较差。此时关闭发动机，由蓄电池提供能量并以电机驱动车辆行驶。但当蓄电池电量较低时，为保护蓄电池，应该切换到行车充电模式。纯电驱动模式如图 12-30(a) 所示。

(2) 纯发动机驱动模式　当混合动力电动汽车以高速平稳运行时，或者行驶在城市郊区等排放要求不高的地方，可由发动机单独工作驱动车辆行驶。在这种工作模式下，发动机工作于高效区，燃料经济性较高，传动效率较高，如图 12-30(b) 所示。

(3) 混合驱动模式　当混合动力电动汽车处于急加速或者爬坡时，发动机和电机均处于工作状态，电机作为辅助动力源协助发动机，提供车辆急加速或者爬

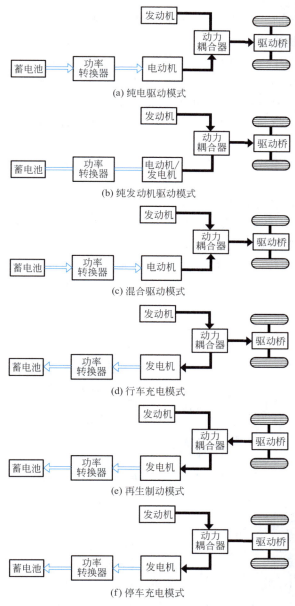

图 12-30 并联式混合动力电动汽车工作模式
⟹ 电力传递；━ 机械力传递

坡时所需的功率。这种情况下，汽车的动力性处于最佳状态，如图 12-30（c）所示。

(4) 行车充电模式 当混合动力电动汽车处于正常行驶时,若蓄电池荷电状态未达到最高限值时,发动机除了要提供驱动车辆所需的动力外,发动机多余能量用于带动发电机给蓄电池充电,如图 12-30(d) 所示。

(5) 再生制动模式 当混合动力电动汽车减速或者制动时,发动机不工作,利用电机反拖作用不仅可以有效地辅助制动,还可以使电机以发电机模式工作发电,然后给蓄电池充电,将回收的制动能量存储在蓄电池中,在必要时释放出驱动车辆行驶,使能量利用率提高,提高整车燃料经济性,降低排放,如图 12-30(e) 所示。

(6) 停车充电模式 在停车充电模式中,通常关闭发动机和电机;但当蓄电池剩余电量不足时,可以启动发动机和电机,控制发动机工作于高效区并拖动电机为蓄电池充电,如图 12-30(f) 所示。

本田 IMA 系统是非常典型的并联式混合动力系统,它是由 4 个主要部件构成,即发动机、驱动电机、CVT 以及智能动力单元(IPU)组成,如图 12-31 所示。驱动电机取代了传统的飞轮用于保持曲轴的运转惯性。整套系统的结构非常紧凑,与传统汽车相比仅是 IPU 模块占用了额外的空间。

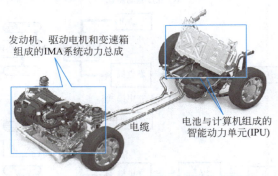

图 12-31 本田 IMA 并联式混合动力系统

图 12-32 本田 IMA 系统动力总成

本田 IMA 系统动力总成如图 12-32 所示,发动机通过搭载本田的 i-VTEC(气门正时可变技术)、i-DSI(双火花塞顺序点火技术)以及 VCM(可变气缸技术)来实现降低油耗的目的。发动机最大功率为 83kW,最大转矩为 145N·m,实测油耗约 5.4L/100km。IMA 系统中的发动机和传统车型中的发动机并没有太大区别,只是在调校上更偏向于节省燃料。

IMA 系统的电机安装在发动机与变速器之间，由于电机较薄且结构紧凑，俗称"薄片电机"。薄片电机峰值功率为 10kW，峰值转矩为 78N·m。显然，这样的电机只能起到辅助的作用。由于 IMA 系统能够在特定情况下（如低速巡航）单独驱动汽车，所以被划分到轻型混合动力汽车行列。

IMA 系统的变速器采用的是 7 速 CVT，以获得平顺的换挡体验及较高的换挡效率。

本田 IMA 系统的 IPU 如图 12-33 所示，它由 PCU（动力控制单元）和镍氢电池组成。其中 PCU 又包括 BCM（电池监控模块）、MCM（电机控制模块）以及 MDM（电机驱动模块）。

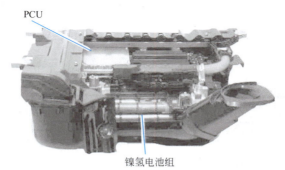

图 12-33　本田 IMA 系统的 IPU

IMA 系统的工作逻辑包括起步加速、急加速、低速巡航、轻加速和高速巡航、减速或制动。

（1）起步加速　起步加速时，发动机以低速配气正时状态运转，同时电机提供辅助动力，以实现快速加速性能，同时达到节油的目的。

（2）急加速　急加速时，发动机以高速配气正时状态运转，此时电池给电机供电，电机与发动机共同驱动车辆，提高整车的加速性能。

（3）低速巡航　低速巡航时，发动机的 4 个气缸的进排气阀全部关闭，发动机停止工作，车辆以纯电动方式驱动车辆。

（4）轻加速和高速巡航　轻加速和高速巡航时，发动机以低速配气正时状态运转，此时发动机工作效率较高，单独驱动车辆，驱动电机不工作。

（5）减速或制动　减速或制动时，发动机关闭，电机此时以发电机方式工作，将机械能最大限度地转化为电能，储存到动力电池中。车辆制动时，制动踏板传感器给 IPU 一个信号，计算机控制制动系统，使机械制动和电机能量回馈之间制动力协调，以得到最大程度的能量回馈。

三、混联式混合动力电动汽车

混联式驱动系统是串联式与并联式的综合，其结构示意图如图 12-34 所示，它主要由发动机、发电机、功率转换器、电机控制器、驱动电机、动力耦合器、动力电池系统等部件组成。发动机发出的功率一部分通过机械传动系统输送给驱动桥，另一部分则驱动发电机发电。发电机发出的电能输送给电机或动力电池，驱动电机产生的驱动力矩通过动力耦合器传送给驱动桥。混联式驱动系统的控制策略是，行驶时优先使用纯电动模式；在动力电池的荷电状态（SOC）降到一定限值时，切换到混合动力模式下行驶，在混合动力模式下，启动和低速时使用串联式系统的发电机发电，驱动电机驱动汽车行驶；加速、爬坡、高速时使用并联式系统，主要由发动机驱动汽车行驶。发动机的多余能量可带动发电机发电，给动力电池充电。

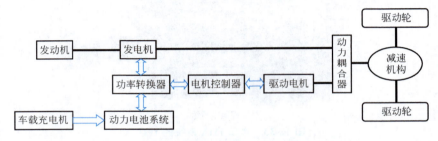

图 12-34 混联式混合动力电动汽车系统结构示意图
⇒ 电气连接；— 机械连接

混联式驱动系统充分发挥串联式和并联式的优点，能够使发动机、发电机、驱动电机等部件进行更多的优化匹配，从而在结构上保证在更复杂的工况下使系统在最优状态工作，所以更容易实现排放和油耗的控制目标，因此是最具影响力的混合动力电动汽车。

混联式混合动力电动汽车动力流程图如图 12-35 所示。

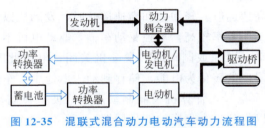

图 12-35 混联式混合动力电动汽车动力流程图
⇒ 电力传递；— 机械力传递

混联式混合动力电动汽车的工作模式主要有纯电驱动模式、纯发动机驱动模式、混合驱动模式、行车充电模式、再生制动模式和停车充电模式，如图12-36所示。

(1) 纯电驱动模式　纯电驱动模式是指车辆由蓄电池通过功率转换器向电机供电，电机通过动力合成器提供驱动功率。此时，发动机、发电机处于关闭状态，如图12-36(a)所示。

(2) 纯发动机驱动模式　纯发动机驱动模式是指仅由发动机向车辆提供驱动功率，蓄电池既不从传动系统中获取能量也不提供电能。此时，电机、发电机处于关闭状态，如图12-36(b)所示。

(3) 混合驱动模式　混合驱动模式是指车辆的驱动功率由蓄电池和发动机共同提供，并通过动力合成器合成后，向机械传动装置提供动力，如图12-36(c)所示。

(4) 行车充电模式　行车充电模式是指发动机除提供车辆行驶所需要的驱动功率外，同时向蓄电池提供充电功率。此时，发动机的功率由动力合成器分成2路，一路驱动车辆行驶，一路带动发电机发电给蓄电池充电，如图12-36(d)所示。

(5) 再生制动模式　再生制动模式是指发动机处于关闭状态，电机运行在发电机状态，通过消耗车辆本身的动能产生电功率向蓄电池充电，如图12-36(e)所示。

(6) 停车充电模式　停车充电模式是指车辆停止行驶，发动机通过动力合成器带动发电机发电，向蓄电池提供电能进行充电，如图12-36(f)所示。

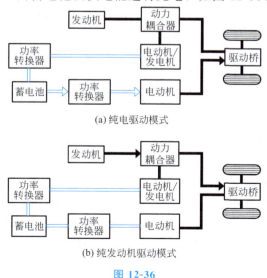

图 12-36

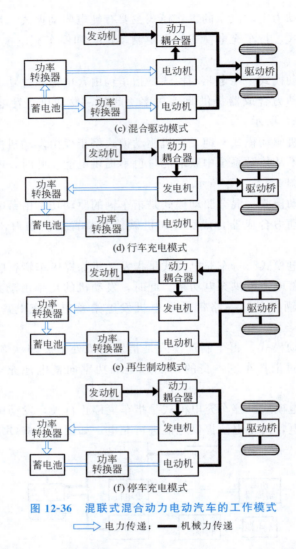

图 12-36 混联式混合动力电动汽车的工作模式
⇒ 电力传递；── 机械力传递

丰田 THS 系统是典型的混联式混合动力系统，如图 12-37 所示。THS 系统主要部件有汽油发动机、永磁交流同步电机、发电机、高性能金属氢化物电池以及功率控制单元。

丰田 THS 系统动力总成如图 12-38 所示，由发动机、MG1 发电机、MG2 驱动电机及行星齿轮机构组成。发动机采用效能较高的阿特金森循环发动机。

THS 系统的关键也是最为复杂的部件就是由两台永磁同步电机及行星齿轮组成的动力分配系统。THS 系统中带有两台驱动电机——MG1 和 MG2。MG1 主要用于发电，必要时可驱动汽车。MG2 主要用于驱动汽车。MG1、MG2 以

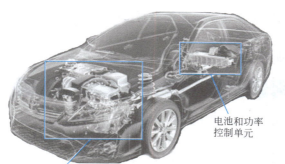

图 12-37 丰田 THS 混联式混合动力系统

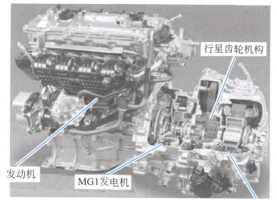

图 12-38 丰田 THS 系统动力总成

及发动机输出轴被连接到一套行星齿轮机构的太阳轮、齿圈和行星架上。动力分配就是通过功率控制单元控制 MG1 和 MG2 电机，通过行星齿轮机械机构进行巧妙分配的。由于使用这种创新的动力分配方式，THS 系统甚至连变速器也不需要，发动机输出经过固定减速机构减速后直接驱动车轮。

丰田 THS 系统的复杂度要比本田 IMA 系统高出许多。虽然控制系统复杂，但其结构尚算紧凑，省去了庞大的变速器，降低了车身重量，提高了车辆的燃料经济性。

第四节　混合动力电动汽车动力耦合类型

混合动力电动汽车是内燃机与电机两种动力混合驱动的车辆，这种混合是通过动力耦合器的耦合作用实现的。动力耦合器的形式不仅决定了混合动力电动汽车具备的工作模式,也是功率分配策略制定的依据,并最终对整车的动力性、经济性和排放性产生重要影响。

动力耦合类型主要有转矩耦合、转速耦合、功率耦合和牵引力耦合等。

一、转矩耦合

转矩耦合式动力系统是指两个(或多个)动力源的输出动力在耦合过程中,2个动力源的输出转矩相互独立,而输出转速必须互成比例,最终的合成转矩是2个动力源输出转矩的耦合叠加的系统。

转矩耦合方式可以通过齿轮耦合、磁场耦合、链或带耦合等多种方式实现。

(1) 齿轮耦合方式 齿轮耦合方式是通过啮合齿轮(组)将多个输入动力合成在一起输出;这种耦合方式结构简单,可以实现单输入和多输入等多种驱动形式,耦合效率较高,控制相对简单;但由于齿轮是刚性啮合的,在动力切换、耦合过程中易产生冲击。

齿轮耦合式混合动力电动汽车系统结构如图 12-39 所示。

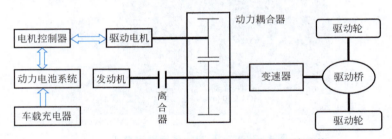

图 12-39　齿轮耦合式混合动力电动汽车系统结构
⇒ 电气连接; ── 机械连接

合成输出转矩为

$$T_3 = \eta_0(T_1 + i_k T_2) \qquad (12\text{-}1)$$

式中,T_1 为发动机输出转矩;T_2 为电机输出转矩;T_3 为发动机和电机的合成输出转矩;η_0 为耦合效率;i_k 为从电机到发动机的传动比。

合成输出转速为

$$n_3 = n_1 = \frac{n_2}{i_k} \qquad (12\text{-}2)$$

式中,n_1 为发动机输出转速;n_2 为电机输出转速;n_3 为发动机和电机的合成输出转速。

(2) 磁场耦合方式　磁场耦合方式是将电机的转子与发动机输出轴做成一体,通过磁场作用力将电机输出动力和发动机输出动力耦合在一起。这种耦合方式效率高,结构紧凑,耦合冲击小,能量回馈方便;但混合度低,电机一般只能起辅助驱动的作用。由于电机转子具有一定的惯性，所以多用于轻度混合动力电动汽车上，是目前采用较多的动力耦合方式，如本田 Insight 混合动力电动汽车采用的就是磁场耦合方式。

磁场耦合式混合动力电动汽车系统结构如图 12-40 所示。

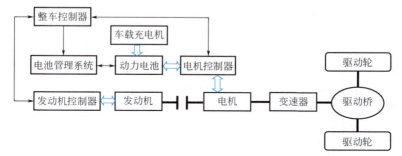

图 12-40　磁场耦合式混合动力电动汽车系统结构
⇨ 电气连接；━ 机械连接；→ 通信连接

合成输出转矩为
$$T_3 = T_1 = T_2 \tag{12-3}$$
合成输出转速为
$$n_3 = n_1 = n_2 \tag{12-4}$$

（3）链或带耦合方式　链或带耦合方式是把齿轮改为链条或皮带，通过链条或皮带将两动力源输出动力进行合成，这种耦合方式结构简单，冲击小，但耦合效率低。

转矩耦合方式的特点是发动机的转矩可控，而发动机转速不可控。通过控制电机转矩的大小来调节发动机转矩，使发动机工作在最佳油耗曲线附近。转矩耦合方式结构简单，传动效率高，而且无需专门设计耦合机构，便于在原车基础上改装。

二、转速耦合

转速耦合式动力系统是指 2 个（或多个）动力源的输出动力在耦合过程中，两个动力源的输出转速相互独立，而输出转矩必须互成比例，最终的合成转速是 2 个动力源输出转速的耦合叠加，合成转矩则不是 2 个动力源输出转矩的叠加的系统。合成转速为
$$n_3 = pn_1 + qn_2 \tag{12-5}$$
式中，n_1 为动力源 1 输出转速；n_2 为动力源 2 输出转速；n_3 为动力源 1 和动力源 2 的合成转速；p 和 q 由耦合器的结构决定。

转速耦合方式可以通过行星齿轮和差速器等方式实现。

(1) 行星齿轮耦合方式　行星齿轮耦合方式是一种普遍采用的动力耦合方式，通常发动机输出轴与太阳轮连接，电机与齿圈连接，行星架作为输出端。这种耦合方式结构简单，传动效率高，混合度高，并且还可以实现多种形式驱动，动力切换过程中冲击力小，但整车驱动控制难度较大。如图 12-41 所示为行星齿轮耦合方式。

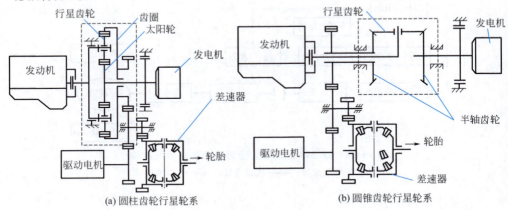

图 12-41　行星齿轮耦合方式

(2) 差速器耦合方式　差速器耦合方式是行星齿轮耦合的一种特殊情况，其耦合方式与行星齿轮耦合方式基本类似，只是两者对发动机和电机的动力性能要求不同，从而导致动力混合程度不同。差速器耦合要求发动机和电机动力参数相当，动力混合程度比较高。

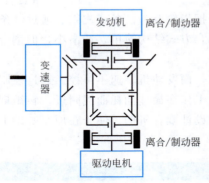

图 12-42　差速器耦合方式

如图 12-42 所示为差速器耦合方式。

转速耦合方式的特点是发动机的转矩不可控，发动机的转速可以通过对电机的转速调整而得到控制。在行驶过程中采用转速耦合方式的混合动力电动汽车，可以通过调整电机转速来调节发动机转速，使发动机在最佳油耗曲线附近工作。即使在发动机的工作点不变的情况下，通过连续调整电动汽车电机转速，也可以使车速连续变化，因此，采用转速耦合方式的混合动力电动汽车无需无级变速器便可以实现整车的无级变速。

三、功率耦合

功率耦合方式的输出转矩与转速分别是发动机与电机转矩和转速的线性和，

因此发动机的转矩和转速都可控。

在采用功率耦合方式的混合动力电动汽车中，发动机的转矩和转速都可以自由控制，而不受汽车工况的影响。因此，理论上可以通过调整电机的转速和转矩，使发动机始终处在最佳油耗点工作。但实际上，频繁调整发动机工作点也可能会使经济性有所下降，因此，通常的做法是将发动机的工作点限定在经济区域内，缓慢调整发动机的工作点，使发动机工作相对稳定，经济性能提高。采用功率耦合方式的混合动力电动汽车理论上不需要离合器和变速器，而且可实现无级变速。与前两种耦合系统相比，功率耦合方式无论是对发动机工作点的优化，还是在整车变速方面，都更具优越性。丰田普锐斯混合动力电动汽车采用的单/双行星排混合动力系统、雷克萨斯 RX400h 混合动力电动汽车采用的双行星排混合动力系统，都属于功率耦合方式。

雷克萨斯 RX400h 混合动力电动汽车的动力耦合系统如图 12-43 所示，发动机和电机 M1 通过前排行星齿轮进行转速耦合，通过速度合成实现电机 M1 对发动机转速的调节，使发动机转速与车速相独立，实现动力耦合器功能，转速合成之后的动力在与 M2 电机的动力形成转矩耦合。混合耦合方式汇集了转矩和转速耦合方式的优点，能实现多种工作模式，可以充分发挥混合动力电动汽车节能减排的优势。虽然结构复杂，控制困难，但随着制造技术和控制技术的发展，这种耦合方式已经成为混合动力电动汽车的发展趋势。

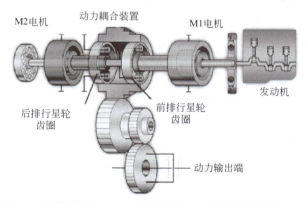

图 12-43　雷克萨斯 RX400h 混合动力电动汽车的动力耦合系统

四、牵引力耦合

牵引力耦合方式是指发动机驱动前轮（后轮），电机驱动后轮（前轮），通过前后车轮驱动力将多个动力源输出动力耦合在一起。这种耦合方式结构简单，改装方便，可实现单、双模式驱动及制动再生等多种驱动方式，但整车的驱动控制更为复杂，适合于四轮驱动。

各种动力耦合方式的比较见表 12-2。

表 12-2　各种动力耦合方式的比较

耦合方式		混合度	平顺性	复杂性	效率	控制	能量回收	成本
转矩耦合	齿轮耦合	中	差	低	高	容易	中	低
	磁场耦合	中	好	中	高	中	容易	中
	链或带耦合	低	中	低	低	容易	中	低
转速耦合	行星齿轮式	中	中	低	高	中	难	低
	差速器式	高	中	低	高	中	难	低
功率耦合		高	好	高	中	较难	容易	高
牵引力耦合		高	好	中	高	难	中	中

第五节　混合动力电动汽车特点

插电式混合动力电动汽车是一种新型的混合动力电动汽车，与常规混合动力电动汽车和纯电动汽车相比，主要有以下几方面区别。

（1）需要配套充电装置　插电式混合动力电动汽车需要连接外部电网对动力蓄电池充电蓄能，并且要求充电装置充电速率较快。

（2）需要大功率电机　常规混合动力电动汽车以发动机作为主要动力源，电机只作为辅助动力，通常不会通过电机单独驱动车辆，因此所需电机功率不用太大。插电式混合动力电动汽车具有纯电动驱动模式，在电量充足时，完全由驱动电机驱动车辆行驶，这就要求驱动电机具有较大功率。

（3）需要较大容量电池　常规混合动力电动汽车的电池容量很小，一般仅在汽车起步低速工况下使用，纯电动模式运行里程较短，没有外部充电功能；插电式混合动力电动汽车的电池可利用 220V 电网迅速充电，特别是在夜间充电提升电网整体利用率，同时续驶里程也大大增加。

（4）多动力分离/复合机构　在纯电动行驶模式下，发动机不工作，此时就需要将发动机与驱动电机的机械连接分离，提高电机效率，减小机械损耗，提升车辆整体动力性。

串联式、并联式、混联式的插电式混合动力电动汽车，都具有各自不同的优缺点。

一、串联插电式混合动力电动汽车特点

1. 串联插电式混合动力电动汽车的优点

① 发动机独立于行驶工况,使发动机运转始终处于高效率区域,避免在低速、怠速区域所造成的能源浪费、排放差的情况,因此,提高了发动机的经济性和排放性。

② 串联式结构使混合动力系统只有单一的驱动路线,动力系统的控制策略较为简单。

③ 动力电池具有储能作用,能够根据驱动功率的需求对电机进行功率的补充,发动机用作储能作用,因此可以选择功率较小的发动机。

④ 发电机和电机之间采用电气连接,发动机只与发电机采用机械连接,使传动系统及底盘的布置具有较大的空间和灵活性,有利于整车传动系统的布置。

⑤ 由于发动机与车轮在机械上的解耦,发动机运转速度对整车运行速度没有关联,发动机选型范围较大。

⑥ 当发动机关闭时,可实现纯电动模式的行驶,发动机可以延长汽车的续驶里程。

2. 串联插电式混合动力电动汽车的缺点

① 串联系统只能由电机驱动车轮,在化学能转化为机械能、机械能转化为电能、电能再转化为机械能的过程中,能量损失较大,降低能量利用率。

② 动力蓄电池就像一个调节水库,除了要满足发电机的输出功率外,还要使充放电水平处于合理的区间内,避免充电过度和放电过度,这就需要容量较大的动力电池,增加成本,重量增加。

③ 由于只有电机直接驱动,就需要较大功率的电机,增加了整车的重量,同时也增加了成本。

二、并联插电式混合动力电动汽车特点

1. 并联插电式混合动力电动汽车的优点

① 良好的燃料经济性。并联式结构布置两套动力传递路线,可根据实际工况选择不同的动力输出路线和动力组合,具有更强的选择性和适应性,避免所有能量在多次转换中的浪费和损失,提高燃料经济性。

② 良好的动力性。当高负荷运行时,发动机和电机动力耦合,同时对汽车进行驱动,具有良好的动力性。

③ 系统稳定性较高。并联式结构布置两套独立的动力传递路线,当一条传递系统出现故障时,可以启用另外一条传递路线,保证汽车的正常运行。

④ 发动机与电机是两套相互独立的动力系统，都可以单独作为动力源驱动汽车，因此系统整体可靠性较高。

⑤ 电机功率较小。由于发动机可以单独驱动，或和电机共同驱动汽车，因此可以选择功率较小的电机。

⑥ 电池容量较小。电机作为辅助动力，所需动力电池容量较小。

2. 并联插电式混合动力电动汽车的缺点

① 控制策略较复杂。并联插电式混合动力电动汽车具有两条驱动路线，可以单独或耦合参与驱动，使该结构具有多种驱动模式，多种驱动模式之间的切换以及两种动力的耦合的控制比较复杂。

② 整车布置复杂。由于存在两套动力系统，并且发动机和驱动轴之间存在机械连接，以及考虑两种动力的耦合，使底盘的布置比较复杂。

③ 排放性能相对较差。由于不同驱动模式之间的切换，使发动机频繁出现点火启动、熄火，使发动机不能稳定在高效率区域工作，致使排放性能较差。

④ 纯电动续驶里程较短。

三、混联插电式混合动力电动汽车特点

1. 混联插电式混合动力电动汽车的优点

① 低排放性。应对复杂的运行工况，混联式混合动力电动汽车具有多种驱动模式，能保证发动机在最佳工作区域工作，最大限度降低有害气体排放。

② 低油耗性。在低速运行时，主要以串联模式运行，燃料经济性好。

③ 较强的动力性。在加速或高速运行时，动力系统主要以并联模式运行，发动机和电机同时提供驱动力，为汽车运行提供较强的动力。

④ 较好的舒适性。启动以及中速以下行驶时，电机独立驱动车辆行驶，减少了噪声，提高舒适性。

2. 混联插电式混合动力电动汽车的缺点

① 控制策略较复杂。混联插电式混合动力电动汽车有两套动力系统，它们可以分别单独驱动或耦合参与驱动，使该结构具有多种驱动模式，多种驱动模式之间的切换以及两种动力的耦合的控制比较复杂。

② 整车布置复杂。由于存在两套动力系统，并且发动机和驱动轴之间存在机械连接，以及考虑两种动力的耦合，使底盘的布置比较复杂。

③ 技术难度大，成本高。

第十三章
混合动力电动汽车传动系统参数匹配

本章以常见的并联式混合动力电动汽车为例,介绍其传动系统参数匹配。混合动力电动汽车传动系统参数匹配主要包括发动机、驱动电机、传动系统传动比和蓄电池参数的匹配。

第一节　发动机和驱动电机参数匹配

根据并联式混合动力电动汽车基本参数和设计目标,将发动机和电机一同考虑进行整车最大总功率的匹配,通过整车最大总功率的分配,确定发动机与电机的主要参数。

并联式混合动力电动汽车在运行过程中,其动力来源于发动机和电机。发动机和电机的总功率取决于并联式混合动力电动汽车混合驱动时的最高车速、爬坡能力以及加速性能;发动机最大功率则取决于汽车纯发动机模式时的最高车速;电机峰值功率取决于汽车纯电机模式时的最高车速。下面将从并联式混合动力电动汽车混合驱动时的最高车速、爬坡度、加速性能、汽车纯发动机模式时的最高车速、汽车纯电机模式时的最高车速 5 个方面进行发动机和电机功率的匹配。

① 根据并联式混合动力电动汽车混合驱动时最高车速确定的整车最大总功率为

$$P_{max_1} = \frac{u_{max}}{3600\eta_t}\left(mgf + \frac{C_D A u_{max}^2}{21.15}\right) \qquad (13-1)$$

式中,P_{max_1} 为根据并联式混合动力电动汽车混合驱动时最高车速确定的整车最大总功率,kW;u_{max} 为并联式混合动力电动汽车混合驱动时的最高车速,

km/h；m 为整车质量，kg；η_t 为传动系统效率；f 为轮胎滚动阻力系数；C_D 为空气阻力系数；A 为迎风面积，m²。

② 根据并联式混合动力电动汽车最大爬坡度确定的整车最大总功率为

$$P_{\max_2} = \frac{u_p}{3600\eta_t}\left(mgf\cos\alpha_{\max} + mg\sin\alpha_{\max} + \frac{C_D A u_p^2}{21.15}\right) \tag{13-2}$$

式中，$P_{\max_2}$ 为根据并联式混合动力电动汽车最大爬坡度确定的整车最大总功率，kW；$\alpha_{\max}$ 为最大坡度角，°；u_p 为爬坡速度，km/h。

③ 根据并联式混合动力电动汽车加速性能确定的整车最大功率为

$$P_{\max_3} = \frac{u}{3600\eta_t}\left(mgf + \frac{C_D A}{21.15}u^2 + \delta m \frac{du}{dt}\right) \tag{13-3}$$

式中，$P_{\max_3}$ 为根据并联式混合动力电动汽车加速性能确定的整车最大总功率，kW；δ 为旋转质量换算系数；u 为行驶速度，km/h；$\frac{du}{dt}$ 为加速度，m/s²。

并联式混合动力电动汽车由静止原地起步加速过程中，行驶速度为

$$u = u_e \left(\frac{t}{t_e}\right)^{0.5} \tag{13-4}$$

式中，u_e 为加速终止时的速度，km/h；t_e 为由静止加速到 u_e 所需要的时间，s；t 为加速时间，s。

根据加速时间所确定的整车最大功率为

$$P_{\max_3} = \frac{1}{3600\eta_t}\left(mgf\frac{u_e}{1.5} + \frac{C_D A u_e^3}{52.875} + \delta m \frac{u_e^2}{7.2 t_e}\right) \tag{13-5}$$

并联式混合动力电动汽车整车最大总功率为

$$P_{\text{total}} \geq \max(P_{\max_1}, P_{\max_2}, P_{\max_3}) \tag{13-6}$$

④ 根据并联式混合动力电动汽车纯发动机模式最高车速确定的发动机最大功率为

$$P_{f_{\max}} = \frac{u_{f_{\max}}}{3600\eta_t}\left(mgf + \frac{C_D A u_{f_{\max}}^2}{21.15}\right) \tag{13-7}$$

式中，$P_{f_{\max}}$ 为根据并联式混合动力电动汽车纯发动机模式最高车速确定的发动机最大功率，kW；$u_{f_{\max}}$ 为并联式混合动力电动汽车纯发动机模式的最高车速，km/h。

⑤ 根据并联式混合动力电动汽车纯电机模式最高车速确定的电机峰值功率为

$$P_{e_{\max}} = \frac{u_{e_{\max}}}{3600\eta_t}\left(mgf + \frac{C_D A u_{e_{\max}}^2}{21.15}\right) \tag{13-8}$$

式中，$P_{e_{max}}$ 为根据并联式混合动力电动汽车纯电机模式最高车速确定的电机峰值功率，kW；$u_{e_{max}}$ 为并联式混合动力电动汽车纯电机模式的最高车速，km/h。

发动机峰值功率等于混合动力电动汽车整车最大总功率减去电机峰值功率。

第二节 机械变速结构传动比匹配

机械变速结构是并联式混合动力电动汽车的主要传动装置，能够减速增扭。机械变速结构的匹配就是对机械变速结构中的转矩耦合器、变速器和主减速器进行匹配，确定它们的传动比。

1. 主减速器和转矩耦合器传动比的匹配

主减速器和转矩耦合器的传动比应满足并联式混合动力电动汽车纯发动机模式的最高车速要求，即

$$i_0 k_1 \leqslant \frac{0.377 n_{f_{max}} r}{u_{f_{max}}} \qquad (13-9)$$

式中，i_0 为主减速器传动比；k_1 为转矩耦合器从发动机端到输出轴的传动比；$n_{f_{max}}$ 为发动机最高转速，r/min；$u_{f_{max}}$ 为并联式混合动力电动汽车纯发动机模式的最高车速，km/h。

当并联式混合动力电动汽车以最高车速行驶时，为了获得发动机最大功率，主减速比还应该满足

$$i_0 k_1 \geqslant \frac{0.377 n_{ecp} r}{u_{f_{max}}} \qquad (13-10)$$

式中，n_{ecp} 为发动机最大功率转速，r/min。

主减速器传动比与转矩耦合器从电机端到输出轴的传动比的选择应满足并联式混合动力电动汽车纯电机模式的最高车速要求，即

$$i_0 k_2 \leqslant \frac{0.377 n_{e_{max}} r}{u_{e_{max}}} \qquad (13-11)$$

式中，k_2 为转矩耦合器从电机端到输出轴的传动比；$n_{e_{max}}$ 为电机最高转速，r/min；$u_{e_{max}}$ 为并联式混合动力电动汽车纯电机模式的最高车速，km/h。

当并联式混合动力电动汽车以最高车速行驶时，为了获得电机最大功率，主减速比还应该满足

$$i_0 k_2 \geqslant \frac{0.377 n_{mcp} r}{u_{e_{max}}} \qquad (13-12)$$

式中，n_{mcp} 为电机峰值功率转速。

2. 变速器传动比的匹配

对于应用转矩耦合器的并联式混合动力电动汽车来说，当转矩耦合器和主减速器传动比确定时，只需要确定变速器一挡传动比就可以得到传动系统的最大传动比。

当并联式混合动力电动汽车以低速爬坡时，不考虑空气阻力，其最大驱动力为

$$F_{t_{max}} = F_f + F_{i_{max}} \quad (13\text{-}13)$$

式中，$F_{t_{max}}$ 为汽车的最大驱动力，N；F_f 为汽车的滚动阻力，N；$F_{i_{max}}$ 为汽车的坡度阻力，N。

式 (13-13) 可写成

$$\frac{T_{tq_{max}} i_{g1} i_0 k_1 \eta_t}{r} = mgf\cos\alpha_{max} + mg\sin\alpha_{max} \quad (13\text{-}14)$$

式中，$T_{tq_{max}}$ 为发动机最大转矩，N·m；i_{g1} 为变速器一挡传动比；α_{max} 为最大坡度角，(°)。

变速器一挡传动比为

$$i_{g1} \geqslant \frac{mg(f\cos\alpha_{max} + \sin\alpha_{max})r}{T_{tq_{max}} i_0 k_1 \eta_t} \quad (13\text{-}15)$$

在确定变速器传动比后，需要验证所选的发动机是否满足汽车的功率需求。在进行参数匹配时，发动机和变速器传动比的选择是一个不断迭代的匹配过程，需要多次尝试后才可得到最终的变速器传动比。

第三节 蓄电池参数匹配

蓄电池的参数匹配主要包括电压等级的选择、功率参数的选择、能量参数的确定以及蓄电池荷电状态 SOC。

(1) 电压等级的选择　蓄电池组的电压等级主要取决于电机的电压等级范围，电机的峰值功率越大，电机系统的电压等级就越高，这样对保证整个蓄电池组的电流不超过一定的限制是有利的（功率一定），但电压等级不能超过电源系统的最高电压限制值，否则会引起系统的高压安全问题。一般交流感应电机的电压等级有 288V、336V、600V 等。蓄电池组的标称电压应与电机基本相匹配，同时要求电机控制器承受电压范围与整个系统的电压范围必须保持一致，以保证系统的运行可靠。

(2) 功率参数的选择　蓄电池组的充放电功率应与发电机组的功率相匹配，并满足电机的功率要求，即蓄电池组的功率应大于电机的最大功率。在混合动力

汽车的实际应用中，当电机大负荷工作时，电池快速放电，这时需要最大的功率输出，比如加速、上坡就是这样一种工况，此时需要给电机输入大电流来提供驱动所需的最大功率。

蓄电池的最大需求功率为

$$P_{ess}=\frac{P_{e_{max}}}{\eta_e} \tag{13-16}$$

式中，P_{ess} 为蓄电池的最大需求功率。

蓄电池的功率越大，则汽车的节油率就会升高，但随着其功率的增大，汽车的总整备质量就会增加，超过了一定的限定值反而会使节油率下降，并且蓄电池组功率越大，电池成本也会增加。所以应该综合考虑选择蓄电池的功率。

（3）能量参数的确定　蓄电池总能量需要根据纯电动模式下的续驶里程确定。

$$E_b=\frac{\left(mgf+\frac{C_D A v_a^2}{21.15}\right)S_a}{3.6\eta_t\eta_e\eta_d(SOC_H-SOC_L)} \tag{13-17}$$

式中，E_b 为蓄电池总能量；v_a 为平均车速；S_a 为车速 v_a 时的续驶里程；SOC_H 为初始 SOC 值；SOC_L 为终止 SOC 值。

蓄电池容量为总能量与额定电压的比值，即

$$C_e=\frac{E_b}{U_e} \tag{13-18}$$

（4）蓄电池荷电状态 SOC　对于并联式混合动力电动汽车，要求其在长时间的稳定运行前后电池的 SOC 基本保持不变或变化很小，这样可以避免电池的深度充放电，从而延长蓄电池的使用寿命。此外，不同厂家的电池其 SOC 最佳工作范围有所不同，常用的镍氢蓄电池和锂离子电池的 SOC 在 0.3~0.7，蓄电池组的内阻最小，能量效率最高。

第四节　传动系统参数匹配仿真实例

混合动力电动汽车传动系统匹配仿真所需参数见表 13-1。

表 13-1　混合动力电动汽车传动系统匹配仿真所需参数

整车质量/kg	滚动阻力系数	空气阻力系数	迎风面积/m²	轮胎滚动半径/m
2470	0.012	0.62	6.216	0.364
旋转质量换算系数	传动系统效率	电机效率	电池放电效率	附件能量消耗比例系数
1.3	0.95	0.9	0.95	0.18

并联式混合动力电动汽车设计目标如下。
① 混合驱动模式下最高车速为 100km/h。
② 混合驱动模式下 30km/h 的最大爬坡度为 30%。
③ 混合驱动模式下 0~100km/h 加速时间为 14s。
④ 纯发动机模式最高车速为 85km/h。
⑤ 纯电机模式最高车速为 60km/h。
⑥ 混合度大于 40%。
⑦ 纯电动续驶里程为 30km。

1. 发动机和驱动电机参数匹配

（1）发动机和电机功率的匹配 根据发动机和电机匹配数学模型，编写发动机和电机功率需求仿真的 MATLAB 程序如下。

程序	注释
m=2470;g=9.8;Cd=0.62;A=6.216;r=0.364;at=0.95;f=0.012;	汽车参数赋值
u=0:5:120;	设置最高车速范围
Pm1=u.*(m*g*f+Cd*A*u.^2/21.15)/3600/at;	根据速度计算总功率
figure(1)	设置图形窗口 1
plot(u,Pm1)	绘制最高车速-总功率曲线
xlabel('行驶速度/(km/h)')	x 轴标注
ylabel('整车总功率/kW')	y 轴标注
Pm11=120*(m*g*f+Cd*A*120^2/21.15)/3600/at;	根据最高车速计算总功率
fprintf('整车总功率 Pm1=%.2fkW\n',Pm11)	输出整车最大总功率
ui=0:5:50;	设置爬坡速度范围
af=16.69*pi/180;	计算最大坡度角
Pm2=ui.*(m*g*f*cos(af)+m*g*sin(af)+Cd*A*ui.^2/21.15)/3600/at;	根据最大爬坡度求总功率
figure(2)	设置图形窗口 2
plot(ui,Pm2)	绘制爬坡速度-总功率曲线
xlabel('爬坡速度/(km/h)')	x 轴标注
ylabel('整车总功率/kW')	y 轴标注
Pm21=30*(m*g*f*cos(af)+m*g*sin(af)+Cd*A*30^2/21.15)/3600/at;	计算爬坡速度为 30km/h 时的总功率
fprintf('整车最大总功率 Pm2=%.2fkW\n',Pm21)	输出整车最大总功率
figure(3)	设置图形窗口 3
ue=100;	加速终了速度赋值
dt=1.3;	旋转质量换算系数赋值
te=5:0.1:20;	定义加速时间范围
Pm3=(m*g*f*ue./1.5+Cd*A*ue^3./52.875+dt*m*ue^2./te./7.2)./3600/at;	根据加速时间求总功率
plot(te,Pm3)	绘制加速时间-总功率曲线
xlabel('加速时间/s')	x 轴标注
ylabel('整车总功率/kW')	y 轴标注

续表

程序	注释
`Pm31=100*(m*g*f/1.5+dt*m*100/7.2/14+Cd*A*100^2/52.875)/3600/at;`	根据百公里加速时间求功率
`fprintf('整车最大总功率 Pm3=%.2fkW\n',Pm31)`	输出整车最大总功率
`u=0:5:90;`	设置纯发动机模式速度范围
`Pm4=u.*(m*g*f+Cd*A*u.^2/21.15)/3600/at;`	计算发动机功率
`figure(4)`	设置图形窗口4
`plot(u,Pm4)`	绘制速度-发动机功率曲线
`xlabel('行驶速度/(km/h)')`	x轴标注
`ylabel('发动机功率/kW')`	y轴标注
`Pm41=85*(m*g*f+Cd*A*85^2/21.15)/3600/at;`	计算发动机最大功率
`fprintf('发动机最大功率 Pm4=%.2fkW\n',Pm41)`	输出发动机最大功率
`u=0:5:80;`	设置纯电机模式速度范围
`Pm5=u.*(m*g*f+Cd*A*u.^2/21.15)/3600/at;`	计算电机功率
`figure(5)`	设置图形窗口5
`plot(u,Pm5)`	绘制速度-电机功率曲线
`xlabel('行驶速度/(km/h)')`	x轴标注
`ylabel('电机功率/kW')`	y轴标注
`Pm51=60*(m*g*f+Cd*A*60^2/21.15)/3600/at;`	计算电机峰值功率
`fprintf('电机峰值功率 Pm5=%.2fkW\n',Pm51)`	输出电机峰值功率

在MATLAB编辑器中输入这些程序,点击运行按钮,就会得到行驶速度-整车总功率曲线,如图13-1所示;爬坡速度-整车总功率曲线如图13-2所示;加速时间-整车总功率曲线如图13-3所示;行驶速度-发动机功率曲线如图13-4所示;行驶速度-电机功率曲线如图13-5所示。同时根据并联式混合动力电动汽车

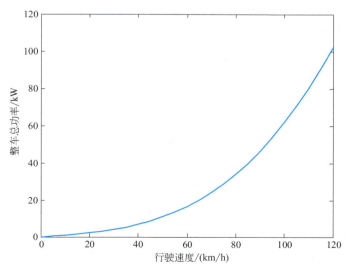

图13-1 行驶速度-整车总功率曲线

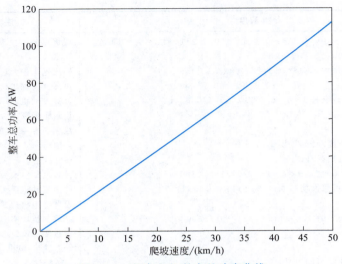

图 13-2 爬坡速度-整车总功率曲线

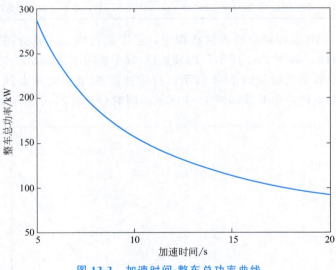

图 13-3 加速时间-整车总功率曲线

混合驱动模式最高车速确定的整车最大总功率 $P_{max_1}=102.26kW$；根据最大爬坡度确定的整车最大总功率 $P_{max_2}=64.86kW$；根据加速时间确定的整车最大功率 $P_{max_3}=120.12kW$；根据并联式混合动力电动汽车纯发动机模式最高车速确定的发动机最大功率 $P_{e_{max}}=39.94kW$；根据并联式混合动力电动汽车纯电机模式最高车速确定的电机峰值功率 $P_{m_{max}}=16.6kW$。

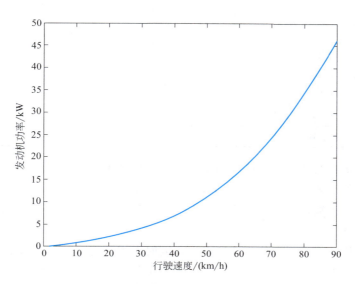

图 13-4　行驶速度-发动机功率曲线

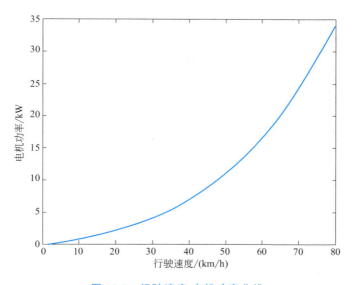

图 13-5　行驶速度-电机功率曲线

选择发动机的最大功率为 70kW，电机的峰值功率为 50kW，混合度为 41.7%。

（2）发动机参数的确定　根据发动机最大功率匹配结果，选取一款柴油机，主要参数见表 13-2。

表 13-2　发动机机匹配参数

参数名称	参数值
最大功率/kW	70
最大功率转速/(r/min)	4000
最大转矩/(N·m)	223
最大转矩转速/(r/min)	1900
最高转速/(r/min)	4400

(3) 电机参数的确定　已经确定电机的峰值功率为 50kW。根据电机的设计经验，电机的过载系数在 2～3 之间取值，考虑到过载系数较大时电机的设计难度较大，过载系数取值 2。由于过载系数是电机峰值功率与额定功率的比值，电机的额定功率为 25kW。

由于车用电机一般选用中高速电机，同时考虑到电机的功率密度与可靠性因素，选择电机的最高转速为 6000r/min。电机用扩大恒功率系数 β 来表示电机最高转速与额定转速的比值，β 一般在 2～4 之间取值，β 取 2.5，那么电机的额定转速为 2400r/min。

根据电机额定功率、峰值功率和额定转速可以得到电机的额定转矩为 99N·m，电机的峰值转矩为 198N·m。

综上所述，驱动电机匹配参数见表 13-3。

表 13-3　驱动电机匹配参数

参数名称	参数值
额定功率/kW	25
峰值功率/kW	50
额定转矩/(N·m)	99
峰值转矩/(N·m)	198
额定转速/(r/min)	2400
最高转速/(r/min)	6000
额定电压/V	336

2. 机械变速结构传动比匹配

根据主减速器和转矩耦合器传动比的匹配公式，利用已知参数可以得到

$$6.46 \leqslant i_0 k_1 \leqslant 7.10, 11.44 \leqslant i_0 k_2 \leqslant 13.72$$

考虑到转矩耦合器和主减速器的体积大小，可以初步确定 i_0、k_1 和 k_2，见表 13-4。

第十三章 混合动力电动汽车传动系统参数匹配

表 13-4 主减速器和转矩耦合器传动比

组数	i_0	k_1	k_2
1	3.2	2.03	3.75
2	3.35	2.03	3.58
3	3.5	2.03	3.43

根据变速器传动比的匹配公式，可以得到 $i_{g1} \geqslant 2.35$。

初步确定变速器一挡传动比为 2.5，将一挡传动比进行等比级数分配，可确定其他挡位的传动比，见表 13-5。

表 13-5 变速器各挡传动比

挡位	传动比
1	2.5
2	1.84
3	1.36
4	1.0
5	0.74

根据匹配的发动机，发动机转速与转矩数据见表 13-6。

表 13-6 发动机转速与转矩数据

转速/(r/min)	899	1194	1593	1892	2389	2788	3186	3584	3982	4400
转矩/(N·m)	121.8	152.3	200.8	217.3	206.5	198.5	187.4	176.5	161.5	103.2

利用表 13-6 中的转速与转矩数据，编写发动机转矩与转速关系曲线拟合的 MATLAB 程序如下。

程序	注释
n=[899,1194,1593,1892,2389,2788,3186,3584,3982,4400];	转速赋值
T=[121.8,152.3,200.8,217.3,206.5,198.5,187.4,176.5,161.5,103.2];	转矩赋值
cftool	调用曲线拟合工具箱

在 MATLAB 命令行窗口输入这些程序，进入曲线拟合工具箱界面 "Curve Fitting tool"；利用 "X data" 和 "Y data" 下拉菜单读入转速数据 n 和转矩数据 T；选择多项式函数 "Polynomial"，再选择拟合阶数 "5"；自动拟合，就会在结果窗口和曲线窗口显示出拟合结果，如图 13-6 所示。

根据图 13-6 中的结果窗口，可以得到发动机转矩与转速的关系为

$$T_{tq} = -6.936 \times 10^{-15} n^5 + 8.447 \times 10^{-11} n^4 - 3.76 \times 10^{-7} n^3 + 7.14 \times 10^{-4} n^2 - 0.4782n + 195.1$$

(13-19)

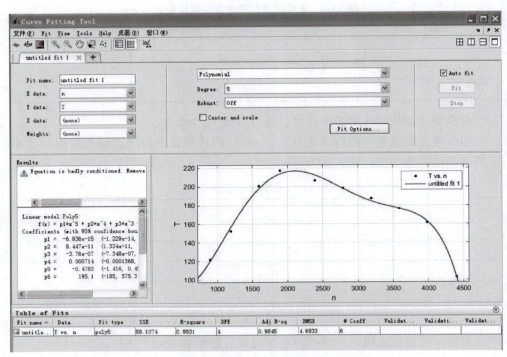

图 13-6　发动机转速与转矩拟合界面

其中误差平方和（SSE）为 88.11；复相关系数（R-square）为 0.9931；均方根误差（RMSE）为 4.693。

根据表 13-4 和表 13-5，可以确定三组传动比，见表 13-7。

表 13-7　三组传动比数值

组数	1	2	3
i_0	3.2	3.35	3.5
k_1	2.03	2.03	2.03
k_2	3.75	3.58	3.43
i_{g1}	2.5	2.5	2.5
i_{g2}	1.84	1.84	1.84
i_{g3}	1.36	1.36	1.36
i_{g4}	1.0	1.0	1.0
i_{g5}	0.74	0.74	0.74

根据变速器传动比匹配数学模型，编写绘制汽车功率平衡图的 MATLAB 程序如下：

程序	注释
n=800:10:4400;	定义转速范围
Tq=195.1-0.4782*(n)+(7.14e-4)*(n).^2-(3.76e-7)*(n).^3+(8.447e-11)*(n).^4-(6.936e-15)*(n).^5;	计算发动机转矩
m=2470;g=9.8;r=0.364;nt=0.95;CD=0.62;A=6.216;f=0.012;i0=3.2;	汽车变量赋值
k1=2.03;	
ig=[2.5 1.84 1.36 1.00 0.74];	变速器传动比赋值
Ft1=Tq*ig(1)*i0*k1*nt/r;	计算一挡驱动力
Ft2=Tq*ig(2)*i0*k1*nt/r;	计算二挡驱动力
Ft3=Tq*ig(3)*i0*k1*nt/r;	计算三挡驱动力
Ft4=Tq*ig(4)*i0*k1*nt/r;	计算四挡驱动力
Ft5=Tq*ig(5)*i0*k1*nt/r;	计算五挡驱动力
ua1=0.377*r*n/ig(1)/i0/k1;	计算一挡速度
ua2=0.377*r*n/ig(2)/i0/k1;	计算二挡速度
ua3=0.377*r*n/ig(3)/i0/k1;	计算三挡速度
ua4=0.377*r*n/ig(4)/i0/k1;	计算四挡速度
ua5=0.377*r*n/ig(5)/i0/k1;	计算五挡速度
Pe1=Ft1.*ua1./3600;	计算一挡发动机功率
Pe2=Ft2.*ua2./3600;	计算二挡发动机功率
Pe3=Ft3.*ua3./3600;	计算三挡发动机功率
Pe4=Ft4.*ua4./3600;	计算四挡发动机功率
Pe5=Ft5.*ua5./3600;	计算五挡发动机功率
ua=0:5:120;	定义速度范围
Pf=m*g*f*ua/3600;	计算滚动阻力功率
Pw=CD*A*ua.^3/76140;	计算空气阻力功率
P=(Pf+Pw)./nt;	计算滚动阻力功率和空气阻力功率之和
plot(ua1,Pe1,ua2,Pe2,ua3,Pe3,ua4,Pe4,ua5,Pe5,ua,P)	绘制功率曲线
xlabel('速度/(km/h)')	x轴标注
ylabel('汽车功率/kW')	y轴标注
text(26,70,'一挡'),text(40,70,'二挡'),text(55,70,'三挡')	对各曲线进行标注
text(80,70,'四挡'),text(110,70,'五挡'),text(90,80,'阻力')	对各曲线进行标注
Pw5=CD*A*ua5.^3/76140;	计算五挡空气阻力功率
Pf=m*g*f*ua5/3600;	计算五挡滚动阻力功率
Pz1=(Pf+Pw5)/nt;	计算五挡阻力功率
k=find(abs(Pe5-Pz1)<0.2);	计算最高车速
umax=ua5(k);	计算最高车速
fprintf('汽车最高车速 Vmax=%.2fkm/h\n',umax)	输出最高车速

在 MATLAB 编辑器中输入这些程序，点击运行按钮，改变主减速器传动比，就会得到汽车功率平衡图，如图 13-7～图 13-9 所示，同时输出汽车最高车速分别为 100.77km/h、101.95km/h、102.31km/h，也就是五挡功率和阻力功率相交点所对应的速度。

对比分析图 13-7～图 13-9 这三组功率平衡图可以看出，主减速器传动比越

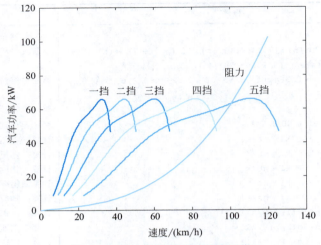

图 13-7　第 1 组传动比的功率平衡

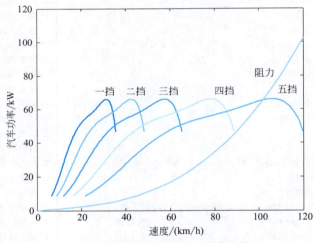

图 13-8　第 2 组传动比的功率平衡

大,汽车具备的后备功率越大,而且汽车能达到的最高车速也越大。但是考虑到整车的燃油经济性以及主减速器的体积,主减速器传动比不宜过大。综合考虑,选择第 2 组传动比。

3. 蓄电池参数匹配

(1) 电压等级的选择　根据已经确定的电机的电压等级,选取 336V 作为蓄电池的电压等级。

(2) 能量参数的确定　根据蓄电池参数匹配数学模型,编写蓄电池容量需求仿真的 MATLAB 程序如下:

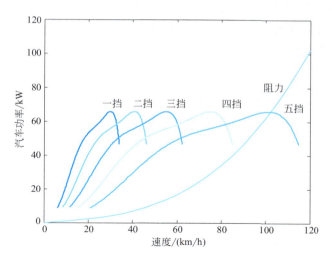

图 13-9 第 3 组传动比的功率平衡

程序	注释
m=2470;g=9.8;r=0.364;at=0.95;Cd=0.62;A=6.216;f=0.012;i0=3.2;	汽车参数赋值
amc=0.9;	电机效率赋值
adis=0.95;	电池放电效率赋值
aa=0.18;	汽车附件能量消耗比例系数
Ub=336;	蓄电池端电压赋值
u=60;	设置最高车速
S1=30:1:80;	纯电动续驶里程范围
DOD=[0.6 0.7 0.8];	设置电池放电深度
for i=1:3	循环开始
Cb=S1*(m*g*f+Cd*A*u^2/21.15)/(3.6*DOD(i)*at*amc*adis*(1-aa)*Ub);	蓄电池容量计算
gss='- : --';	设置线型
plot(S1,Cb,[gss(2*i-1)gss(2*i)])	电池容量-续驶里程曲线
hold on	保存图形
end	循环结束
xlabel('纯电动续驶里程/km')	x 轴标注
ylabel('电池容量/(A.h)')	y 轴标注
legend('电池放电深度 60%','电池放电深度 70%','电池放电深度 80%')	曲线标注
Cb1=60*(m*g*f+Cd*A*u^2/21.15)/(3.6*0.7*at*amc*adis*(1-aa)*Ub);	计算蓄电池容量
fprintf('蓄电池容量 Cb=%.2fA.h\n',Cb1)	蓄电池容量输出

在 MATLAB 编辑器中输入这些程序，点击运行按钮，就会得到不同电池放电深度下的纯电动续驶里程与电池容量的关系，如图 13-10 所示；同时输出行驶速度为 60km/h、电池放电深度为 70% 所需求的电池容量 $C_E \geqslant 100.7\text{A·h}$。

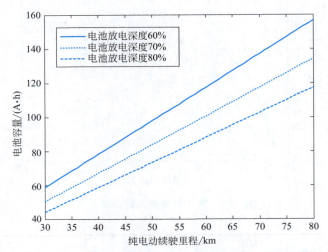

图 13-10　不同电池放电深度下的纯电动续驶里程与电池容量的关系

（3）蓄电池功率参数的选择　根据电机的峰值功率，可得蓄电池最大功率应大于 61.7kW，考虑到汽车附件功率，最终确定蓄电池最大功率为 65kW。

（4）电池单体数目和连接方式的确定　选取三元锂电池，其单体电池电压为 3.7V，容量为 1.2A·h。为了满足蓄电池电压的要求，选用 92 块三元锂电池串联，串联的蓄电池组电压为 340.4V，容量为 110.4A·h，满足匹配的蓄电池电压及容量要求。

综上所述，蓄电池匹配参数见表 13-8。

表 13-8　蓄电池匹配参数

参数名称	参数值
电池容量/(A·h)	110
电池单体个数	92
单体电池电压/V	3.7
额定电压/V	336

通过改变混合动力电动汽车参数，使用该仿真程序，可以对任意混合动力电动汽车的传动系统参数进行匹配仿真。

第十四章 混合动力电动汽车的能量管理

混合动力电动汽车能量管理策略的控制目标是根据驾驶员的操作，如加速踏板、制动踏板等，判断驾驶员的意图，在满足车辆动力性能的前提下，最优地分配电机、发动机、动力电池等部件的功率输出，实现能量的最优分配，提高整车的系统效率，并获得最佳燃料经济性和排放性能。

第一节 混合动力电动汽车的能量管理策略

混合动力电动汽车结构不同，能量管理策略也不同。

一、串联式混合动力电动汽车的能量管理策略

由于串联式混合动力电动汽车的发动机与汽车行驶工况没有直接联系，因此能量管理策略的主要目标是使发动机在最佳效率区和排放区工作。为了优化能量分配，提高整体效率，还应考虑传动系统的动力电池、发动机、电机和发电机等部件。串联式混合动力电动汽车有三种基本的能量管理策略，即恒温器策略、功率跟踪式策略和基本规则型策略。

(1) 恒温器策略　当动力电池 SOC 值低于设定的低门限值时，启动发动机，在最低油耗或排放点按恒功率模式输出，一部分功率用于满足车轮驱动功率要求，另一部分功率给动力电池充电。而当动力电池组 SOC 值上升到所设定的高门限值时，发动机关闭，由电机驱动车辆。其优点是发动机效率高、排放低，缺点是动力电池充放电频繁，加上发动机开关时的动态损耗，使得系统总体的损失功率变大，能量转换效率较低。

(2) 功率跟踪式策略　由发动机全程跟踪车辆功率需求，只有在动力电池的 SOC 值大于 SOC 设定上限时，且仅由动力电池提供的功率能满足车辆需求时，发动机才停机或怠速运行。由于动力电池容量小，动力电池充放电次数减少而使得系统内部损失减少。但是发动机必须在从低到高的较大负荷区内运行，使得发动机效率和排放不如恒温器策略。

(3) 基本规则型策略　该策略综合了恒温器策略与功率跟踪式策略两者的优点，根据发动机负荷特性图设定了高效率工作区，根据动力电池的充放电特性设定了动力电池高效率的荷电状态范围。并设定一组控制规则，根据需求功率和 SOC 进行控制，以充分利用发动机和动力电池的高效率区，使其达到整体效率最高。

二、并联式混合动力电动汽车的能量管理策略

并联式混合动力电动汽车的能量管理策略基本属于基于转矩的控制，主要有逻辑门限控制策略、瞬时优化能量管理策略、全局最优能量管理策略和模糊能量管理策略等。

(1) 逻辑门限控制策略　逻辑门限控制策略是通过设置车速、动力电池 SOC 上下限、发动机工作转矩等一组门限参数，限定动力系统各部件的工作区域，并根据车辆实时参数及预先设定的规则调整动力系统各部件的工作状态，以提高车辆整体性能。其实现简单，目前实际应用较为广泛。但由于主要依靠工程经验设置门限参数，逻辑门限控制策略无法保证车辆燃料经济性最优，而且这些静态参数不能适应工况的动态变化，无法使整车系统达到最大效率。

(2) 瞬时优化能量管理策略　瞬时优化能量管理策略一般是采用"等效燃油消耗最少"法或"功率损失最小"法，两者原理类似。其中"等效燃油消耗最少"法将电机的等效油耗与发动机的实际油耗之和定义为名义油耗，将电机的能量消耗转换为等效的发动机油耗，得到一张类似于发动机万有特性图的电机等效油耗图。在某一个工况瞬时，从保证系统在每个工作时刻的名义油耗最小出发，确定电机的工作范围（用电机转矩表示），同时确定发动机的工作点，对每一对工作点计算发动机的实际燃油消耗，以及电机的等效燃油消耗，最后选名义油耗最小的点作为当前工作点，实现对发动机、电机输出转矩的合理控制。为了将排放一同考虑，该策略还可采用多目标优化技术，采用一组权值来协调排放和燃油同时优化存在的矛盾。等效燃油消耗最小方法在每一步长内是最优的，但无法保证在整个运行区间内最优，而且需要大量的浮点运算和比较精确的车辆模型，计算量大，实现困难。

(3) 全局最优能量管理策略　全局最优能量管理策略是应用最优化方法和最优控制理论开发出来的混合动力系统能量分配策略，目前主要有基于多目标数学

规划方法的能量管理策略、基于古典变分法的能量管理策略和基于 Bellman 动态规划理论的能量管理策略。

全局优化模式实现了真正意义上的最优化，但实现这种策略的算法往往都比较复杂，计算量也很大，在实际车辆的实时控制中很难得到应用。通常的做法是把应用全局优化算法得到的能量管理策略作为参考，以帮助总结和提炼出能用于在线控制的能量管理策略，如与逻辑门限控制策略等相结合，在保证可靠性和实际可能性的前提下进行优化控制。

（4）模糊能量管理策略　该策略基于模糊控制方法来决策混合动力系统的工作模式和功率分配，将"专家"的知识以规则的形式输入模糊控制器中，模糊控制器将车速、电池 SOC、需求功率/转矩等输入量模糊化，基于设定的控制规则来完成决策，以实现对混合动力系统的合理控制，从而提高车辆整体性能。基于模糊逻辑的策略可以表达难以精确定量表达的规则；可以方便地实现不同影响因素（功率需求、SOC、电机效率等）的折中；鲁棒性好。但是模糊控制器的建立主要依靠经验，无法获得全局最优。

三、混联式混合动力电动汽车的能量管理策略

混联式混合动力电动汽车由于其特有的传动系统结构，如采用行星齿轮传动，除了采用瞬时优化能量管理策略、全局优化能量管理策略和模糊能量管理策略（与并联式混合动力电动汽车能量管理策略原理类似）以外，还有一些特有的能量管理策略。

（1）发动机恒定工作点策略　由于采用了行星齿轮机构，发动机转速可以独立于车速变化，这样使发动机工作在最优工作点，提供恒定的转矩输出，而剩余的转矩则由电机提供。这样电机来负责动态部分，避免了发动机动态调节带来的损失，而且与发动机相比，电机的控制也更为灵敏，易于实现。

（2）发动机最优工作曲线策略　发动机工作在万有特性图中最佳油耗线上，只有当发电机电流需求超出电池的接受能力或者当电机驱动电流需求超出电机或电池的允许限制时，才调整发动机的工作点。

第二节　混合动力电动汽车的模糊逻辑能量管理策略

并联式混合动力电动汽车将发动机与驱动电机这两套动力系统安装在一辆汽车上，通过两套动力系统的协调工作，发挥发动机和电机各自优势，使发动机工作于高效区，实现良好的动力性能和续驶能力，回收制动能量，这些功能的实现

都需要依靠能量管理策略来完成。

目前,常用的基于转矩的能量管理策略是根据车辆行驶参数将驾驶员的操纵命令解析为转矩需求,再根据电池 SOC、车速等车辆行驶参数判定其工作模式并实现转矩合理分配。能量管理策略实现原理框图如图 14-1 所示。

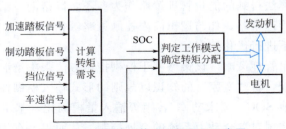

图 14-1　能量管理策略实现原理示意图

一、并联混合动力电动汽车的能量管理策略

对同一种并联形式的混合动力电动汽车来说,采用不同的管理策略可以得到不同的燃料消耗、排放和电池的 SOC 状态值。在设计混合动力电动汽车时,主要目的是在保证汽车性能的条件下降低汽车的燃料消耗和排放,同时,还要兼顾电池的寿命,基于这些目标,根据不同的侧重点,可以制定不同的能量管理策略。

并联混合动力系统的整车能量管理主要解决系统运行模式的切换和混合模式下功率的分配。

并联混合动力系统有多种运行(能量流动)模式。根据不同的工况要求,以优化各部件工作点为目的,可以在这些运行模式中进行切换,主要模式有起步、低速或城市工况、加速、巡航、减速和驻车模式等,以适应不同的工况。

功率分配是系统能量管理策略的关键。通常功率分配都被看作是一个以减小燃料消耗和改善排放为目标的优化问题。功率分配决定了混合动力系统中发动机的工作区域。根据优化程度(或者说发动机工作点选择方式)的不同,采用的功率分配策略也不同。大体上可以分为恒定工作点策略、优化工作区策略、ICE 优化曲线策略、瞬时优化策略和全局优化策略、智能优化策略等。

结合模式切换和功率分配,并联混合动力电动汽车各运行模式下的能量管理策略如下。

(1) 起步　由于电机具有低速大转矩的特性,所以混合动力电动汽车的起步由电机单独来完成。当蓄电池 SOC 值比较低的时候,由发动机来提供起步时的动力;如果蓄电池的剩余电量适中,即 SOC 值居中,则电机驱动,发动机关闭;如果蓄电池的剩余电量多,即 SOC 值大,则电机驱动,发动机关闭。

（2）低速或城市工况　当混合动力电动汽车在城市道路或低速行驶时，若 SOC 值较高或居中的时候，汽车所需动力由电机单独提供，电机所需能量由蓄电池来供给；若 SOC 值较低，汽车所需动力由发动机来提供，电机转换为发电机发电，为蓄电池充电。

（3）加速　在加速模式下，控制策略主要是基于 SOC 值来制订的，主要考虑以下 3 种方式。

① 当 SOC 值比较高时，若汽车此时是弱加速，电机只提供部分功率来辅助发动机驱动汽车；若此时汽车是急加速，电机则提供峰值功率来辅助发动机。

② 当 SOC 值居中的时候，无论汽车是弱加速还是急加速，发动机工作，而电机驱动，提供部分功率辅助汽车的加速。

③ 当 SOC 值比较低的时候，电机空转，发动机的节气门全开。

（4）巡航　当汽车以恒定的速度行驶时，由于汽车克服路面阻力保持恒定速度行驶时的转矩是很小的，所以，发动机主要提供平均功率而不是峰值功率。此时，当发动机的功率大于路面所需要的功率时，并当 SOC 值较低时，电机转换成发电机提供电能给蓄电池充电，以满足下一步的使用要求。

（5）减速　在这种模式下，会有部分制动能量回收，通常有松开加速踏板和踩下制动踏板两种模式。在第一种模式下，电机的反拖作用使车速缓慢下降，若 SOC 值为小或居中时，部分制动能量被回收，此时发动机关闭，电机提供部分负转矩来给蓄电池充电；在第二种模式下，车速迅速下降，若 SOC 值为小或居中时，大量的制动能量被回收，电机提供最大的负转矩来给蓄电池充电，发动机关闭，如果蓄电池的剩余电量多，即 SOC 值大，则电机空转，发动机关闭。

（6）驻车　当系统处于驻车模式时，汽车是不需要能量的，因此电机空转，发动机关闭。若此时电池 SOC 值比较低，发动机开始驱动电机给蓄电池充电。

二、并联混合动力电动汽车的模糊逻辑能量管理策略

由于汽车的各种不同工况下的能量需求，以及电池的不同 SOC 状态，混合动力电动汽车能量管理系统是个复杂的非线性的系统，而模糊控制是基于模糊推理，模仿人的思维方式，对难以建立精确数学模型的对象实施的一种控制。它是模糊数学同控制理论相结合，具有不要求知道被控对象的精确数学模型，只需要提供现场操作人员的经验知识及操作数据；控制系统的鲁棒性适用于解决常规控制难以解决的非线性、时变及滞后系统；以语言变量代替常规的数学变量，易于构造形成专家的"知识"；控制推理采用"不精确推理"等优点。为了改善控制的性能，提高混合动力电动汽车对各种工况的适应能力，通过对混合动力系统能量管理策略的研究，将模糊控制这种智能控制技术引入到整车能量管理控制系统中来。

模糊逻辑能量管理策略的实现基于这样一个事实,即蓄电池与电机工作所需的电能源于发动机的热能,在利用电驱动时,由于经过能量转换,导致能量损失一般大于发动机直接驱动的情况。但是,在某些工况下,电驱动的能量损失也可能小于发动机直接驱动的损失。例如,当汽车在低负荷行驶时,若由发动机直接驱动,其运行效率较低,总的能量利用效率即为运行效率;若由电驱动,总的能量利用效率要考虑电机的机械效率、蓄电池的库仑效率以及蓄电池充电时发动机的运行效率。显然,若把蓄电池充电控制在发动机运行效率较高时进行,则蓄电池充电时发动机的运行效率大于发动机直接驱动时的运行效率,从而使由电驱动时总的能量利用效率大于发动机直接驱动时总的能量利用效率,即在某些工况下,利用电驱动是有利的。模糊逻辑能量管理策略通过综合考虑发动机、蓄电池和电机的工作效率,可以实现混合驱动系统的整体效率最高。

三、并联混合动力电动汽车的模糊逻辑能量管理控制目标及原则

1. 控制目标

模糊逻辑能量管理策略的控制目标主要实现最佳燃油效率并兼顾排放和电池SOC。最佳燃油效率要求发动机平稳地工作在某一区域内,这一区域内发动机的燃油效率较高,并且是发动机最佳燃油曲线向两侧的适当延伸,如图14-2所示虚线区域为发动机的工作区间。兼顾电池SOC要求在一定的运行工况下,电池的SOC值变化范围尽可能在电池使用寿命长、充放电效率高的区域,这里也体现了动态能量平衡原则。

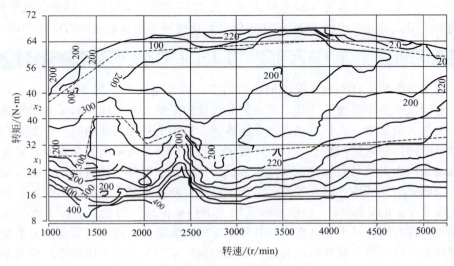

图14-2 发动机工作区间定义

用模糊逻辑管理方法是为了实现在不同驾驶意图和不同路面环境下混合动力电动汽车的自动控制，以满足车辆行驶的不同要求，达到在保证蓄电池效率和使用寿命的情况下，既满足整车性能要求，又获得较好经济性和排放的目标。

2. 控制的主要原则

根据所提出的并联混合动力电动汽车整车能量管理策略，结合控制目标，确定如下模糊逻辑能量管理的控制原则。

① 为延长电池的使用寿命和提高电池的充放电效率，电池的 SOC 值在循环工况的起始和结束时，应基本保持不变。

② 为提高整车系统效率，发动机应尽可能在高效率区工作，因此，在电池 SOC 值允许情况下，对于起步或城市道路低、中速运行模式，尽可能用电机起步或驱动。

③ 在混合动力驱动系统中，控制系统将以发动机为主要能源，电机为辅助能源。管理系统根据汽车需求转矩与发动机最优转矩的差值，结合 SOC 值，决定电机工作状态，以此来调节发动机的工作状态，保证或尽量使发动机工作在最优曲线上。

④ 在保证制动安全的前提下，回收制动能量。

四、并联混合动力电动汽车的模糊推理系统结构

Matlab 模糊逻辑工具箱提供了模糊逻辑控制器和系统设计的全部环节，包括定义输入和输出控制变量、设计隶属函数、编辑控制规则、选择推理方法及反模糊化方法等，并提供了 GUI（图形用户界面）的形式，所有规则的模糊运算、模糊蕴涵、模糊合成和反模糊化都由计算机来完成。

针对混合动力电动汽车在效率与排放、SOC 状态值等控制方面的要求，应用 Matlab 平台下的 Fuzzy 编辑器，建立两输入和一输出的模糊推理系统（Fuzzy Inference System，FIS），其结构如图 14-3 所示。

图 14-3　FIS 系统结构

五、并联混合动力电动汽车的模糊控制变量

图 14-3 中模糊推理系统的输入有两个变量，分别为下游动力传动部件总的请求转矩 T_t 和蓄电池的荷电状态 SOC。两个变量分别用于表示整车和蓄电池的

工作效率情况。其中，蓄电池的荷电状态与工作效率的关系很明显，而总的请求转矩表示的是负荷水平，与发动机的运行效率不直接相关，但是，通过建立发动机高效运行功率的模糊集可使它与发动机效率相关联。该模糊推理系统的输出变量为发动机转矩 T_e。

1. 输入变量论域

输入变量 T_t 的论域为 $[0, T_{e_{max}}]$，当驾驶员请求转矩高于 $T_{e_{max}}$ 时，采用发动机工作于峰值转矩线上的控制方法；当请求转矩小于零时，采用制动控制策略，即请求转矩全部由电机提供，作为发电机为电池充电。因此模糊控制论域定为 $[0, T_{e_{max}}]$。为方便起见，将输入变量论域转化到 $[-3, +3]$ 上，"-3" 表示零转矩，"0" 表示优化转矩，"$+3$" 表示峰值转矩。其中优化转矩可以是优化燃油曲线或最大效率曲线，这里采用优化燃油曲线并参照 ICE 优化曲线控制策略图，如图 14-4 所示，图中优化转矩曲线表示优化燃油曲线。

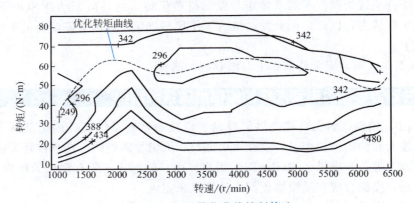

图 14-4　ICE 优化曲线控制策略

输入转矩 T_t 论域的制定基于以下原则。

当输入变量 $T_t \leqslant T_{opt}$（T_{opt} 是优化转矩，即发动机最小油耗时的转矩）时，T_t 论域为 $[-3, 0]$；当输入变量 $T_t > T_{opt}$ 时，T_t 的论域为 $[0, +3]$。

将精确量 $[0, T_{opt}]$ 转化到区间 $[-3, 0]$ 的公式为

$$\overline{T}_t = \frac{3(T_t - T_{opt})}{T_{opt}} \tag{14-1}$$

将精确量 $[T_{opt}, T_{e_{max}}]$ 转化到 $[0, +3]$ 上的公式为

$$\overline{T}_t = \frac{3(T_t - T_{opt})}{T_{e_{max}} - T_{opt}} \tag{14-2}$$

式中，$\overline{T}_t$ 为转化后的转矩；T_t 为实际输入的转矩；$T_{e_{max}}$ 为发动机峰值转矩。

输入变量 SOC 的论域为 $[0, 1]$，其中 "0" 表示 SOC 的最小值，"1" 表示

SOC 的最大值。

2. 输出变量论域

模糊逻辑控制器的输出变量 T_e 的论域也在 [-3, +3] 上，将其转化为实际输出转矩为 [x_1, x_2] 上，这里 [x_1, x_2] 为图 14-2 中的发动机工作区间的上下界。

3. 控制变量模糊子集

通常情况下，像误差和误差变化等语言变量的模糊语言子集一般取为 {负大，负中，负小，零，正小，正中，正大} 或 {NB, NM, NS, ZE, PS, PM, PB} 等。因此，输入变量 T_t 和输出变量 T_e 模糊子集取为

{负大，负中，负小，零，正小，正中，正大}

或 {NB, NM, NS, ZE, PS, PM, PB}

电池 SOC 的模糊子集取为

{太低，较低，低，适中，高，较高，太高}

或 {very low, lower, low, normal, high, higher, very high}

其中输入变量 T_t 的模糊语言表述是通过比较请求转矩和优化转矩而得到的，如为"负大"时，表示请求转矩比优化转矩小很多；为"零"时表示请求转矩与优化转矩相等。

六、控制变量的隶属函数

输入变量的隶属函数的设计主要根据发动机、蓄电池和电机的效率 MAP 确定各自高效运行的模糊集。输入变量隶属函数的确定方法主要有模糊统计法、二元对比排序法、专家经验法和借助常见模糊分布等方法。输入变量和输出变量均选用钟形隶属函数。如图 14-5 所示为输入变量 T_t 和输出变量 T_e 的隶属函数曲线，如图 14-6 所示为输入变量电池 SOC 的隶属函数曲线。

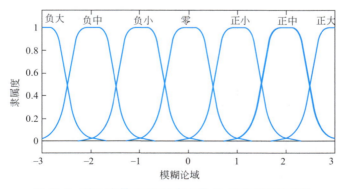

图 14-5 输入变量 T_t 和输出变量 T_e 的隶属函数曲线

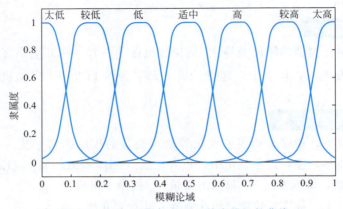

图 14-6　输入变量电池 SOC 的隶属函数曲线

七、模糊逻辑控制规则

控制规则是整个模糊逻辑控制环节的核心,每一条规则必须是准确的,而且能够反映设计者的控制意图。通过对初步建立的模糊规则进行多次修正和试凑,根据发动机工作模式和电池 SOC 值的不同,按照在某一特定道路循环下电池充放电平衡的原则,建立转矩分配的控制规则:如果请求转矩与发动机优化转矩相比大很多,且电池 SOC 值比较高,则控制发动机工作在最优燃油曲线上,即电机参与工作,提供辅助转矩;如果请求转矩在优化转矩附近,当电池 SOC 值高时,控制发动机工作在低于最优燃油曲线附近,当电池 SOC 值较低时,控制发动机工作在最优燃油曲线上;如果请求转矩比优化转矩小很多,当电池 SOC 值高或居中时,控制发动机停止工作,由电机提供驱动转矩,当电池 SOC 值较低时,控制发动机工作在最优燃油曲线附近,多余能量用于驱动电机转化为发电机发电。模糊控制模型中建立的相应模糊规则见表 14-1。

表 14-1　模糊控制模型中建立的相应模糊规则

T_e T_t SOC	NB	NM	NS	ZE	PS	PM	PB
太低	ZE	PS	PS	PM	PM	PB	PB
较低	NS	ZE	PS	PS	PM	PM	PB
低	NS	ZE	ZE	PS	PS	PM	PB
适中	NM	NS	ZE	ZE	ZE	PS	PM
高	NM	NS	NS	ZE	ZE	ZE	PS

续表

SOC / T_e / T_t	NB	NM	NS	ZE	PS	PM	PB
较高	NB	NM	NS	NS	ZE	ZE	ZE
太高	NB	NB	NM	NS	NS	ZE	ZE

也可以用 IF…and…THEN 模糊语言来描述控制规则,现举例如下。

① IF T_t is NM and SOC is very low THEN T_e is NM。
② IF T_t is NS and SOC is low THEN T_e is ZE。
③ IF T_t is ZE and SOC is normal THEN T_e is ZE。
④ IF T_t is PM and SOC is high THEN T_e is ZE。

其中,四条控制规则的含义如下。

① 表示整车传动部件总的请求转矩比优化转矩小较多,并且电池 SOC 值为很低时,发动机工作在低于最优燃油曲线附近,直接输出驱动转矩,多余能量用于电机转换为发电机给蓄电池充电。

② 表示整车传动部件总的请求转矩与优化转矩相差不大,并且电池 SOC 值为低时,电机不工作,发动机按最优燃油曲线工作,直接输出驱动转矩。

③ 表示整车传动部件总的请求转矩与优化转矩相等,并且电池 SOC 值为正常时,电机不工作,发动机按最优燃油曲线工作,直接输出驱动转矩。

④ 表示整车传动部件总的请求转矩比优化转矩大较多,并且电池 SOC 值为高时,电机参与工作提供辅助转矩,调节发动机按最优燃油曲线工作。

八、仿真结果

在并联混合动力整车仿真模型结构中,各动力总成采用 ADVISOR 原有模型并分别应用模糊逻辑管理策略和并联电辅助式管理策略进行仿真,各种性能的仿真结果见表 14-2。

表 14-2 各种性能仿真结果

管理策略类型	排放/(g/km)			油耗/(L/100km)	动力性能		传动系统总效率/%
	HC	CO	NO_x		加速时间(0~96.6km/h)/s	最高车速/(km/h)	
模糊逻辑	0.337	1.387	0.15	5.1	12.6	154	93.26
电辅助式	0.334	1.61	0.183	5.4	10.1	183.8	93.05

模糊逻辑能量管理策略的控制目标不仅在于提高发动机的工作效率,而是从

系统整体效率出发，在兼顾排放和油耗的同时，对发动机、电机和蓄电池的效率均予以考虑，是一种较理想的能量管理策略。电气辅助能量管理策略只是将电机的优化工作区限定在一个范围内，对排放考虑较少，控制策略简单，因此其优化的效果也是有限的。

　　动力性能方面，采用模糊逻辑管理策略后，汽车动力性在某些方面同采用电辅助管理策略相比有些下降，这是由于模糊逻辑管理策略进行折中计算的结果。相互对立的方面不可兼得，整体效率的提高是以动力性能的部分下降为前提的，但其结果完全可以满足正常行驶的需要。

第十五章
混合动力电动汽车实例

一、普锐斯混合动力电动汽车

普锐斯是世界上首款量产的混合动力电动汽车。一汽丰田普锐斯混合动力汽车外形尺寸为 4485mm×1745mm×1510mm，轴距为 2700mm；整备质量为 1385kg。它采用了汽油机和电机强混联的方式，搭载了一台排量为 1.8L、峰值功率为 73kW、峰值转矩为 142N·m 的 4 缸汽油发动机，一个最大功率为 60kW、峰值转矩为 207N·m 的电机，以及一个 500V 的镍氢电池。厂家公布的普锐斯最高车速为 180km/h，综合工况油耗为 4.3L/100km。第 4 代普锐斯混合动力电动汽车采用锂离子电池。

一汽丰田普锐斯混合动力电动汽车如图 15-1 所示。

图 15-1　一汽丰田普锐斯混合动力电动汽车

二、荣威 550 插电式混合动力电动汽车

荣威 550 是上海汽车集团股份有限公司推出的一款插电式混合动力电动汽车。其车身尺寸为 4648mm×1827mm×1479mm，轴距为 2705mm；整备质量为 1699kg。

荣威550插电式混合动力电动汽车的动力总成由汽油发动机、启动发电机和牵引电机构成。汽油发动机排量为1.5L，峰值功率为80kW，峰值转矩为135N·m；启动发电机的峰值功率为23kW，峰值转矩为147N·m；牵引电机的峰值功率为44kW，峰值转矩为317N·m。发动机和电机的最大综合功率为147kW，最大综合转矩为587N·m。

荣威550插电式混合动力电动汽车配备锂离子电池，电池容量为11.8kW·h，慢充6～8h充满电量。

荣威550插电式混合动力电动汽车搭配的是EDU智能电驱变速箱，它可以灵活实现串/并联混合驱动和油/电驱动自动切换，并提供有E（经济模式）、N（普通模式）、M（山地模式）3种不同的行车模式。E（经济模式），尽可能地以电力驱动，在较大的动力需求下才启用发动机；N（普通模式），可以均衡地利用油和电力驱动车辆，有更好的动力储备，N模式下有纯电动、串联、并联等模式；M（山地模式），为提高爬坡能力，M模式有最高的动力储备，具有较高的换挡点。

荣威550插电式混合动力电动汽车的最高车速为200km/h，0～100km/h的加速时间为10.5s；最大爬坡度为30%；综合油耗为2.3L/100km，综合电耗为12kW·h/100km；综合工况纯电续驶里程为58km，60km/h等速纯电续驶里程为88km；该车还配备有一个35L的油箱，其综合工况油电综合续驶里程为500km。

荣威550插电式混合动力电动汽车如图15-2所示。

图15-2　荣威550插电式混合动力电动汽车

三、比亚迪秦插电式混合动力电动汽车

比亚迪秦是比亚迪公司在F3-DM基础上继续研发的第2款插电式混合动力电动汽车，整车尺寸4740mm×1770mm×1480mm，轴距为2670mm。

在动力配置方面，比亚迪秦配备了1.5TI涡轮增压发动机＋电机的组合类型，1.5TI涡轮增压发动机的峰值功率为113kW，峰值转矩为240N·m；永磁同步电机的峰值功率为110kW，峰值转矩为250N·m；发动机和电机的最大综合功率为217kW，最大综合转矩为479N·m。用于储能的电池位于车辆后备厢位置。该电池组容量达到13kW·h，标称电压为506V，类型为磷酸铁锂电池。

在驾驶模式选择上，比亚迪秦的灵活性较大，驾驶员可以根据自身需求以及路况来选择不同的驾驶模式，例如在堵车时可以选择"纯电动＋节能"模式来达到更好的节油效果，在需要更多动力的时候可以选择"混动＋运动"模式等。

比亚迪秦插电式混合动力电动汽车的最高车速为185km/h，0～100km/h的加速时间为5.9s；保证强劲动力的同时，油耗仅为1.6L/100km；纯电续驶里程为70km。

比亚迪秦插电式混合动力电动汽车如图15-3所示。

图15-3　比亚迪秦插电式混合动力电动汽车

四、沃尔沃 S60L 插电式混合动力电动汽车

沃尔沃S60L插电式混合动力电动汽车采用175kW的高效Drive-E "E驱智能科技"动力总成与电气化技术协同工作，构成了绿色、高效的插电式混合动力技术。它提供纯电动、混动和性能3种不同的驾驶模式，驾驶员可以根据自己的偏爱进行选择，能够同时满足日常通勤与长途出行的需求，完美实现性能与环保的平衡。在纯电动模式下，单次续驶里程超过50km，尾气排放为零；在混动模式下，最大续驶里程可以达到1000km，油耗仅2L，转化为CO_2排放量为50g/km；在性能模式下，即汽油发动机和电机同时开启时，汽车峰值功率可达到225kW，峰值转矩达到550N·m，0～100km/h加速时间仅5.5s。

沃尔沃S60L插电式混合动力电动汽车如图15-4所示。

图 15-4　沃尔沃 S60L 插电式混合动力电动汽车

第四篇
燃料电池电动汽车

以燃料电池系统作为动力源或主动力源的汽车称为燃料电池电动汽车（Fuel Cell Electric Vehicle，FCEV）。燃料电池电动汽车是未来电动汽车重要的发展方向之一。

第十六章 概　述

第一节　燃料电池电动汽车类型

FCEV 按燃料特点可分为直接燃料电池电动汽车和重整燃料电池电动汽车。

直接燃料电池电动汽车的燃料主要是氢气；重整燃料电池电动汽车的燃料主要有汽油、天然气、甲醇、甲烷、液化石油气等。氢燃料电池电动汽车排放无污染，认为是最理想的汽车，但存在氢的制取和存储困难；重整燃料电池电动汽车的结构比氢燃料电池电动汽车复杂得多。

FCEV 按氢燃料的存储方式可分为压缩氢燃料电池电动汽车、液氢燃料电池电动汽车和合金（碳纳米管）吸附氢燃料电池电动汽车。

FCEV 按"多电源"的配置不同，可分为纯燃料电池驱动（PFC）的 FCEV、燃料电池与辅助蓄电池联合驱动（FC＋B）的 FCEV、燃料电池与超级电容联合驱动（FC＋C）的 FCEV 以及燃料电池与辅助蓄电池和超级电容联合驱动（FC＋B＋C）的 FCEV。

一、纯燃料电池驱动（PFC）的 FCEV

纯燃料电池电动汽车只有燃料电池一个动力源，汽车需要的所有功率都由燃料电池提供。纯燃料电池电动汽车动力系统如图 16-1 所示。

燃料电池系统将氢气与氧气反应产生的电能通过 DC/DC 变换器和电机控制器传给驱动电机，驱动电机将电能转化为机械能再传给减速机构，从而驱动汽车行驶。这种系统结构简单，系统控制和整体布置容易；系统部件少，有利于整车的轻量化；整体的能量传递效率高，从而提高整车的燃料经济性。但燃料电池功率大、成本高；对燃料电池系统的动态性能和可靠性提出了很高的要求；不能进

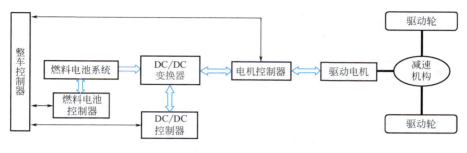

图 16-1　纯燃料电池电动汽车动力系统

━━━ 机械连接；　⇒ 电气连接；　→ 通信连接

行制动能量回收。

因此，为了有效地解决上述问题，必须使用辅助能量存储系统作为燃料电池系统的辅助动力源，和燃料电池联合工作，组成混合驱动系统共同驱动汽车。从本质上来讲，这种结构的燃料电池电动汽车采用的是混合动力结构。它与传统意义上的混合动力结构的差别仅在于发动机是燃料电池而不是内燃机。在燃料电池混合动力结构汽车中，燃料电池和辅助能量存储装置共同向驱动电机提供电能，通过减速机构来驱动汽车。

二、燃料电池与辅助动力电池联合驱动（FC+B）的 FCEV

燃料电池与辅助动力电池联合驱动的燃料电池电动汽车动力系统如图 16-2 所示。在该动力系统结构中，燃料电池和动力电池一起为驱动电机提供能量，驱动电机将电能转化成机械能传给减速机构，从而驱动汽车行驶；在汽车制动时，驱动电机变成发电机，动力电池将储存回馈的能量。在燃料电池和动力电池联合供能时，燃料电池的能量输出变化较为平缓，随时间变化波动较小，而能量需求变化的高频部分由动力电池分担。

目前这种结构形式应用较为广泛，它解决了诸如辅助设备供电、水热管理系统供电、燃料电池堆加热、能量回收等问题。主要优点是系统对燃料电池的功率要求较纯燃料电池结构形式有很大的降低，从而大大地降低了整车成本；燃料电池可以在比较好的、设定的工作条件下工作，工作时燃料电池的效率较高；系统对燃料电池的动态响应性能要求较低；汽车的冷启动性能较好；可以回收汽车制动时的部分动能。但这种结构形式由于动力电池的使用使得整车质量增加，动力性和经济性受到影响，这一点在能量复合型混合动力电动汽车上表现更为明显；动力电池充放电过程会有能量损耗；系统变得复杂，系统控制和整体布置难度增加。

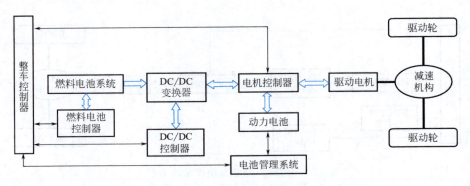

图 16-2　燃料电池与辅助动力电池联合驱动的燃料电池电动汽车动力系统
机械连接； 电气连接； 通信连接

三、燃料电池与超级电容器联合驱动（FC+C）的 FCEV

这种结构形式与燃料电池＋动力电池结构相似，只是把动力电池换成超级电容器，如图 16-3 所示。相对于动力电池，超级电容器充放电效率高，能量损失小，循环寿命长，常规制动时再生能量回收率高，正常工作温度范围宽；超级电容器瞬时功率比动力电池大，汽车启动更容易。燃料电池和超级电容器动力系统可以降低燃料电池的放电电流，发挥超级电容均衡负载的作用，提高整车的续驶里程及动力性。

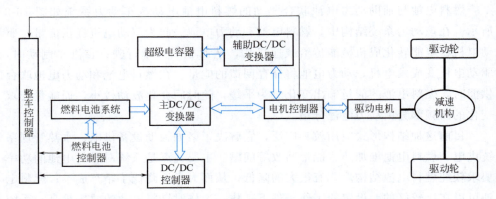

图 16-3　燃料电池与超级电容器联合驱动的燃料电池电动汽车动力系统
机械连接； 电气连接； 通信连接

但是，超级电容器的比能量低，能量存储有限，峰值功率持续时间短，同时这种混合动力系统结构复杂，对系统各部件之间的匹配及控制要求高，这些成为制约燃料电池和超级电容器混合动力系统发展的关键因素。随着超级电容器技术的不断进步,这种结构将成为一种新的重要发展方向。

四、燃料电池与辅助动力电池和超级电容器联合驱动(FC+B+C)的FCEV

燃料电池与辅助动力电池和超级电容器联合驱动的燃料电池电动汽车动力系统如图16-4所示。在该动力系统结构中,燃料电池、动力电池和超级电容器一起为驱动电机提供能量,驱动电机将电能转化成机械能传给减速机构,从而驱动汽车行驶。在汽车制动时,驱动电机变成发电机,动力电池和超级电容将储存回馈的能量。在燃料电池、动力电池和超级电容器联合供能时,燃料电池的能量输出较为平缓,随时间变化波动较小,而能量需求变化的低频部分由动力电池承担,能量需求变化的高频部分由超级电容器承担。在这种结构中,各动力源的分工更加明细,因此它们的优势也得到更好的发挥。

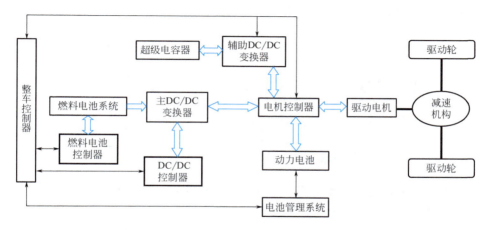

图16-4 燃料电池与辅助动力电池和超级电容器联合驱动的燃料电池电动汽车动力系统
机械连接; 电气连接; 通信连接

这种结构与燃料电池+动力电池的结构相比优点更加明显,尤其是在部件效率、动态特性、制动能量回馈等方面。缺点也一样更加明显,增加了超级电容器,整个系统的重量将可能增加;系统更加复杂化,系统控制和整体布置的难度也随之增大。

如果能够对系统进行很好的匹配和优化,这种结构带来的汽车良好的性能具有很大的吸引力。

在三种混合驱动中,FC+B+C组合被认为能够最大限度满足整车的启动、加速、制动的动力和效率需求,但成本最高,结构和控制也最为复杂。目前燃料电池电动汽车动力系统的一般结构是FC+B组合,这是因为它具有以下特点。

① 燃料电池单独或与动力电池共同提供持续功率,而且在车辆启动、爬坡

和加速等峰值功率需求时,动力电池提供峰值功率。

② 在车辆起步的时候和功率需求量不大的时候,动力电池可以单独输出能量。

③ 动力电池技术比较成熟,可以在一定程度上弥补燃料电池技术上的不足。

目前,FC+B 燃料电池电动汽车动力系统分为直接型和间接型两种结构形式。

(1) 直接型燃料电池混合动力系统 直接型燃料电池混合动力系统是指燃料电池与系统总线直接相连,如图 16-5 所示,在该系统中,由于燃料电池系统和动力电池均直接并入动力系统总线中,直接与电机控制器相连,结构简单易行。此外,由于动力电池既可输出功率,改善燃料电池系统本身在汽车行驶过程中可能出现动力性较差的情况,又可在燃料电池功率输出过剩时将多余的功率储存在其内部,从而提高整车的能量利用率。

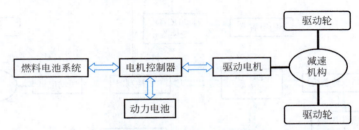

图 16-5 直接型燃料电池混合动力系统(无 DC/DC 变换器)

直接型燃料电池混合动力系统还有一种燃料电池系统直接连入主线、动力电池与双向 DC/DC 变换器相连后并入主线的结构形式,如图 16-6 所示。

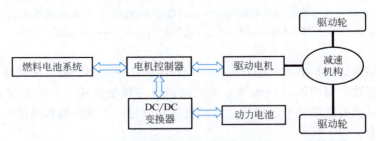

图 16-6 直接型燃料电池混合动力系统(有 DC/DC 变换器)

这种结构形式的动力系统,由于在动力电池和总线之间增加了一个双向 DC/DC 变换器,使得动力电池的电压可以无需与总线上的电压保持一致,降低了动力电池的设计要求,从而可以在一定程度上提高动力电池的性能;另外,DC/DC 变换器的引入,对于系统控制而言,可以更加方便灵活地控制动力电池的充放电,改善系统的可操作性。

总地来说，直接型燃料电池混合动力系统具有结构简单、易于实现等优点，然而存在一个不可避免的问题，那就是由于燃料电池与总线直接相连，总线电压即为燃料电池的输出电压。然而在汽车行驶时，驱动电机的工作电压会与燃料电池的输出电压产生一定的电压差，当燃料电池正常工作时，其输出电压为总线电压，此时若输出电压小于驱动电机的工作电压时，会导致驱动电机的输出功率降低，进而影响整车行驶的动力性能；与之相反，当驱动电机在其最大输出功率的电压下工作时，若驱动电机工作电压小于燃料电池输出电压，则会影响燃料电池系统的工作效率，降低整车的经济性能。

（2）间接型燃料电池混合动力系统　此种动力系统的结构形式是燃料电池系统与DC/DC变换器连接后，动力电池与其一起并联入动力系统总线中，如图16-7所示。

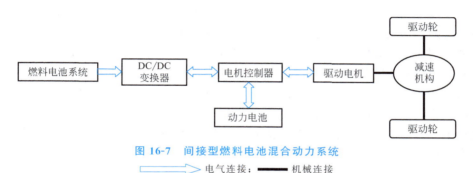

图16-7　间接型燃料电池混合动力系统

⇒ 电气连接；── 机械连接

间接型燃料电池混合动力系统在一定程度上解决了直接型燃料电池混合动力系统中存在的燃料电池输出电压与驱动电机工作电压之间矛盾的问题，既可保证驱动电机始终工作在其最佳工作电压范围内，又保证了燃料电池的输出电压不受干扰和限制，改善了系统的工作性能。

第二节　燃料电池电动汽车组成与原理

一、燃料电池电动汽车的组成

燃料电池电动汽车主要由燃料电池、高压储氢罐、辅助动力源、DC/DC变换器、驱动电机和整车控制器等组成，如图16-8所示。

（1）燃料电池　燃料电池是燃料电池电动汽车的主要动力源，它是一种不燃烧燃料而直接以电化学反应方式将燃料的化学能转变为电能的高效发电装置。

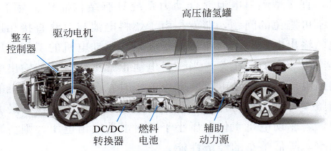

图 16-8 燃料电池电动汽车的组成

发电的基本原理是，电池的阳极（燃料极）输入氢气（燃料），氢分子（H_2）在阳极催化剂作用下被离解成为氢离子（H^+）和电子（e），氢离子（H^+）穿过燃料电池的电解质层向阴极（氧化极）方向运动，电子（e）因通不过电解质层而由一个外部电路流向阴极；在电池阴极输入氧气（O_2），氧气在阴极催化剂作用下离解成为氧原子（O），与通过外部电路流向阴极的电子（e）和燃料穿过电解质的氢离子（H^+）结合生成稳定结构的水（H_2O），完成电化学反应，放出热量。这种电化学反应与氢气在氧气中发生的剧烈燃烧反应是完全不同的，只要阳极不断输入氢气，阴极不断输入氧气，电化学反应就会连续不断地进行下去，电子（e）就会不断通过外部电路流动形成电流，从而连续不断地向汽车提供电力。

（2）高压储氢罐 高压储氢罐是气态氢的储存装置，用于给燃料电池供应氢气。为保证燃料电池电动汽车一次充气有足够的续驶里程，就需要多个高压储氢罐来储存气态氢气。一般轿车需要 2~4 个高压储氢罐，大客车需要 5~10 个高压储氢罐。

（3）辅助动力源 根据 FCEV 的设计方案不同，其所采用的辅助动力源也有所不同，可以用蓄电池组、飞轮储能器或超大容量电容器等共同组成双电源系统。

（4）DC/DC 变换器 FCEV 的燃料电池需要配备单向 DC/DC 变换器，蓄电池和超级电容器需要配备双向 DC/DC 变换器。DC/DC 变换器的主要功能有调节燃料电池的输出电压，能够升压到 650V；调节整车能量分配；稳定整车直流母线电压。

（5）驱动电机 燃料电池电动汽车用的驱动电机主要有直流电机、交流电机、永磁同步电机和开关磁阻电机等，具体选型必须结合整车开发目标，综合考虑电机的特点。

（6）整车控制器 整车控制系统是燃料电池电动汽车的大脑，由燃料电池管理系统、电池管理系统、驱动电机控制器等组成，它一方面接收来自驾驶员的需求信息(如点火开关、油门踏板、制动踏板、挡位信息等)实现整车工况控制;另一方面基于反馈的实际工况(如车速、制动、电机转速等)以及动力系统的状况(燃料电池及动力蓄电池的电压、电流等),根据预先匹配好的多能源控制策略进行能量分配调节控制。

二、燃料电池电动汽车的工作原理

燃料电池电动汽车的工作原理如图16-9所示,高压储氢罐中的氢气和空气中的氧气在汽车搭载的燃料电池中发生氧化还原化学反应,产生出电能,驱动电机工作,驱动电机产生的机械能经减速机构传给驱动轮,驱动汽车行驶。

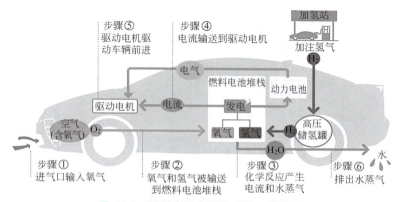

图16-9 燃料电池电动汽车的工作原理

三、丰田Mirai燃料电池电动汽车

丰田Mirai燃料电池电动汽车的结构如图16-10所示。

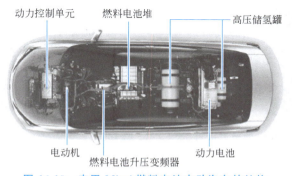

图16-10 丰田Mirai燃料电池电动汽车的结构

丰田Mirai使用了液态氢作为动力能源,液态氢被储存在位于车身后半部分

的高压储氢罐中。两个高压储氢罐分别置于后轴的前后两端。相比于纯电动汽车，燃料电池车 Mirai 的最大优点在于，氢燃料添加的过程与传统添注汽油或者柴油相似，充满仅需要 3~5min。整车动力系统可提供最大 113kW 功率及 335N·m 的峰值转矩，最高车速为 200km/h，百公里加速约 9s，续航里程可达 500km，足以满足日常应用。

图 16-11 所示为丰田 Mirai 的燃料电池，由 370 个电芯组成，升压系统最终的最大输出电压可达 650V，满足驱动电机的最大输出要求。

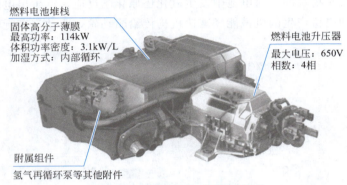

图 16-11　丰田 Mirai 的燃料电池

图 16-12 所示为丰田 Mirai 的驱动电机，最大输出功率为 113kW，最大输出转矩为 335N·m。

图 16-13 所示为丰田 Mirai 的驱动电机控制单元，它就像汽车的大脑，所有的动力均由控制单元计算后分配到各驱动轮上。

图 16-12　丰田 Mirai 的驱动电机　　　　图 16-13　丰田 Mirai 的驱动电机控制单元

图 16-14 所示为丰田 Mirai 的动力电池，燃料电池输出剩余的电能和制动回收的电能都被动力电池储存起来，供急加速和车载用电器使用。

图 16-15 所示为丰田 Mirai 的储氢罐，内层采用高分子聚合物材料，与氢气

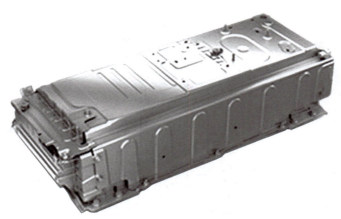

图 16-14 丰田 Mirai 的动力电池

接触不发生反应；中间层是高压储氢罐最重要的一层，采用热塑性碳纤维增强塑料；外层采用玻璃纤维增强聚合物材料。两个储氢罐的容积分别为 60L 和 62.4L，储气压力可达 70MPa。

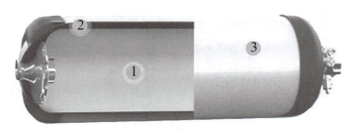

图 16-15 丰田 Mirai 的储氢罐

图 16-16 所示为丰田 Mirai 的工作原理，储氢罐中的氢气与车头吸入的氧气在燃料电池内发生反应，产生的电能驱动电机，从而带动车辆行驶；反应产生的剩余电能存入动力电池内。

丰田 Mirai 燃料电池电动汽车行驶工况分为启动、一般行驶、加速行驶以及减速行驶，如图 16-17 和图 16-18 所示。

(1) 启动工况　车辆启动时，由车载蓄电池进行供电，此时，来自蓄电池的电源直接提供给驱动电机，使电机工作，驱动车轮转动，此时，燃料电池不参与工作。

(2) 一般行驶工况　一般行驶工况下，来自高压储氢罐的氢气经高压管路提供给燃料电池，同时，来自空气压缩机的氧气也提供给燃料电池，经质子交换膜内部产生电化学反应，产生大约 300V 的电压，然后经 DC/DC 变换器进行升压，转变为 650V 的直流电，经动力控制单元转换为交流电提供给驱动电机，驱动电

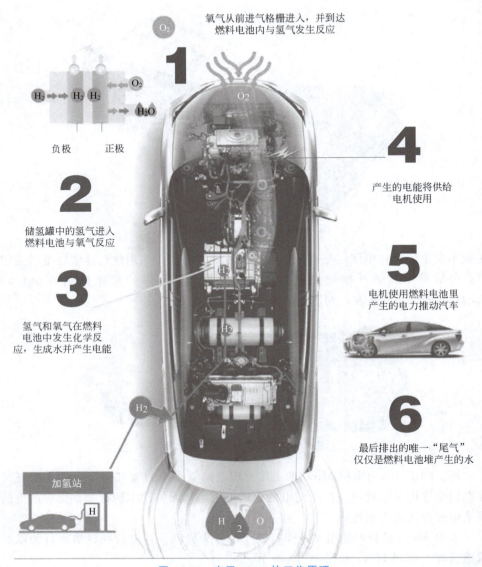

图 16-16 丰田 Mirai 的工作原理

机运转,带动车轮转动。

(3)加速行驶工况 加速时,除了燃料电池正常工作外,需要由车载蓄电池参与工作,以提供额外的电力供驱动电机使用,此时车辆处于大负荷工况下。

(4)减速行驶工况 减速时,车辆在惯性作用下行驶,此时燃料电池不再工作,车辆减速所产生的惯性能量由转换为发电机的驱动电机进行发电,经动力控制单元将其转换为直流电后，反馈回车载蓄电池进行电能的回收。

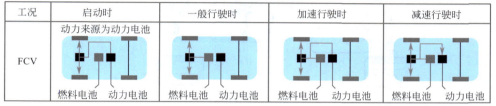

图 16-17 燃料电池电动汽车行驶工况示意图

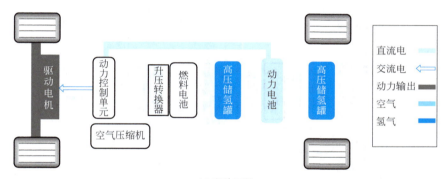

(a) 启动工况

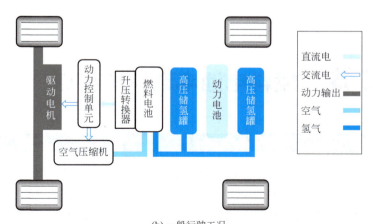

(b) 一般行驶工况

图 16-18

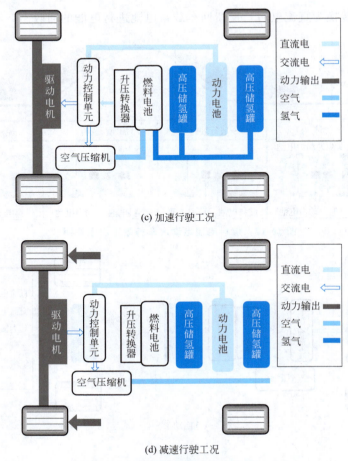

(c) 加速行驶工况

(d) 减速行驶工况

图 16-18　燃料电池电动汽车行驶工况

第三节　燃料电池电动汽车特点

一、燃料电池电动汽车的优点

燃料电池电动汽车与内燃机汽车和纯电动汽车相比，具有以下优点。

（1）效率高　燃料电池的工作过程是化学能转化为电能的过程，不受卡诺循环的限制，能量转换效率较高，可以达到 30% 以上，而汽油机和柴油机汽车整车效率分别为 16%～18% 和 22%～24%。

（2）续驶里程长　采用燃料电池系统作为能量源，克服了纯电动汽车续驶里程短的缺点，其长途行驶能力及动力性已经接近于传统汽车。

（3）绿色环保　燃料电池没有燃烧过程，以纯氢作燃料，生成物只有水，属于零排放。采用其他富氢有机化合物用车载重整器制氢作为燃料电池的燃料，生产物除水之外还可能有少量的 CO_2，接近零排放。

（4）过载能力强　燃料电池除了在较宽的工作范围内具有较高的工作效率外，其短时过载能力可达额定功率的 200% 或更大。

（5）低噪声　燃料电池属于静态能量转换装置，除了空气压缩机和冷却系统以外无其他运动部件，因此与内燃机汽车相比，运行过程中噪声和振动都较小。

（6）设计方便灵活　燃料电池电动汽车可以按照 X-By-Wire 的思路进行设计，改变传统的汽车设计概念，可以在空间和质量等问题上进行灵活的配置。

二、燃料电池电动汽车的缺点

① 燃料电池电动汽车的制造成本和使用成本过高。

② 辅助设备复杂，且重量和体积较大。

③ 启动时间长，系统抗振能力有待进一步提高。此外，在 FCEV 受到振动或者冲击时，各种管道的连接和密封的可靠性需要进一步提高，以防止泄漏，降低效率，严重时引发安全事故。

第十七章 燃料电池

燃料电池（Fuel Cell，FC）是一种化学电池，它直接把物质发生化学反应时释放出的能量变换为电能，工作时需要连续地向其供给活物质（起反应的物质）——燃料和氧化剂。由于它是把燃料通过化学反应释放出的能量变为电能输出，所以被称为燃料电池。

第一节 燃料电池性能指标

燃料电池性能指标主要有额定电压、额定电流、额定功率、电流密度、功率密度、寿命、效率和成本等。

（1）额定电压 额定电压是指在特定工况条件下，在额定功率时电堆的端电压。

（2）额定电流 额定电流是指在特定工况条件下，在额定功率时电堆的电流。

（3）额定功率 额定功率是制造厂规定的燃料电池堆在特定工况条件下能够持续工作的功率。

（4）电流密度 单个燃料电池的关键指标是电流密度，即单位电极面积上的电流强度（A/cm^2）。但燃料电池的电流强度并不与电极面积成正比，电极面积增大一倍，电流强度并不增加一倍，这与燃料电池的类型和电池的设计等因素有关。

（5）功率密度 燃料电池具有一定的功率、重量和体积，关键指标是功率密度和比功率。功率密度是指电池单位活性面积的功率（W/cm^2）；体积比功率是指电池单位体积的功率（W/m^3）；质量比功率是指电池单位质量的功率（W/kg）。

（6）寿命　燃料电池的寿命通常是指电源工作的累积时间（h）。当燃料电池不能输出额定功率时，它的寿命即告终结。例如，一个额定功率为 1kW 的燃料电池电源，出厂时的输出功率一般比额定电压高 20%，即 1.2kW。当该电源的输出功率小于 1kW 时，它就失效了。

（7）效率　同其他发电装置一样，效率是燃料电池电源的重要指标，效率与能源利用率密切相关。

（8）成本　燃料电池的成本是制约其应用的最重要指标。

对于燃料电池电动汽车，最重要的指标是功率密度和成本。

第二节　燃料电池发电系统

燃料电池发电系统是用燃料电池模块通过电化学过程将反应物（燃料和氧化剂）的化学能转化为电能（直流或交流电）和热能的系统，其组成如图 17-1 所示。图中实线框内部分为燃料电池发电系统，主要由燃料电池模块、氢燃料供应与处理系统、氧化剂处理系统、增湿系统、通风系统、水管理系统、热管理系统、功率调节系统及自动控制系统等组成。

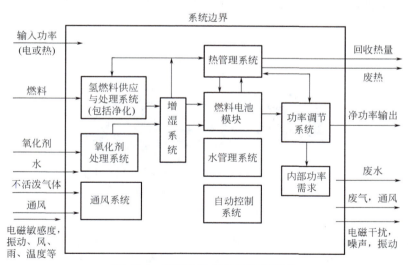

图 17-1　燃料电池发电系统示意图

（1）燃料电池模块　燃料电池模块是由多个燃料电池堆（组）按特定供给反应物方式和电连接方式构成的组合体，它将燃料和氧化剂中的化学能直接变成电能，而不需要经过燃烧的过程，是一个电化学装置。

燃料电池堆（组）是由两个或多个单体电池通过紧固结构组成的，具有共用管道和统一输出的组合体，如图 17-2 所示。

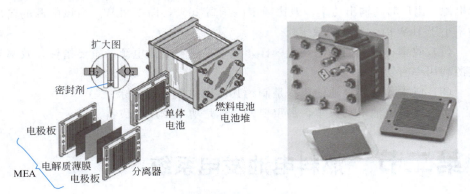

图 17-2　燃料电池堆

（2）氢燃料供应与处理系统　氢燃料供应与处理系统是给燃料电池提供燃料，并将输入的燃料转化为燃料电池堆所需化学组成的燃料的化学处理装置及其相关的热交换器和控制装置的组合。燃料供应系统包含的管路、阀门、传感器、燃料处理装置等，应符合相关标准和使用要求。燃料电池电动汽车的氢燃料供应主要用高压储氢罐，使用碳纤维强化塑料的三层结构，可以承受 70MPa 的高压，如图 17-3 所示。

图 17-3　燃料电池电动汽车高压储氢罐

（3）氧化剂处理系统　氧化剂处理系统包括过滤器、管路、处理装置、传感器件、阀门等，应符合相应标准。氧化剂处理系统是可以对供给燃料电池发电系统使用的氧化剂进行计量、调整，并对其进行压缩的系统。氧气的来源有从空气中获取氧气或从氧气罐中获取氧气，空气需要用压缩机来提高压力，以增加燃料电池反应的速率。

（4）增湿系统　增湿系统是为保证质子交换膜的质子传导能力，向电池内部提供气态或液态水的措施。

（5）通风系统　通风系统是通过机械的方法，向燃料电池发电系统的机柜内提供空气。

（6）水管理系统　水管理系统包括管路、循环水泵、阀门、传感器件、水储存与补充箱等，应符合相应标准。发电系统生成水回收用作燃料或氧化剂增湿使用或其他使用用途时，应去除水中对发电系统有害的物理颗粒与金属离子。

（7）热管理系统　热管理系统包括散热器和配套风扇、循环流体泵、阀门、传感器件、冷却流通储存箱与补充箱等，应符合相应标准。热管理系统提供冷却和散热功能以保持燃料电池发电系统内部的热平衡，还可以回收余热以及在启动过程中协助加热动力传动系统。

（8）功率调节系统　燃料电池堆输出功率将根据发电系统内部装置所消耗的功率和对外输出功率的要求，通过DC/DC或DC/AC装置对电流和电压进行调节，提供符合使用要求的功率输出。

（9）自动控制系统　自动控制系统包括为保障发电系统正常运行进行调节与监控所必需的传感器件、线路、执行器、控制器件、软件程序等，应符合相应标准。

第三节　燃料电池主要类型

根据燃料电池中使用电解质种类的不同，可分为质子交换膜燃料电池（PEMFC）、碱性燃料电池（AFC）、磷酸燃料电池（PAFC）、熔融碳酸盐燃料电池（MCFC）、固体氧化物燃料电池（SOFC）、直接甲醇燃料电池（DMFC）等。

一、质子交换膜燃料电池

质子交换膜燃料电池（PEMFC）采用可传导离子的聚合膜作为电解质，所以也叫聚合物电解质燃料电池（PEFC）、固体聚合物燃料电池（SPFC）或固体聚合物电解质燃料电池（SPEFC），是目前应用最广泛的燃料电池。

1. 质子交换膜燃料电池的基本结构

PEMFC基本单元由质子交换膜、催化剂层、扩散层、集流板（又称双极板）等组成，如图17-4所示。

（1）质子交换膜　质子交换膜（PEM）是质子交换膜燃料电池中最重要的部件之一，其性能好坏直接影响电池的性能和寿命。质子交换膜燃料电池中的质子交换膜与一般化学电源中使用的隔膜有很大不同，它不仅是一种将阳极的燃料

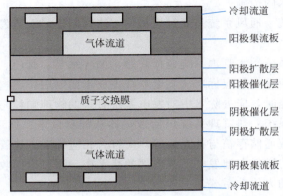

图 17-4　质子交换膜燃料电池结构示意图

与阴极的氧化剂隔开的隔膜材料，它还是电解质和电极活性物质（电催化剂）的基底，即兼有隔膜和电解质的作用；另外，PEM 还是一种选择透过性膜，在质子交换膜的高分子结构中，含有多种离子基团，它只允许 H^+ 穿过，其他离子、气体及液体均不能通过。

（2）电催化剂　为了加快电化学反应速率，气体扩散电极上都含有一定量的催化剂。PEMFC 电催化剂主要有铂系和非铂系电催化剂两类。目前多采用铂催化剂。由于这种电池是在低温条件下工作的，因此，提高催化剂的活性，防止电极催化剂中毒很重要。

（3）电极　质子交换膜燃料电池电极是一种多孔气体扩散电极，一般由扩散层和催化层构成。扩散层是由导电材料制成的多孔合成物，起着支撑催化层、收集电流，并为电化学反应提供电子通道、气体通道和排水通道的作用。催化层是进行电化学反应的区域，是电极的核心部分，其内部结构粗糙多孔，因而有足够的表面积以促进氢气和氧气的电化学反应。因此电极制作的好坏对电池的性能有重要影响。

（4）膜电极　膜电极（MEA）是通过热压将阴极、阳极与质子交换膜复合在一起而形成的。为了使电化学反应顺利进行，多孔气体扩散电极必须具备质子、电子、反应气体和水的连续通道。膜电极性能不仅依赖于电催化剂活性，还与电极中四种通道的构成及各种组分的配比、电极孔分布与孔隙率、电导等因素密切相关。

理想的电极结构必须满足的条件有，反应区必须透气（即高气体渗透性）；气体所到之处需要有催化剂粒子，即催化剂必须分布在能接触到气体分子的表面；催化剂又必须与 Nafion 膜接触，以保证反应产生离子的顺利通过（即高质子传导性）；作为催化剂载体的炭黑导电性要高，这将有利于电子转移（即高导电性），因催化剂不能连成片（必须有很大的催化活性表面才能提高催化反应速率，而片状金属表面积小），难以作为电导体。所以，催化剂粒子上反应产生或需要的电子必须通过导电性物质与电极沟通；催化剂的稳定性要好。高分散、细颗粒的 Pt 催化剂表面自由能大，很不稳定，需要掺入一些其他催化剂以降低其表面自由能，或者掺入少量含有能与催化剂形成化学键或弱结合力元素的物质。

（5）双极板与流场 双极板又称集流板，是电池的重要部件之一，其作用是分隔反应气体，收集电流，将各个单电池串联起来和通过流场为反应气体进入电极及水的排出提供通道。目前，制备质子交换膜燃料电池双极板广泛采用的材料是炭质材料、金属材料及金属与炭质的复合材料。而对金属板，为改善其在电池工作条件下的抗腐蚀性能，必须进行表面改性。

质子交换膜燃料电池的流场板一般是指按一定间隔开槽的石墨板，开的槽就是流道，在槽之间形成流道间隔。流场功能是引导反应气体流动方向，确保反应气体均匀分配到电极的各处流场，经电极扩散层到达催化层参与电化学反应。为提高电池反应气体的利用率，通常排放尾气越少越好，流场设计的好坏直接影响电池尾气的排放量。

在常见的质子交换膜燃料电池中，有的流场板与双极板是分体的，如网状流场板等；有的流场板与双极板是一体的，如点状流场和部分蛇形流场板等，这样流场除了具有上述流场板的功能以外，还要兼顾双极板的作用。至今已开发点状、网状、多孔体、平行沟槽、蛇形和交指形流场等多种。

通常，质子交换膜燃料电池的运行需要一系列辅助设备与其共同构成发电系统。质子交换膜燃料电池一般由电池堆、氢气系统、氧化剂系统、水热管理系统、安全系统和控制系统等构成。

电池堆是系统的核心，承担把化学能转化成电能的任务；氢气系统提供燃料电池正常工作所需氢气；氧化剂系统提供燃料电池正常工作所需氧气；水热管理系统保证燃料电池堆所需空气、氢气的温度和湿度，保证电堆在正常温度下工作；安全系统由氢气探测器、数据处理系统以及灭火设备等构成，保证系统运行安全；控制系统通过检测传感器信号和需求信号，利用一定的控制策略保证系统正常工作。

2. 质子交换膜燃料电池的工作原理

质子交换膜燃料电池在原理上相当于水电解的"逆"装置。其单电池由阳极、阴极和质子交换膜组成，阳极为氢燃料发生氧化的场所，阴极为氧化剂还原的场所，两极都含有加速电极电化学反应的催化剂，质子交换膜为电解质。其工作原理如图 17-5 所示。

导入的氢气通过阳极集流板（双极板）经由阳极气体扩散层到达阳极催化剂

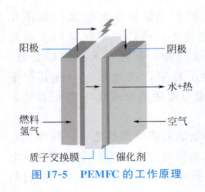

图 17-5 PEMFC 的工作原理

层,在阳极催化剂作用下,氢分子分解为带正电的氢离子(即质子)并释放出带负电的电子,完成阳极反应;氢离子穿过膜到达阴极催化剂层,而电子则由集流板收集,通过外电路到达阴极,电子在外电路形成电流,通过适当连接可向负载输出电能;在电池另一端,氧气通过阴极集流板(双极板)经由阴极气体扩散层到达阴极催化剂层。在阴极催化剂的作用下,氧与透过膜的氢离子及来自外电路的电子发生反应生成水,完成阴极反应;电极反应生成的水大部分由尾气排出,一小部分在压力差的作用下通过膜向阳极扩散。阴极和阳极发生的电化学反应为

$$2H_2 \longrightarrow 4H^+ + 4e$$

$$4e + 4H^+ + O_2 \longrightarrow 2H_2O$$

电池总的反应为

$$2H_2 + O_2 \longrightarrow 2H_2O$$

上述过程是理想的工作过程,实际上,整个反应过程中会有很多中间步骤和中间产物的存在。

3. 质子交换膜燃料电池的特点

质子交换膜燃料电池具有以下优点。

(1) 能量转化效率高 过氢氧化合作用,直接将化学能转化为电能,不通过热机过程,不受卡诺循环的限制。

(2) 可实现零排放 唯一的排放物是纯净水,没有污染物排放,是环保型能源。

(3) 运行噪声低,可靠性高 质子交换膜燃料电池无机械运动部件,工作时仅有气体和水的流动。

(4) 维护方便 质子交换膜燃料电池内部构造简单,电池模块呈现自然的"积木化"结构,使得电池组的组装和维护都非常方便,也很容易实现"免维护"设计。

(5) 发电效率平稳 发电效率受负荷变化影响很小,非常适合于用作分散型发电装置(作为主机组),也适于用作电网的"调峰"发电机组(作为辅机组)。

(6) 氢来源广泛 氢是世界上存在最多的元素,氢气来源极其广泛,是一种可再生的能源资源。可通过石油、天然气、甲醇、甲烷等进行重整制氢;也可通

过电解水制氢、光解水制氢、生物制氢等方法获取氢气。

(7) 技术成熟 氢气的生产、储存、运输和使用等技术目前均已非常成熟、安全、可靠。

质子交换膜燃料电池具有以下缺点。

(1) 成本高 虽然膜材料和催化剂均十分昂贵，但成本在不断地降低，一旦能够大规模生产，比价的经济效益将会充分显示出来。

(2) 对氢的纯度要求高 这种电池需要纯净的氢，因为它们极易受到 CO 和其他杂质的污染。

因为质子交换膜燃料电池的工作温度低，启动速度较快，功率密度较高（体积较小），所以很适于用作新一代交通工具的动力。从目前发展情况看，质子交换膜燃料电池是技术最成熟的燃料电池电动汽车动力源，质子交换膜燃料电池电动汽车被业内公认为是电动汽车的未来发展方向。燃料电池将会成为继蒸汽机和内燃机之后的第三代动力系统。

二、碱性燃料电池

碱性燃料电池（AFC）以强碱（如 KOH、NaOH）为电解质，H_2 为燃料，纯氧或脱除微量 CO_2 的空气为氧化剂，采用对氧电化学还原具有良好催化活性的 Pt/C、Ag、Ag-Au、Ni 等为电催化剂制备的多孔气体扩散电极为氧化极，以 Pt-Pd/C、Pt/C、Ni 或硼化镍等具有良好催化氢电化学氧化的电催化剂制备的多孔气体电极为氢电极。以无孔炭板、镍板或镀镍甚至镀银、镀金的各种金属（如铝、镁、铁等）板为双极板材料，在板面上可加工各种形状的气体流动通道构成双极板。

1. 碱性燃料电池的结构

碱性燃料电池的结构如图 17-6 所示。将电极以电解液保持室隔板的形式粘接在塑料制成的电池框架上，然后再加上隔板即构成单体电池。

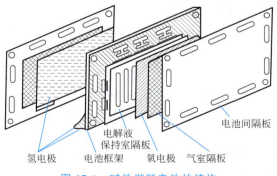

图 17-6 碱性燃料电池的结构

2. 碱性燃料电池的工作原理

如图 17-7 所示为碱性石棉膜型氢氧燃料电池的工作原理。

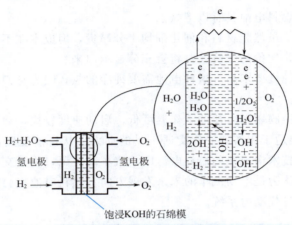

图 17-7　碱性石棉膜型氢氧燃料电池的工作原理

在阳极，氢气与碱中的 OH^- 在电催化剂的作用下，发生氧化反应，生成水和电子，电子通过外电路达到阴极，在阴极电催化剂的作用下，参与氧的还原反应，生成的 OH^- 通过饱浸碱液的多孔石棉迁移到氢电极。阳极和阴极发生的电化学反应为

$$H_2 + 2OH^- \longrightarrow 2H_2O + 2e$$
$$O_2 + 2H_2O + 4e \longrightarrow 4OH^-$$

总的反应为

$$2H_2 + O_2 \longrightarrow 2H_2O$$

3. 碱性燃料电池的特点

碱性燃料电池具有以下特点。

① 碱性燃料电池具有较高的效率（60%～70%）。

② 工作温度为 60～120℃，因此，它们的启动也很快，但其电力密度却比质子交换膜燃料电池的密度低十几倍。

③ 性能可靠，可用非贵金属作催化剂。

④ 它是燃料电池中生产成本最低的一种电池。

⑤ 它是技术发展最快的一种电池，主要为空间任务服务，包括为航天飞机提供动力和饮用水，用于交通工具，具有一定的发展和应用前景。

⑥ 使用具有腐蚀性的液态电解质，具有一定的危险性和容易造成环境污染，此外，为解决 CO_2 毒化所采用的一些方法，如使用循环电解液、吸收

CO_2 等增加了系统的复杂性。

三、磷酸燃料电池

磷酸燃料电池（PAFC）是以酸为导电电解质的酸性燃料电池。磷酸燃料电池被称为继火电、水电、核电之后的第 4 种发电方式，它是目前唯一进行了商业化运行的燃料电池。

1. 磷酸燃料电池的结构

磷酸燃料电池的电池片由基材及肋条板催化剂层所组成的燃料极、保持磷酸的电解质层、与燃料极具有相同构造的空气极构成。在燃料极，燃料中的氢原子释放电子成为氢离子。氢离子通过电解质层，在空气极与氧离子发生反应生成水。将数枚单电池片进行叠加，每数枚电池片中叠加进降低发电时内部热量的冷却板，从而构成输出功率稳定的基本电池堆。再加上用于上下固定的构件、供气用的集合管等构成磷酸燃料电池的电池堆，其结构如图 17-8 所示。

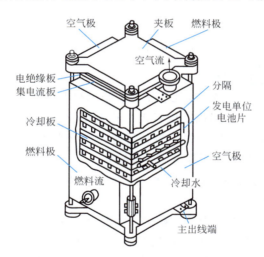

图 17-8　磷酸燃料电池堆的结构

2. 磷酸燃料电池的工作原理

如图 17-9 所示为磷酸燃料电池的原理。磷酸燃料电池使用液体磷酸为电解质，通常位于碳化硅基质中。当以氢气为燃料、氧气为氧化剂时，在电池内发生电化学反应。

阳极和阴极发生的电化学反应为

$$H_2 \longrightarrow 2H^+ + 2e$$

$$O_2 + 4H^+ + 4e \longrightarrow 2H_2O$$

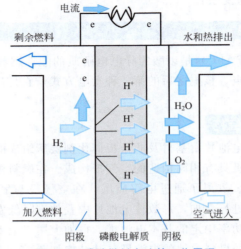

图 17-9 磷酸燃料电池的工作原理

总的电化学反应为

$$2H_2 + O_2 \longrightarrow 2H_2O$$

3. 磷酸燃料电池的特点

磷酸燃料电池的工作温度要比质子交换膜燃料电池和碱性燃料电池的工作温度略高，为 170～210℃，但仍需电极上的白金催化剂来加速反应。较高的工作温度也使其对杂质的耐受性较强，当其反应物中含有 1%～2% 的 CO 和百万分之几的硫时，磷酸燃料电池照样可以工作。

磷酸燃料电池的效率比其他燃料电池低，为 40%～50%，其加热的时间也比质子交换膜燃料电池长。

磷酸燃料电池具有构造简单、稳定、电解质挥发度低等优点。磷酸燃料电池可用作公共汽车的动力，而且有许多这样的系统正在运行，不过这种电池很难用在轿车上。目前，磷酸燃料电池能成功地用于固定的应用，已有许多发电能力为 0.2～20MW 的工作装置被安装在世界各地，为医院、学校和小型电站提供电力。

四、熔融碳酸盐燃料电池

熔融碳酸盐燃料电池（MCFC）是由多孔陶瓷阴极、多孔陶瓷电解质隔膜、多孔金属阳极、金属极板构成的燃料电池。

1. 熔融碳酸盐燃料电池的结构

单体的熔融碳酸盐燃料电池一般是平板型的，由电极-电解质、燃料流通道、氧化剂流通道和上下隔板组成，如图 17-10 所示。单体的上下为隔板/电流采集板，中间部分是电解质板，电解质板的两侧为多孔的阳极极板和阴极极板，其电解质是熔融态碳酸盐。

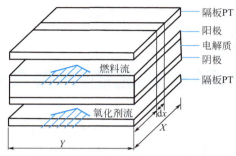

图 17-10　单体熔融碳酸盐燃料电池结构

2. 熔融碳酸盐燃料电池的工作原理

熔融碳酸盐燃料电池的工作原理如图 17-11 所示。

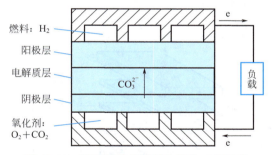

图 17-11　熔融碳酸盐燃料电池的工作原理

燃料电池工作过程实质上是燃料的氧化和氧化剂的还原过程。燃料和氧化剂气体流经阳极和阴极通道。氧化剂中的 O_2 和 CO_2 在阴极与电子进行氧化反应产生 CO_3^{2-}，电解质板中的 CO_3^{2-} 直接从阴极移动到阳极，燃料气中的 H_2 与 CO_3^{2-} 在阳极发生反应，生成了 CO_2、H_2O 和电子。电子被集流板收集起来，然后到达隔板。隔板位于燃料电池单元的上部和下部，并和负载设备相连，从而构成了包括电子传输和离子移动在内的完整的回路。

其电化学反应式为

$$H_2(a) + CO_3^{2-} \longrightarrow H_2O(a) + CO_2(a) + 2e(a)$$

$$2CO_2 + O_2(c) + 4e(c) \longrightarrow 2CO_3^{2-}(c)$$

$$2H_2 + O_2 + 2CO_2(c) \longrightarrow 2H_2O + 2CO_2(a) + 2E^0 + Q^0$$

式中，a、c 分别表示阳极、阴极；e 表示电子；E^0 表示基本发电量；Q^0 表示基本放热量。

3. 熔融碳酸盐燃料电池的特点

熔融碳酸盐燃料电池是一种高温电池，具有效率高、噪声低、无污染、燃料多样化（氢气、煤气、天然气和生物燃料等）、余热利用价值高和电池构造材料价廉等诸多优点，是未来的绿色电站。

五、固体氧化物燃料电池

固体氧化物燃料电池（SOFC）属于第三代燃料电池，是一种在中高温下直接将储存在燃料和氧化剂中的化学能高效、环境友好地转化成电能的全固态化学发电装置，被普遍认为是在未来会与质子交换膜燃料电池一样得到广泛普及应用的一种燃料电池。

1. 固体氧化物燃料电池的结构

固体氧化物燃料电池单体主要由电解质、阳极或燃料极、阴极或空气极和连接体或双极板组成，如图 17-12 所示。

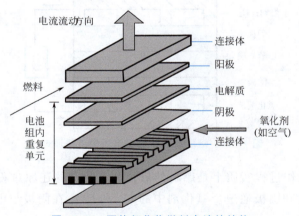

图 17-12　固体氧化物燃料电池的结构

固体电解质是固体氧化物燃料电池最核心的部件，它的主要功能在于传导氧离子。它的性能（包括电导率、稳定性、热胀系数、致密化温度等）不但直接影响电池的工作温度及转换效率，还决定了与其相匹配的电极材料及其制备技术的选择。目前常用的电解质材料是 Ni 粉弥散在 YSZ 的金属陶瓷，其离子电导率在氧分压变化十几个数量级时，都不发生明显变化。

电极材料本身首先是一种催化剂。阴极需要长期在高温和氧化环境中工作，起传递电子和扩散氧作用，应是多孔洞的电子导电性薄膜。固体氧化物燃料电池的工作温度高，只有贵金属或电子导电的氧化物适用于阴极材料，由于铂、钯等贵金属价格昂贵，一般只在实验范围内使用。实际常应用掺锶的锰酸镧作为固体氧化物燃料电池的阴极材料。目前，Ni/YSZ陶瓷合金造价最低，是实际应用中的首选的阳极材料。

连接材料在单电池间起连接作用，并将阳极侧的燃料气体与阴极侧的氧化气体（氧气或空气）隔离开来。钙钛矿结构的铬酸镧常用作固体氧化物燃料电池连接体材料。

2. 固体氧化物燃料电池的工作原理

固体氧化物燃料电池工作时，电子由阳极经外电路流向阴极，氧离子经电解质由阴极流向阳极。如图17-13所示为固体氧化物燃料电池的工作原理。

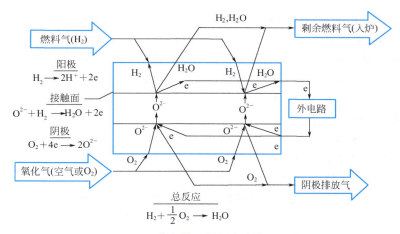

图17-13 固体氧化物燃料电池的工作原理

在阴极发生氧化剂（氧或空气）的电还原反应，即氧分子得到电子被还原为氧离子。阴极的电化学反应为

$$O_2 + 4e \longrightarrow 2O^{2-}$$

氧离子O^{2-}在电解质隔膜两侧电位差与浓差驱动力的作用下，通过电解质隔膜中的氧空位，定向跃迁到阳极侧。

在阳极发生燃料（氢或富氢气体）的电氧化反应，即燃料（如氢）与经电解质传递过来的氧离子进行氧化反应生成水，同时向外电路释放电子，电子通过外电路到达阴极形成直流电。

分别用H_2、CO、CH_4作燃料时，阳极反应为

$$H_2 + O^{2-} \longrightarrow H_2O + 2e$$
$$CO + O^{2-} \longrightarrow CO_2 + 2e$$

$$CH_4 + 4O^{2-} \longrightarrow 2H_2O + CO_2 + 8e$$

以 H_2 为例，电池的总反应为

$$2H_2 + O_2 \longrightarrow 2H_2O$$

3. 固体氧化物燃料电池的特点

固体氧化物燃料电池除具备燃料电池高效、清洁、环境友好的共性外，还具有以下优点。

① 固体氧化物燃料电池是全固态的电池结构，不存在电解质渗漏问题，避免了使用液态电解质所带来的腐蚀和电解液流失等问题，无需配置电解质管理系统，可实现长寿命运行。

② 对燃料的适应性强，可直接用天然气、煤气和其他烃类化合物作为燃料。

③ 固体氧化物燃料电池直接将化学能转化为电能，不通过热机过程，因此不受卡诺循环的限制。发电效率高，能量密度大，能量转换效率高。

④ 工作温度高，电极反应速率快，不需要使用贵金属作电催化剂。

⑤ 可使用高温进行内部燃料重整，使系统优化。

⑥ 低排放、低噪声。

⑦ 废热的再利用价值高。

⑧ 陶瓷电解质要求中、高温运行（600~1000℃），加快了电池的反应进行，还可以实现多种烃类燃料气体的内部还原，简化了设备。

但是，固体氧化物燃料电池也存在以下不足之处。

① 氧化物电解质材料为陶瓷材料，质脆易裂，电堆组装较困难。

② 高温热应力作用会引起电池龟裂，所以主要部件的热膨胀率应严格匹配。

③ 存在自由能损失。

④ 工作温度高，预热时间较长，不适用于需经常启动的非固定场所。

固体氧化物燃料电池的能量密度高、燃料范围广和结构简单等优点是其他燃料电池无法比拟的。随着固体氧化物燃料电池的生产成本和操作温度进一步地降低，能量密度的增加和启动时间进一步地缩短，可以预见，固体氧化物燃料电池在今后的燃料电池电动汽车发展中有比较广阔的发展前景。

六、直接甲醇燃料电池

直接甲醇燃料电池（DMFC）属于质子交换膜燃料电池中的一类，是直接使用水溶液以及蒸气甲醇为燃料供给来源，而不需通过重整器重整甲醇、汽油及天然气等再取出氢以供发电。

1. 直接甲醇燃料电池的结构与原理

直接甲醇燃料电池主要由阳极、固体电解质膜和阴极构成。阳极和阴极分别由多孔结构的扩散层和催化剂层组成，通常使用不同疏水性、亲水性的炭黑和聚四氟乙烯作为直接甲醇燃料电池的阳极和阴极材料，如图 17-14 所示。

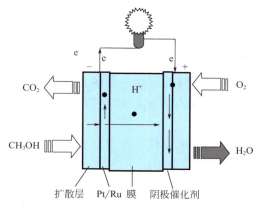

图 17-14　直接甲醇燃料电池的结构与原理

以甲醇为燃料，将甲醇和水混合物送至直接甲醇燃料电池阳极，在阳极甲醇直接发生电催化氧化反应生成 CO_2，并释放出电子和质子。阴极氧气发生电催化氧化还原反应，与阳极产生的质子反应生成水。电子从阳极经外电路转移至阴极形成直流电。

阳极和阴极发生的电化学应为

$$CH_3OH + H_2O \longrightarrow CO_2 + 6H^+ + 6e$$

$$3O_2 + 12e + 6H_2O \longrightarrow 12OH^-$$

总的电化学反应为

$$CH_3OH + \frac{3}{2}O_2 \longrightarrow CO_2 + 2H_2O$$

2. 直接甲醇燃料电池的特点

直接甲醇燃料电池具有以下特点。

① 甲醇来源丰富，价格低廉，储存和携带方便。

② 与质子交换膜燃料电池相比，结构更简单，操作更方便，体积能量密度更高。

③ 与重整式甲醇燃料电池相比，它没有甲醇重整装置，重量更轻，体积更小，响应时间更快。

其缺点是当甲醇低温转换为氢和 CO_2 时要比常规的质子交换膜燃料电池需要更多的白金催化剂。

直接甲醇燃料电池使用的技术仍处于发展中，但已成功地显示出可以用作移动电话和计算机的电源，将来可能成为可携式电子产品应用和交通器用电源的主流。

目前，车用燃料电池急需解决以下关键问题。

① 提高车用燃料电池单位质量（或体积）、电流密度及功率，提高车辆所必需的快速启动和动力响应的能力。

② 必须开发重量轻、体积更小、能储存更多氢能的车载氢储存器，以便更有效地利用燃料能量，提高续驶里程和载重量。

③ 必须解决好氢气的安全问题，在一定的条件下，氢气比汽油具有更大的危险性，所以无论采用什么储存方式，储存器及其安全措施都必须满足使用要求。

④ 电池组件必须采用积木化设计，开发有效的制造工艺，并进行高效的自动化生产，从而降低材料和制造费用。

⑤ 发展结构紧凑及性能可靠的质子交换膜燃料电池的同时开发应用其他燃料，像甲烷、柴油等驱动的质子交换膜燃料电池，这将会拓宽质子交换膜燃料电池的应用范围。

表 17-1 为 6 种燃料电池的主要特征参数比较。

表 17-1 6 种燃料电池的主要特征参数比较

项目	质子交换膜燃料电池	碱性燃料电池	磷酸燃料电池	熔融碳酸盐燃料电池	固体氧化物燃料电池	直接甲醇燃料电池
燃料	H_2	H_2	H_2	$CO、H_2$	$CO、H_2$	CH_3OH
电解质	固态高分子膜	碱溶液	液态磷酸	熔融碳酸锂	固体 ZrO_2	固态高分子膜
工作温度	约 80℃	60~120℃	170~210℃	60~650℃	约 1000℃	约 80℃
氧化剂	空气或氧	纯氧	空气	空气	空气	空气或氧
电极材料	C	C	C	Ni-M	Ni-YSZ	C
催化剂	Pt	Pt、Ni	Pt	Ni	Ni	Pt
腐蚀性	中	中	强	强	无	中
寿命	100000h	10000h	15000h	13000h	7000h	100000h
特征	比功率高，运行灵活，无腐蚀	高效率，对 CO_2 敏感，有腐蚀	效率较低，有腐蚀	效率高，控制复杂，有腐蚀	效率高，运行温度高，有腐蚀	比功率高，运行灵活，无腐蚀
效率	>60%	60%~70%	40%~50%	>60%	>60%	>60%
启动时间	几分钟	几分钟	2~4h	>10h	>10h	几分钟
主要应用领域	航天、军事、汽车、固定式用途	航天、军事	大客车、中小电厂、固定式用途	大型电厂	大型电厂、热站、固定式用途	航天、军事、汽车、固定式用途

第四节　车载储氢技术

车载储氢技术是燃料电池电动汽车应用的关键技术之一。

一、车载氢系统技术条件

车载氢系统是指从氢气加注口至燃料电池进口,与氢气加注、储存、输送、供给和控制有关的装置,如图 17-15 所示。

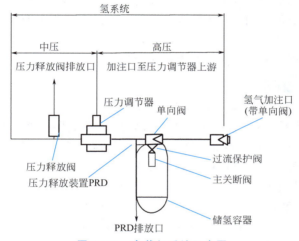

图 17-15　车载氢系统示意图

图 17-15 中,主关断阀是一种用来关断从储氢容器向该阀下游供应氢气的阀;储氢容器单向阀是储氢容器主阀中的一种用来防止氢气从储氢容器倒流回其加注口的阀;压力调节器是将氢系统压力控制在设计值范围内的阀;压力释放阀是当减压阀下游管路中压力反常增高时,通过排气而控制其压力在正常范围的阀。

1. 一般要求

① 车载氢系统应符合 GB/T 24549《燃料电池电动汽车　安全要求》的规定,且车载氢系统及其装置的安装应能在正常使用条件下,能安全、可靠地运行。

② 氢系统应最大限度减少高压管路连接点的数量,保证管路连接点施工方便、密封良好、易于检查和维修。

③ 氢系统中与氢接触的材料应与氢兼容,并应充分考虑氢脆现象对设计使

用寿命的影响。

④ 储氢容器组布置应保证车辆在空载、满载状态下的载荷分布符合规定。

⑤ 氢系统中使用的部件、元件、材料等，如储氢容器、压力调节阀、主关断阀、压力释放阀、压力释放装置、密封件及管路等应是符合相关标准的合格产品。

⑥ 主关断阀、储氢容器单向阀和压力释放装置应集成在一起，装载在储氢容器的端头。主关断阀的操作应采用电动方式，并应在驾驶员易于操作的部位，当断电时应处于自动关闭状态。

⑦ 应有过流保护装置或其他装置，当由检测储氢容器或管道内压力的装置检测到压力反常降低或流量反常增大时，能自动关断来自储氢容器内的氢气供应；如果采用过流保护阀，应安装在主关断阀上或靠近主关断阀。

⑧ 每个储氢容器的进口管路上都应装手动关断阀或其他装置，在加氢、排氢或维修时，可用来单独地隔断各个储氢容器。

2. 储氢容器和管路

① 不允许采用更换储氢容器的方式为车辆加注氢气。

② 氢系统管路安装位置及走向要避开热源以及电器、蓄电池等可能产生电弧的地方，至少应有 200mm 的距离。尤其是管路接头不能位于密闭的空间内。高压管路及部件可能产生静电的地方要可靠接地，或其他控制氢泄漏及浓度的措施，即便在产生静电的地方，也不会发生安全问题。

③ 储氢容器和管路一般不应装在乘客舱、行李舱或其他通风不良的地方；但如果不可避免要安装在行李舱或其他通风不良的地方时，应设计通风管路或其他措施，将可能泄漏的氢气及时排出。

④ 储氢容器和管路等应安装牢固，紧固带与储氢容器之间应有缓冲保护垫，以防行车时发生位移和损坏。当储氢容器按照标称工作压力充满氢气时，固定在储氢容器上的零件，应能承受车辆加速或制动时的冲击，而不发生松动现象。有可能发生损坏的部位应采取覆盖物加以保护。储氢容器紧固螺栓应有放松装置，紧固力矩符合设计要求。储氢容器安装紧固后，在上、下、前、后、左、右六个方向上应能承受 8g 的冲击力，保证储氢容器与固定座不损坏，相对位移不超过 13mm。

⑤ 支撑和固定管路的金属零件不应直接与管路接触，但管路与支撑和固定件直接焊合或使用焊料连接的情况例外。

⑥ 刚性管路布置合理、排列整齐，不得与相邻部件碰撞和摩擦；管路保护垫应能抗震和消除热膨胀冷缩影响，管路弯曲时，其中心线曲率半径应不小于管路外直径的 5 倍。两端固定的管路在其中间应有适当的弯曲，支撑点的间隔应不大于 1m。

⑦ 刚性管路及附件的安装位置，应距车辆的边缘至少有100mm的距离。否则，应增加保护措施。

⑧ 对可能受排气管、消音器等热源影响的储氢容器、管道等应有适当的热绝缘保护。要充分考虑使用环境对储氢容器可能造成的伤害，需要对储氢容器组加装防护装置。直接暴露在阳光下的储氢容器应有必要的覆盖物或遮阳棚。

⑨ 当车辆发生碰撞时，主关断阀应根据设计的碰撞级别，立即（自动）关闭，切断向管路的燃料供应。

3. 氢气泄漏及检测

① 氢气泄漏量。对一辆标准乘用车进行氢气泄漏量、渗漏量评估时，需要将其限制在一个封闭的空间内，增压至100%的标称工作压力，确保氢气的渗透和泄漏量在稳态条件下不超过0.15L/min（标准状况）。

② 在安装氢系统的封闭或半封闭的空间上方的适当位置，至少安装一个氢泄漏探测器，能实时检测氢气的泄漏量，并将信号传递给氢气泄漏警告装置。

③ 在驾驶员容易识别的部位安装氢气泄漏警告装置；该装置能根据氢气泄漏量的大小发出不同的警告信号。泄漏量与警告信号的级别由制造商根据车辆的使用环境和要求决定。一般情况下，在泄漏量较小时，即空气中氢气体积含量≥2%时，发出一般警告信号；在氢气泄漏量较大时，即空气中氢气体积含量≥4%时，立即发出严重警告信号，并立即关断氢供应；但如果车辆装有多个氢系统，允许仅关断有氢泄漏部分的氢供应。

④ 当氢泄漏探测器发生短路、断路等故障时，应能对驾驶员发出故障报警信号。

4. 加氢口

① 加氢口应符合GB/T 26779《燃料电池电动汽车　加氢口》的规定。
② 加氢口的安装位置和高度要考虑安全防护要求并且方便加气操作。
③ 加氢口不应位于乘客舱、行李舱和通风不良的地方。
④ 加氢口距暴露的电气端子、电气开关和点火源至少应有200mm的距离。

5. 压力释放装置和氢气的排放

（1）压力释放装置　为防止调节器下游压力异常升高，允许采用通过压力释放阀排出氢气，或关断压力调节器上游的氢气供应。

（2）氢气的排放　当压力释放阀排放氢气时，排放气体流动的方位、方向应远离人、电源、火源。放气装置应尽可能安装在汽车的高处，且应防止排出的氢气对人员造成危害，避免流向暴露的电气端子、电气开关器件或点火源等部件。

所有压力释放装置排气时都应遵循的原则：不应直接排到乘客舱和后备厢；不应排向车轮所在的空间；不应排向露出的电气端子、电气开关器件及其他点火源；不应排向其他氢气容器；不应朝本车辆正前方排放。

6. 压力表和氢气剩余量指示表

驾驶员易于观察的地方，应装有指示储氢容器氢气压力的压力表，或指示氢气剩余量的仪表。

二、储氢

目前使用比较广泛的储氢技术有高压储氢、液态储氢和储氢材料储氢。这三种技术在实际运用中的效果很大程度上受到材料性能的制约。储氢材料储氢技术更有优势，尤其是使用碳纳米管储氢时，效果更理想。表 17-2 为几种储氢技术的比较。

表 17-2 几种储氢技术的比较

项目		高压储氢	液态储氢	储氢材料储氢	
				Ti 系储氢合金	碳纳米管
安全性		低	低	较高	
能源综合利用率		低	较低	高	
储氢能力	单位质量储氢量/%	—	—	2	4
	单位体积储氢量/(kg/m^3)	31.5	71	61	160
能量密度	单位质量能量密度/(kW·h/kg)	—	—	0.79	5.53
	单位体积能量密度/(kW·h/L)	1.24	2.8	2.4	6.32
优点		简单、方便	储运效率高、装置重量轻、体积小、储氢压力低	安全性好、运输方便、操作比较容易	
缺点		空间有限，必须使用耐高压容器，储氢压力过大，安全性降低，充氢操作复杂，成本增加	氢气液化须耗费大量能源，必须使用耐超低温的特殊容器，使用中存在危险，充氢系统复杂	成本相对较高，受制于材料的储氢性能、储氢器的结构以及储氢系统的整体设计	
应用		多	少	少	

随着材料科学的发展，储氢技术的发展主要集中开发密度更小、强度更高的材料，以提高储氢罐内的压力；开发绝热性能更好的材料，以减少液氢的蒸发，提高使用时的安全性；开发高容量的储氢材料，特别是碳纳米管等的制造技术。

三、重整制氢

燃料电池使用的燃料——氢气可以由重整器提供。重整器使用的原料可以是天然气、汽油、柴油等各种烃类以及甲醇、酒精等各种醇类燃料。目前使用的重整技术主要有蒸汽重整、部分氧化重整、自动供热重整以及等离子体重整等。不同的重整技术在结构、效率和对燃料的适应性等方面有不同的特点，并在不同的使用条件下发挥出它们各自的优势。蒸汽重整是目前使用最广泛的制氢方式。

(1) 蒸汽重整　蒸汽重整是一个化学过程，其中，氢通过烃类化合物燃料和高温水蒸气之间的化学反应生成。蒸汽重整器的发展经历了常规型、热交换型和平板型3个过程。常规型蒸汽重整器的容量较大，目前已实现商业化，但工作条件高（850℃，1.5～2.5MPa），制造成本较高，容量大，启动时间长，如果生产出来的氢气不能及时使用，储存也有困难。热交换型重整器外形尺寸大大减小，工作条件降低（700℃，0.3MPa），制造成本下降，且随负荷变化性能较好，目前已成功应用于燃料电池系统中。近年来出现的平板型结构更加紧凑，成本进一步降低，但目前技术还不成熟。如果在扩大催化剂的使用范围和延长使用寿命上有突破，将会在蒸汽重整装置中很有竞争力。

(2) 部分氧化重整　部分氧化重整将燃料与氧相结合制氢，并生成CO。部分氧化重整的产氢率比蒸汽重整的低，但它结构紧凑、成本低、启动时间短、动态响应速度快，对燃料的适应性也更强，因而更具潜力。但是，如果采用无催化系统，常有炭烟和其他副产物生成；而采用有催化剂系统，又常因催化剂表面的局部高温而损伤催化剂，在反应过程中的稳定性也是一大难题。部分氧化重整最好用纯氧，但价格较高；虽然它也可使用燃料气与空气混合，但反应后需加净化处理装置，其成本也很高。因此若能开发廉价的纯氧制取装置，部分氧化重整将得到很大突破。

(3) 自动供热重整　自动供热重整将燃料与水蒸气两者结合，因此，由蒸汽重整反应吸收的热量平衡了从部分氧化重整反应中所放出的热量。自动供热重整相对于蒸汽重整结构简单，无需庞大的换热装置，制造成本低，对燃料的要求也降低，可使用醇类和重烃类的液体燃料；相对于部分氧化重整来说，自动供热重整由于氧化反应放出的热量直接被吸热的蒸汽重整反应吸收，所以系统的效率也提高了。但自动供热重整要求同时调节好氧气、水蒸气和燃料之间的比例，控制比较困难，并且在重整中易产生积炭现象而损伤催化剂。

(4) 等离子体重整　等离子体重整是一种先进的制氢技术，它采用等离子激发重整反应的发生，可在满足制氢效率的情况下进行小规模生产，同时降低成本。一般等离子重整器在中小型制氢系统上经济效益比较明显，因为等离子的能量密度很高，使得重整器结构紧凑、启动快、动态响应快，基本不需要催化剂，而且它对燃料的适应性很强，除轻质烃外，各种重质烃、重油、生物质燃料甚至垃圾燃料都可用。等离子制氢技术可分为热等离子和冷等离子两种，产生氢气的过程与传统技术一样，它也包括蒸汽重整、部分氧化和热分解等。采用热等离子技术，反应气体温度高，热损大且不易控制。温度升高也产生了对电极的腐蚀。等离子重整器不宜工作在高压下，因为在高压下限制了电弧的灵活性，增加了电极的腐蚀，而减少电极寿命。

第十八章 燃料电池电动汽车传动系统参数匹配

燃料电池电动汽车传动系统匹配与混合动力电动汽车传动系统匹配方法类似，主要包括驱动电机、燃料电池、辅助动力源和传动系统传动比的匹配。

第一节 驱动电机参数匹配

受有限的车内空间、恶劣的工作环境及频繁的运行工况切换影响，燃料电池电动汽车用驱动电机必须具有以下特性：高功率密度，以满足布置要求；瞬时过载能力强，以满足加速和爬坡要求；宽的调速范围（包括恒转矩区和恒功率区）；转矩动态响应快；在运行的整个转矩-转速范围内具有高效率，以提高能量利用率；四象限运行；状态切换平滑；高可靠性及容错控制；成本合理。

燃料电池电动汽车用驱动电机的类型有直流电机、异步电机、永磁同步电机和开关磁阻电机。由于空间布置以及功率需求的原因，通常燃料电池客车较多采用异步电机驱动系统，而燃料电池轿车较多采用永磁同步电机驱动系统。

为保证各种行驶工况需要，满足车辆动力性要求，必须根据车辆动力性指标来确定驱动电机性能参数，即由最高车速、加速时间和最大爬坡度3个指标来评定。电机参数主要包括额定转速、最高转速、峰值转矩、峰值功率、额定功率、额定转矩、工作电压等。

（1）额定转速和最高转速　电机的最高转速由最高车速和机械传动系统传动比来确定。增大电机的最高转速有利于降低其体积、减轻重量，最高转速的增大导致传动比增大，从而加大传动系统的体积、重量和传动损耗。因此应综合考虑各方面因素以确定电机的最高转速。

在电机功率一定时,若其额定转速越高,则相应的功率密度越大。电机最大转速和额定转速的比值称为扩大恒功率区系数 β。在电机额定功率一定的前提下,β 越大,最高转速越低,对应的电机额定转矩也越大。额定转矩越大,需要对电机的支撑要求越高,并且需要更大的电机电流和电力电子设备电流,增加了功率变换器的尺寸和损耗。但 β 大是车辆起步加速和稳定运行所必需的,所以额定转矩的减小,只能通过选用高速电机来解决。但这又会增加传动系统的尺寸,因此必须协调考虑最高车速和传动系统的尺寸。

电机的最高转速为

$$n_{\max}=\frac{30v_{\max}i_t}{3.6\pi r} \tag{18-1}$$

电机的额定转速为

$$n_e=\frac{n_{\max}}{\beta} \tag{18-2}$$

(2) 峰值转矩和峰值功率 电机的峰值转矩由最大爬坡度确定,汽车爬坡时车速很低,可忽略空气阻力,则有

$$T_{g_{\max}}=\frac{mgr}{\eta_t i_t}(f\cos\alpha_{\max}+\sin\alpha_{\max}) \tag{18-3}$$

式中,$T_{g_{\max}}$ 为根据最大爬坡度确定的电机峰值转矩。

电机的峰值功率取决于加速时间,并与扩大恒功率区系数有关。在最高转速一定,并保证同等加速能力的情况下,电机的扩大恒功率区系数越大,其峰值功率越小,并随着扩大恒功率区系数的增大,峰值功率趋于饱和。因此,扩大恒功率区系数的取值对于降低电机系统功率需求、减小电机驱动系统重量与体积、提高整车效率有着非常重要的意义。扩大恒功率区系数的取值取决于电机驱动系统类型及控制算法,通常取 2~4。

水平路面上,车辆从 0 到目标车速 v_j 的加速时间为

$$t=\int_0^{v_j}\frac{\delta m}{F_t-F_f-F_w}dv \tag{18-4}$$

车辆行驶驱动力与电机峰值功率、峰值转矩之间的关系为

$$F_t=\begin{cases}\dfrac{T_{\alpha_{\max}}\eta_t i_t}{r} & n\leqslant n_e\\[2mm] 9550i_t\dfrac{P_{e_{\max}}\eta_t}{n_e r} & n>n_e\end{cases} \tag{18-5}$$

式中,$T_{\alpha_{\max}}$ 为根据峰值功率 $P_{e_{\max}}$ 折算的恒转矩区电机峰值转矩。

当给定汽车加速时间后,可根据式(18-3)~式(18-5)求得电机峰值功率。

一般峰值功率 $P_{e_{max}}$ 满足加速性能指标要求，其折算后的峰值转矩 $T_{\alpha_{max}}$ 也可以满足汽车爬坡性能指标要求，即 $T_{\alpha_{max}} > T_{g_{max}}$，因此，电机峰值转矩可设计为 $T_{e_{max}} = T_{\alpha_{max}}$。如果车辆爬坡度有特殊要求，则取 $T_{e_{max}} = T_{g_{max}}$，通过调整峰值功率和扩大恒功率区系数重新匹配。

（3）额定功率和额定转矩　电机额定功率主要克服滚动阻力和空气阻力，可由下式确定。

$$P_e = (F_f + F_w) \frac{v}{3600 \eta_t} \tag{18-6}$$

式中，v 可按车辆最高设计车速的 90% 或我国高速公路最高限速 120km/h 取值。

电机的额定转矩为

$$T_e = \frac{9550 P_e}{n_e} \tag{18-7}$$

（4）工作电压　工作电压的选择涉及用电安全、元器件的工作条件等问题。工作电压过低，导致电流过大，从而导致系统电阻损耗增大；而工作电压过高，对逆变器的安全性造成威胁。一般燃料电池电动汽车工作电压为 280~400V，但目前工作电压的设计有增高的趋势。

第二节　燃料电池参数匹配

燃料电池功率的选择对燃料电池电动汽车的动力系统结构设计非常重要。燃料电池功率偏大，车辆的成本增加；燃料电池功率偏小，在某些大负荷行驶工况（如加速、爬坡等）需要辅助能源提供的动力增加，这使得燃料电池数量增加，整车重量、成本上升，系统效率下降，整车布置难度增加，燃料电池均衡控制难度增加等。

根据 NEDC 循环工况确定燃料电池输出功率。NEDC 工况主要包括等速、加速、减速、停车。

燃料电池电动汽车在平坦路面上等速行驶时所需的燃料电池功率为

$$P_i = \frac{u}{3600 \eta_t} \left(mgf + \frac{C_D A u^2}{21.15} \right) \tag{18-8}$$

式中，P_i 为燃料电池电动汽车等速行驶时所需要的燃料电池功率，kW。

燃料电池电动汽车加（减）速行驶所需要的燃料电池功率为

$$P_j = \frac{u(t)}{3600 \eta_d \eta_t} \left(mgf + mgi + \frac{C_D A u^2(t)}{21.15} + \delta m a_j \right) \tag{18-9}$$

式中，P_j 为燃料电池电动汽车加（减）速行驶所需要的燃料电池功率；$u(t)$ 为燃料电池电动汽车加（减）速行驶速度；a_j 为燃料电池电动汽车加（减）速度。

汽车行驶速度为

$$u(t) = u_0 + 3.6 a_j t \tag{18-10}$$

式中，$u(t)$ 为汽车行驶速度，km/h；u_0 为加速起始速度，km/h；t 为行驶时间，s。

燃料电池输出功率大部分转化为驱动能量，剩余部分用于满足辅助系统的功率需求。在纯燃料电池驱动的情况下，输出功率为

$$P_{ro} = P_{fc} + P_{ff} \tag{18-11}$$

式中，P_{ro} 燃料电池的输出功率；P_{ff} 为辅助系统的功率需求。

在实际运行时，为了保证对电机的电力供应以及对蓄电池进行充电，燃料电池应留有一定的后备功率。

由此可见，燃料电池功率的选择应遵循以下原则。

① SOC 值在循环工况前后维持不变，从而确保燃料电池是整个行驶过程中功率消耗的唯一来源，因此燃料电池的功率应大于平均行驶阻力功率。

② 燃料电池的峰值功率应不高于车辆以最高车速稳定行驶时的需求功率，避免燃料电池单独驱动状态下有过多的富余功率。

第三节　辅助动力源参数匹配

燃料电池电动汽车的辅助动力源为蓄电池组，在汽车起步的工况下，完全由辅助动力源提供动力；当汽车在加速或爬坡等工况时，为主动力源提供补充；同时在汽车制动时吸收制动回馈的能量。

辅助动力源用的蓄电池在整车有较大功率需求时，可以进行大电流的放电，待燃料电池响应跟上后放电电流就大幅降低，大电流放电的持续时间不长；在整车进行制动回馈时，又可以在短时间内接受较大电流的充电，即电池要具有瞬间大电流充放电的能力，虽然充放电电流很大，但由于持续时间都较短，因此电池的充电或放电深度都不大，电池的荷电状态（SOC）的波动范围也不大。

蓄电池的参数由能回收大部分制动能量以及在混合驱动模式下能满足车辆驱动和辅助电器系统的功率需求决定。

蓄电池的功率需求包括最大放电功率需求和最大充电功率需求。对于燃料电池电动汽车，蓄电池的首要作用是提供瞬时功率。根据整车的动力性能要求，分

析各个工况,如汽车起步、爬坡、超车等的功率需求,除以机械效率,可以得到对动力源的峰值功率需求,该功率由蓄电池和燃料电池共同提供。

当汽车长时间匀速运行时,可以认为此时功率仅由燃料电池提供,由此可以计算出燃料电池的功率,则系统对蓄电池的放电功率需求为总功率需求减去燃料电池的功率。

另外,汽车在紧急制动时产生的制动功率很大,但以此功率来设计蓄电池的最大充电功率是不合理的。实际上,制动能量回收效益最明显的是在城市循环工况下,根据城市循环工况的统计特性来选择最大充电功率。

根据上述分析,蓄电池的额定功率可由下式确定。

$$P_{xe} = \frac{P_{e_{max}}}{\eta_e} + P_{fd} - P_{ro} + P_{ff} \tag{18-12}$$

式中,P_{xe} 为动力蓄电池的额定功率;P_{fd} 为车辆辅助电器系统的功率需求。

蓄电池的重量为

$$m_x = \frac{P_{xe}}{\rho_{xg}} \tag{18-13}$$

式中,m_x 为蓄电池的重量;ρ_{xg} 为蓄电池的比功率。

蓄电池的额定容量为

$$C_{xe} = \frac{m_x \rho_{xn}}{U_e \eta_d} \tag{18-14}$$

式中,C_{xe} 为蓄电池额定容量;ρ_{xn} 为蓄电池比能量;U_e 为蓄电池额定电压;η_d 为蓄电池放电效率。

第四节 传动系统传动比匹配

传动系统的总传动比是传动系统中各部件传动比的乘积,主要是变速器和主减速器的传动比的乘积。

电机的机械特性对驱动车辆十分有利,因此,传动系统有多个挡位时,驱动力图与内燃机汽车相比也有其特殊性,所以在选择挡位数和速比、确定最高车速时也与内燃机汽车不同。下面对可能出现的几种情况进行分析。

① 电机从额定转速向上调速的范围足够大,即 $\frac{n_{max}}{n_e} \geqslant 2.5$ 时,选择一个挡位即可,即采用固定速比。这是一种理想情况。

② 电机从额定转速向上调速的范围不够宽，即电机最高转速不能满足 $\frac{n_{\max}}{n_e} \geqslant 2.5$ 时，应考虑再增加一个挡位。

③ 电机从额定转速向上调速的范围较窄，满足 $\frac{n_{\max}}{n_e} \leqslant 1.8$，此时增加一个挡位后车速无法衔接起来，可考虑再增加挡位或说明电机参数与整车性能要求不匹配，应考虑重新选择电机的参数。

由于燃料电池电动汽车的动力全部由电机提供，通过控制电机能够在较大的范围满足车速要求。最大传动比根据电机的峰值转矩和最大爬坡度对应的行驶阻力确定。

$$i_{t_{\max}} \geqslant \frac{F_{\alpha_{\max}} r}{\eta T_{e_{\max}}} \tag{18-15}$$

式中，$F_{\alpha_{\max}}$ 为最大爬坡度对应的行驶阻力。

汽车大多数时间是以最高挡行驶的，即用最小传动比的挡位行驶。因此，最小传动比的选择是很重要的。应考虑满足最高车速的要求和行驶在最高车速时的动力性要求。

① 由最高车速和电机的最高转速确定传动系统最小传动比的上限。

$$i_{t_{\min}} \leqslant \frac{0.377 n_{\max} r}{v_{\max}} \tag{18-16}$$

② 由电机最高转速对应的最大输出转矩和最高车速对应的行驶阻力确定传动系统最小传动比的下限。

$$i_{t_{\min}} \geqslant \frac{F_{v_{\max}} r}{\eta_t T_{v_{\max}}} \tag{18-17}$$

式中，$F_{v_{\max}}$ 为最高车速对应的行驶阻力；$T_{v_{\max}}$ 为电机最高转速对应的最大输出转矩。

第五节　传动系统参数匹配仿真实例

燃料电池电动汽车传动系统匹配仿真所需参数见表 18-1。

表 18-1　燃料电池电动汽车传动参数匹配仿真所需参数

整车质量/kg	滚动阻力系数	空气阻力系数	迎风面积/m²
2175	0.012	0.32	2.1
轮胎滚动半径/m	旋转质量换算系数	传动系统效率	传动系传动比
0.281	1.05	0.92	8.5

第十八章 燃料电池电动汽车传动系统参数匹配

燃料电池电动汽车设计目标如下。
① 最高行驶车速不低于 160km/h。
② 最大爬坡度不低于 20°。
③ 百公里加速时间不超过 14s。

1. 利用 MATLAB 匹配驱动电机参数

利用驱动电机匹配数学模型，编写驱动电机功率匹配的 MATLAB 程序如下。

程序	注释
m=2175;g=9.8;f=0.012;Cd=0.32;A=2.1;r=0.281;at=0.92;	汽车参数赋值
u=0:5:160;	设置最高车速范围
Pm1=u.*(m*g*f+Cd*A*u.^2/21.15)/3600/at;	根据最高车速计算电机功率
figure(1)	设置图形窗口 1
plot(u,Pm1)	最高车速-电机需求功率曲线
xlabel('最高车速/(km/h)')	x 轴标注
ylabel('电机功率/kW')	y 轴标注
af=atan(20*pi/180);	设置最大坡度
up=0:5:50;	设置爬坡速度范围
Pm2=up.*(m*g*f*cos(af)+m*g*sin(af)+Cd*A*up.^2/21.15)/3600/at;	根据最大爬坡度求电机功率
figure(2)	设置图形窗口 2
plot(up,Pm2)	爬坡车速-电机需求功率曲线
xlabel('爬坡车速/(km/h)')	x 轴标注
ylabel('电机功率/kW')	y 轴标注
ue=100;	加速终止速度赋值
dt=1.05;	旋转质量换算系数赋值
te=5:0.1:20;	百公里加速时间范围
Pm3=(m*g*f*ue./1.5+Cd*A*ue^3./52.875+dt*m*ue^2./te./7.2)./3600/at;	根据加速时间求电机功率
figure(3)	设置图形窗口 3
plot(te,Pm3)	加速时间-电机需求功率曲线
xlabel('加速时间/s')	x 轴标注
ylabel('电机功率/kW')	y 轴标注
Pm11=160*(m*g*f+Cd*A*160^2/21.15)/3600/at;	求电机需求功率 1
Pm22=30*(m*g*f*cos(af)+m*g*sin(af)+Cd*A*30^2/21.15)/3600/at;	求电机需求功率 2
Pm33=(m*g*f*ue./1.5+Cd*A*ue^3./52.875+dt*m*ue^2./14/7.2)./3600/at;	求电机需求功率 3
fprintf('电机需求功率 Pmax1=%.2fkW\n',Pm11)	输出电机需求功率 1
fprintf('电机需求功率 Pmax2=%.2fkW\n',Pm22)	输出电机需求功率 2
fprintf('电机需求功率 Pmax3=%.2fkW\n',Pm33)	输出电机需求功率 3

在 MATLAB 编辑器中输入这些程序,点击运行按钮,就会得到最高车速-电机需求功率曲线,如图 18-1 所示;爬坡车速-电机需求功率曲线如图 18-2 所示;加速时间-电机需求功率曲线如图 18-3 所示;同时输出满足最高车速 160km/h 所需求的电机功率 $P_{max_1} = 51.65\text{kW}$;满足以 30km/h 速度爬 20% 坡度所需求的电机功率 $P_{max_2} = 66.08\text{kW}$;满足百公里加速时间 14s 所需求的电机功率为 $P_{max_3} = 77.39\text{kW}$。

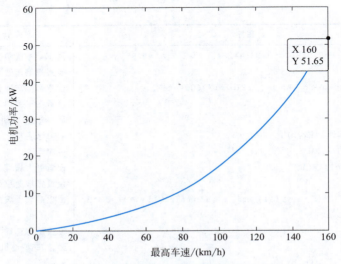

图 18-1 最高车速-电机需求功率曲线

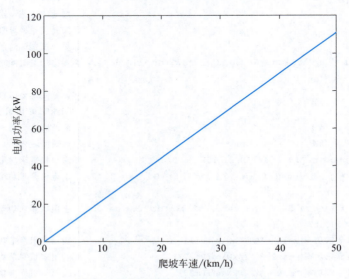

图 18-2 爬坡车速-电机需求功率曲线

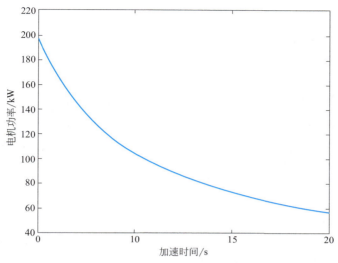

图 18-3　加速时间-电机需求功率曲线

本实例选择电机类型为永磁同步电机,电机峰值功率选 80kW,过载系数取 1.54,电机额定功率为 52kW。

电机最高转速为 12838r/min,取 12900r/min;扩大恒功率区系数取 3,则额定转速为 4300r/min。电机额定转矩为 89N·m;电机峰值转矩为 262N·m。

综上所述,驱动电机匹配参数见表 18-2。

表 18-2　驱动电机匹配参数

参数名称	参数值
额定功率/kW	52
峰值功率/kW	80
额定转矩/(N·m)	89
峰值转矩/(N·m)	262
额定转速/(r/min)	4300
最高转速/(r/min)	12900

2. 利用 MATLAB 匹配燃料电池参数

根据表 18-1 数据和 UEDC 循环工况燃料电池匹配数学模型,编写 UEDC 循环工况燃料电池所需功率的 MATLAB 仿真程序如下。

程序	注释
`axis([0 1200 -30 50])`	定义坐标轴范围
`x1=[0 1200];`	设置 x_1 坐标值
`y1=[0 0];`	设置 y_1 坐标值
`plot(x1,y1)`	绘制 x_1 和 y_1 直线
`hold on`	保存图形
`m=2175;g=9.8;f=0.012;Cd=0.32;A=2.1;r=0.281;nt=0.92;`	汽车参数赋值
`uj1=15;u01=0;aj1=1.04;`	速度和加速度赋值
`Pj1=uj1*(m*g*f+Cd*A*uj1^2/21.15+dt*m*aj1)/3600/nt;`	计算需求功率
`ud1=15;`	行驶速度赋值
`Pd1=ud1*(m*g*f+Cd*A*ud1^2/21.15)/3600/nt;`	计算需求功率
`uj2=0;u02=15;aj2=-0.83;`	速度和减速度赋值
`Pj2=uj2*(m*g*f+Cd*A*uj2^2/21.15+dt*m*aj2)/3600/nt;`	计算需求功率
`uj3=15;u03=0;aj3=0.69;`	速度和加速度赋值
`Pj3=uj3*(m*g*f+Cd*A*uj3^2/21.15+dt*m*aj3)/3600/nt;`	计算需求功率
`uj4=32;u04=15;aj4=0.79;`	速度和加速度赋值
`Pj4=uj4*(m*g*f+Cd*A*uj4^2/21.15+dt*m*aj4)/3600/nt;`	计算需求功率
`ud2=32;`	行驶速度赋值
`Pd2=ud2*(m*g*f+Cd*A*ud2^2/21.15)/3600/nt;`	计算需求功率
`uj5=0;u05=32;aj5=-0.81;`	速度和减速度赋值
`Pj5=uj5*(m*g*f+Cd*A*uj5^2/21.15+dt*m*aj5)/3600/nt;`	计算需求功率
`uj6=15;u06=0;aj6=0.69;`	速度和加速度赋值
`Pj6=uj6*(m*g*f+Cd*A*uj6^2/21.15+dt*m*aj6)/3600/nt;`	计算需求功率
`uj7=35;u07=15;aj7=0.51;`	速度和加速度赋值
`Pj7=uj7*(m*g*f+Cd*A*uj7^2/21.15+dt*m*aj7)/3600/nt;`	计算需求功率
`uj8=50;u08=35;aj8=0.46;`	速度和加速度赋值
`Pj8=uj8*(m*g*f+Cd*A*uj8^2/21.15+dt*m*aj8)/3600/nt;`	计算需求功率
`ud3=50;`	行驶速度赋值
`Pd3=ud3*(m*g*f+Cd*A*ud3^2/21.15)/3600/nt;`	计算需求功率
`uj9=35;u09=50;aj9=-0.52;`	速度和减速度赋值
`Pj9=uj9*(m*g*f+Cd*A*uj9^2/21.15+dt*m*aj9)/3600/nt;`	计算功率需求
`ud4=35;`	行驶速度赋值
`Pd4=ud4*(m*g*f+Cd*A*ud4^2/21.15)/3600/nt;`	计算需求功率
`uj10=0;u010=35;aj10=-0.97;`	速度和减速度赋值
`Pj10=uj10*(m*g*f+Cd*A*uj10^2/21.15+dt*m*aj10)/3600/nt;`	计算功率需求
`t=[11,15,23,28,49,55,61,85,96,117,123,134,143,155,163,178,188,195];`	设置市区第 1 个循环时间
`w=[0,Pj1,Pd1,Pj2,0,Pj3,Pj4,Pd2,Pj5,0,Pj6,Pj7,Pj8,Pd3,Pj9,Pd4,Pj10,0];`	设置市区第 1 个循环功率
`plot(t,w)`	绘制市区第 1 个循环工况所需功率图
`hold on`	保存图形
`t=[206,210,218,223,244,250,256,280,291,312,318,329,338,350,358,373,383,390]`	设置市区第 2 个循环时间
`w=[0,Pj1,Pd1,Pj2,0,Pj3,Pj4,Pd2,Pj5,0,Pj6,Pj7,Pj8,Pd3,Pj9,Pd4,Pj10,0];`	设置市区第 2 个循环功率
`plot(t,w)`	绘制市区第 2 个循环工况所需功率图
`hold on`	保存图形

第十八章 燃料电池电动汽车传动系统参数匹配　331

续表

程序	注释
t=[401,405,413,418,439,445,451,475,486,507,513,524,533,545, 553,568,578,585];	设置市区第 3 个循环时间
w=[0,Pj1,Pd1,Pj2,0,Pj3,Pj4,Pd2,Pj5,0,Pj6,Pj7,Pj8,Pd3,Pj9, Pd4,Pj10,0];	设置市区第 3 个循环功率
plot(t,w)	绘制市区第 3 个循环工况所需功率图
hold on	保存图形
t=[596,600,608,613,634,640,646,670,681,702,708,719,728,740, 748,763,773,780];	设置市区第 4 个循环时间
w=[0,Pj1,Pd1,Pj2,0,Pj3,Pj4,Pd2,Pj5,0,Pj6,Pj7,Pj8,Pd3,Pj9, Pd4,Pj10,0];	设置市区第 4 个循环功率
plot(t,w)	绘制市区第 4 个循环工况所需功率图
hold on	保存图形
uj11=15;u011=0;aj11=0.69;	速度和加速度赋值
Pj11=uj11*(m*g*f+Cd*A*uj11^2/21.15+dt*m*aj11)/3600/nt;	计算需求功率
uj12=35;u012=15;aj12=0.51;	速度和加速度赋值
Pj12=uj12*(m*g*f+Cd*A*uj12^2/21.15+dt*m*aj12)/3600/nt;	计算需求功率
uj13=50;u013=35;aj13=0.42;	速度和加速度赋值
Pj13=uj13*(m*g*f+Cd*A*uj13^2/21.15+dt*m*aj13)/3600/nt;	计算需求功率
uj14=70;u014=50;aj14=0.40;	速度和加速度赋值
Pj14=uj14*(m*g*f+Cd*A*uj14^2/21.15+dt*m*aj14)/3600/nt;	计算需求功率
ud5=70;	行驶速度赋值
Pd5=ud5*(m*g*f+Cd*A*ud5^2/21.15)/3600/nt;	计算需求功率
uj15=50;u015=70;aj15=-0.69;	速度和减速度赋值
Pj15=uj15*(m*g*f+Cd*A*uj15^2/21.15+dt*m*aj15)/3600/nt;	计算需求功率
ud6=50;	速度赋值
Pd6=ud6*(m*g*f+Cd*A*ud6^2/21.15)/3600/nt;	计算需求功率
uj16=70;u016=50;aj16=0.43;	速度和加速度赋值
Pj16=uj16*(m*g*f+Cd*A*uj16^2/21.15+dt*m*aj16)/3600/nt;	计算需求功率
ud7=70;	行驶速度赋值
Pd7=ud7*(m*g*f+Cd*A*ud7^2/21.15)/3600/nt;	计算需求功率
uj17=100;u017=70;aj17=0.24;	速度和加速度赋值
Pj17=uj17*(m*g*f+Cd*A*uj17^2/21.15+dt*m*aj17)/3600/nt;	计算需求功率
ud8=100;	行驶速度赋值
Pd8=ud8*(m*g*f+Cd*A*ud8^2/21.15)/3600//nt;	计算需求功率
uj18=120;u018=100;aj18=0.28;	速度和加速度赋值
Pj18=uj18*(m*g*f+Cd*A*uj18^2/21.15+dt*m*aj18)/3600/nt;	计算需求功率

续表

程序	注释
ud9=120; Pd9=ud9 * (m * g * f+Cd * A * ud9^2/21.15)/3600/nt;	行驶速度赋值 计算需求功率
uj19=80;u019=120;aj19=-0.69; Pj19=uj19 * (m * g * f+Cd * A * uj19^2/21.15+dt * m * aj19)/ 3600/nt;	速度和减速度赋值 计算功率需求
uj20=50;u020=80;aj20=-1.04; Pj20=uj20 * (m * g * f+Cd * A * uj20^2/21.15+dt * m * aj20)/ 3600/nt;	速度和减速度赋值 计算功率需求
uj21=0;u021=50;aj21=-1.39; Pj21=uj21 * (m * g * f+Cd * A * uj21^2/21.15+dt * m * aj21)/ 3600/nt;	速度和减速度赋值 计算功率需求
t=[800,806,817,827,841,891,899,968,981,1031,1066,1096,1116, 1126,1142,1150,1160,1180];	设置市郊循环时间
w=[0,Pj11,Pj12,Pj13,Pj14,Pd5,Pj15,Pd6,Pj16,Pd7,Pj17,Pd8, Pj18,Pd9,Pj19,-Pj20,Pj21,0];	设置市郊循环功率
plot(t,w) hold on xlabel('时间/s') ylabel('功率/kW')	绘制市郊循环工况所需功率图 保存图形 x 轴标注 y 轴标注

在 MATLAB 编辑器中输入这些程序，点击运行按钮，即可得到燃料电池电动汽车 NEDC 循环工况燃料电池需求功率图，如图 18-4 所示。

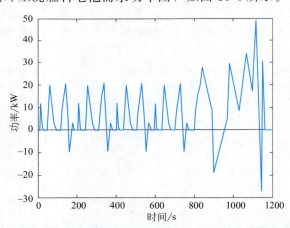

图 18-4　燃料电池电动汽车 NEDC 循环工况燃料电池需求功率图

可以看出，燃料电池电动汽车 NEDC 循环工况下，在 100~120km/h 加速末时刻，燃料电池需求功率达到最大值，为 49.0131kW，可选择燃料电池的峰值输出功率为 50kW。

通过改变燃料电池电动汽车参数，使用该仿真程序，可以对任意燃料电池电动汽车的传动系统参数进行匹配仿真。

第十九章
燃料电池电动汽车能量控制策略

燃料电池电动汽车动力系统的能量控制策略会随着动力系统的结构形式不同而有所不同，但总的能量控制策略有三大基本控制目标，即汽车动力性、汽车经济性和汽车续驶里程。

在燃料电池与蓄电池混合动力汽车行驶过程中，动力系统控制器需要时刻根据汽车的功率需求以及电池管理系统所提供的动力电池 SOC，来决定能量在燃料电池系统和动力电池系统中的分配。也就是需要根据油门踏板、制动踏板以及挡位等信息计算出需求转矩和需求功率，然后再进行最优化的能量分配，将燃料电池系统和动力电池的输出经电机控制器，转化为驱动电机的功率输出，从而驱动车辆行驶。

燃料电池混合动力系统的控制策略主要有 On/Off 控制策略、功率跟随控制策略、瞬时优化最佳能耗控制策略等。

第一节　On/Off 控制策略

On/Off 控制策略的核心是汽车在行驶过程中，燃料电池系统始终工作在其高效区，从而保证汽车有较大的续驶里程。为了满足这一既定目标，需要对动力电池的 SOC 值进行设定，假定燃料电池混合动力电动汽车在行驶过程中，其动力电池荷电状态的最大值为 SOC_{max}，最小值为 SOC_{min}，动力电池的 SOC 值在最大值与最小值之间时，其等效内阻相对较小，因此在这一区间内工作时，动力电池的效率比较高。

On/Off 控制策略的执行情况如下：

① 当 $SOC \leqslant SOC_{min}$ 时，动力电池处于低荷电状态，燃料电池系统需要开启并持续工作在高效区，为驱动电机提供主动力源；当驱动电机的需求功率 P_m 小于此时燃料电池系统输出功率 P_{ro} 时，电力控制系统需要将燃料电池系统多余的功率提供给动力电池充电，直至动力电池 $SOC > SOC_{max}$ 或者 $P_{ro} < P_m$。

② 当 $SOC_{min} < SOC \leqslant SOC_{max}$ 时，动力电池荷电状态适宜，此时动力电池能够提供的最大的功率为 P_{xm}，当 $P_{xm} \geqslant P_m$ 时，动力电池作为主动力源，燃料电池系统处于关闭状态；当 $P_{xm} < P_m$ 时，动力电池的最大功率已不能满足汽车行驶的需求，此时，燃料电池系统需要开启，以弥补驱动功率的不足。

③ 当 $SOC > SOC_{max}$ 时，动力电池处于高荷电状态。动力电池能够满足驱动电机需求功率的前提下，需要关闭燃料电池系统，让动力电池单独提供驱动电机的功率需求，直至动力电池 $SOC < SOC_{min}$ 或者 $P_{xm} < P_m$。

第二节　功率跟随控制策略

功率跟随控制策略以动力电池的 SOC 为核心，即保持动力电池始终工作在最佳的 SOC 范围内，燃料电池系统除了供给驱动电机一部分功率以外，还需要额外承担一部分动力电池的功率消耗。燃料电池系统的开启与关闭不是简单的以动力电池的 SOC 上下限阈值为参考的，而是由驱动电机功率需求以及电池 SOC 共同控制的。因此，功率跟随控制策略可以在一定程度上解决 On/Off 控制策略不能满足燃料电池电动汽车行驶的动力性要求，以及同时改善燃料电池系统和动力电池系统，使主动力源与辅助动力源尽可能起到最优控制。

功率跟随控制策略的执行情况如下。

① 当汽车停止时，燃料电池系统和动力电池均不向驱动电机输出功率。

② 当汽车启动时，燃料电池系统关闭，动力电池单独工作，向驱动电机输出启动功率 P_m，动力电池的输出功率 $P_{xm} = P_m$，当燃料电池系统经预热后达到启动温度之后，再根据功率需求决定燃料电池系统是否启动，即当驱动电机功率需求 $P_{req} < P_{xm}$ 时，动力电池仍旧单独输出功率，直至 $P_{req} \geqslant P_{xm}$ 时为止。

③ 当汽车处于怠速状态时，系统需求功率 $P_{req} = 0$，燃料电池系统和动力电池均不向驱动电机输出功率，但此时燃料电池系统需要根据动力电池的 SOC 来判断是否向动力电池充电，通常设定动力电池的目标 SOC 为 $SOC_{aim} = (SOC_{min} + SOC_{max})/2$，控制系统根据当前动力电池 SOC 与 SOC_{aim} 之间的关系决定燃料电池系统的输出功率，即

$$P_{\text{ro}} = \frac{2(\text{SOC}_{\text{aim}} - \text{SOC})}{\text{SOC}_{\text{max}} - \text{SOC}_{\text{min}}} P_{\text{ch}} \tag{19-1}$$

式中，P_{ch} 为 $\text{SOC} = \text{SOC}_{\text{min}}$ 时的额外功率。当 $\text{SOC} < \text{SOC}_{\text{aim}}$ 时，燃料电池系统向动力电池充电；反之则不向动力电池输出功率。

④ 当汽车正常行驶时，需要根据当前驱动电机的需求功率与燃料电池系统所能提供的功率进行判断。

a. 当 $P_{\text{req}} > P_{\text{ro\_max}}$ 时，如当汽车处于加速或者上坡时，燃料电池系统输出的最大功率小于驱动电机所要求的，此时动力电池也需要开启向驱动电机输出功率，燃料电池系统输出额定功率，动力电池的输出功率为需求功率与燃料电池额定功率的差值，即

$$P_{\text{xm}} = P_{\text{req}} - P_{\text{ro}} \tag{19-2}$$

b. 当 $P_{\text{ro\_min}} < P_{\text{req}} \leqslant P_{\text{ro\_max}}$ 时，燃料电池系统输出功率除了满足驱动电机的功率需求之外，还需要根据动力电池的 SOC 来决定是否向动力电池输出功率，此时燃料电池系统的输出功率为

$$P_{\text{ro}} = \frac{2(\text{SOC}_{\text{aim}} - \text{SOC})}{\text{SOC}_{\text{max}} - \text{SOC}_{\text{min}}} P_{\text{ch}} + P_{\text{m}} \tag{19-3}$$

当动力电池 $\text{SOC} \geqslant \text{SOC}_{\text{aim}}$ 时，燃料电池系统无需向动力电池充电，此时需求功率可由燃料电池系统和动力电池系统同时提供；当动力电池 $\text{SOC} < \text{SOC}_{\text{aim}}$ 时，燃料电池系统同时为驱动电机和动力电池输出功率。当驱动电机的需求功率和动力电池的充电功率之和小于燃料电池系统的最小输出功率 $P_{\text{ro\_min}}$ 时，为避免燃料电池系统在低效率区工作，燃料电池系统以 $P_{\text{ro\_min}}$ 工作。

c. 当 $P_{\text{req}} \leqslant P_{\text{ro\_min}}$ 时，电机的需求功率较小，若动力电池的 $\text{SOC} < \text{SOC}_{\text{aim}}$，则燃料电池系统工作在高效区，同时为驱动电机和动力电池输出功率，直至 $\text{SOC} \geqslant \text{SOC}_{\text{max}}$ 为止；若动力电池 SOC 已处于 SOC_{max} 状态，且能满足驱动电机功率需求时，动力电池单独为系统提供功率输出，直至 $\text{SOC} < \text{SOC}_{\text{min}}$，同时，为了避免燃料电池系统频繁启停影响燃料电池系统寿命，需要根据当前动力电池 SOC 来做适当的规定。

⑤ 汽车处于制动状态时，此时 $P_{\text{m}} < 0$，燃料电池系统与动力电池均不向驱动电机输出功率，可根据当前状态动力电池 SOC 来对制动能量进行回收，给动力电池充电，同时燃料电池系统也需要根据当前状态动力电池 SOC 决定是否向动力电池充电。

与 On/Off 控制策略相比，功率跟随控制策略不是单纯地以动力电池的 SOC 来决定燃料电池系统的开启与关闭，而是将燃料电池系统的合适工作区间 ($P_{\text{ro\_min}}$，$P_{\text{ro\_max}}$) 与动力电池的 SOC 目标值相结合，以驱动电机的功率需求为依据，综合考虑来实现系统的功率分配。在这一过程中，功率跟随控制策略可

以避免 On/Off 控制策略中燃料电池系统频繁启停和电池频繁深度充放电的影响，从而在一定程度上延长燃料电池电动汽车的寿命，实现系统能量分配的优化。

第三节　瞬时优化最佳能耗控制策略

瞬时优化最佳能耗控制策略的核心是建立动力系统燃料消耗等价函数，根据等价函数来确定一个周期内驱动电机的需求功率如何在燃料电池系统和动力电池系统之间分配，从而使得动力系统瞬时燃料消耗量最小。

瞬时优化最佳能耗控制策略以功率跟随控制策略为基础，其核心是在每个控制周期内对系统的能量分配进行瞬时优化，即决定驱动电机的功率需求如何在燃料电池系统和动力电池之间分配，尽可能地提高汽车的经济性。

当燃料电池电动汽车工作时，控制系统需要根据当前 t 时刻动力电池的 SOC，来确定下一时刻燃料电池系统是否向动力电池充电。等价氢气消耗函数建立的理论基础是，在 t 时刻，动力电池处于放电状态时，燃料电池系统和动力电池同时向驱动电机输出功率，为了保证动力电池 SOC 处于 SOC_{aim} 附近，需要在未来向动力电池充电；与之相反，当 t 时刻，动力电池处于充电状态时，燃料电池系统向动力电池和驱动电机同时输出功率，动力电池需要在未来时刻放电从而使 SOC 回到 SOC_{aim} 附近。

瞬时优化最佳能耗控制策略是在保证整车动力性能的前提下，结合燃料消耗等价函数，在每个周期内决定驱动电机的需求功率如何在燃料电池系统和动力电池中分配，从而实现经济性能的改善。其具体控制策略规则如下。

(1) 停车及怠速阶段　根据动力电池 SOC 来判断燃料电池系统是否需要向动力电池充电。

(2) 启动阶段　动力电池向燃料电池系统输出功率，直至达到燃料电池暖机启动温度，再根据驱动电机需求功率决定燃料电池系统是否输出功率。

(3) 正常行驶阶段　此阶段可分为四种情况：动力电池输出功率，燃料电池以小功率输出；燃料电池系统和动力电池混合驱动，功率分配比根据瞬时优化函数决定；燃料电池系统输出功率满足驱动电机功率需求，同时给动力电池充电；燃料电池系统单独工作，动力电池 SOC 处于较为稳定状态，燃料电池系统处于最佳工况点。

(4) 制动阶段　动力电池和燃料电池系统均不向驱动电机输出功率，此时可根据当前动力电池 SOC 状态将驱动电机的制动能量进行回收。

三种能量控制策略比较见表 19-1。

表 19-1　三种能量控制策略比较

控制策略	控制目标	优点	缺点
On/Off 控制策略	燃料电池系统处于最高效率点功率	燃料电池系统工作在高效区,经济性好,控制方法简单	没有考虑动力电池的工作状态,容易导致过充过放电;系统动力性不能得到保障
功率跟随控制策略	动力电池 SOC 处于目标值附近	动力电池处于浅循环工作状态,对电池寿命损耗较小,且系统动力性较好	燃料电池系统要在一个范围内时时改变,对燃料电池系统的要求较高,增加了系统控制的难度
瞬时优化最佳能耗控制策略	等效氢气消耗函数	经济性和动力性俱佳	控制策略比较复杂,对控制系统要求较高

除此之外,学者们在功率跟随控制策略的基础之上,根据不同的燃料电池电动汽车,结合模糊控制、遗传算法、神经网络算法等先进算法,提出了许多新的控制策略。

第二十章 燃料电池电动汽车实例

一、荣威950燃料电池电动汽车

上海汽车集团股份有限公司推出的荣威950插电式燃料电池电动汽车搭载有动力蓄电池和氢燃料电池双动力源系统。新车行驶以氢燃料电池为主,动力蓄电池为辅,基于车载的On-board蓄电池充电器,新车可通过市网电力系统为动力蓄电池充电。氢燃料电池方面,新车搭载有两个70MPa氢气瓶,其氢气储量可达4.34kg,最大续驶里程为400km。此外,通过优化车辆启动系统,即便是在-20℃的环境中,新车依旧可以正常启动与行驶。荣威950燃料电池电动汽车如图20-1所示。

图20-1 荣威950燃料电池电动汽车

二、丰田燃料电池电动汽车

丰田公司一直致力于燃料电池电动汽车的研发,丰田公司推出的第一款燃料电池电动汽车外形尺寸为4870mm×1810mm×1525mm,轴距为2780mm;在车身底板上布置了两个70MPa氢燃料高压储气罐,升功率达到3kW/L,氢燃料电池的输出功率至少达到100kW。加注燃料仅需3min,但续驶里程可达500km。丰田燃料电池电动汽车如图20-2所示。

图20-2 丰田燃料电池电动汽车

三、奔驰 B 级 F-Cell 燃料电池电动汽车

奔驰 B 级 F-Cell 燃料电池电动汽车的核心技术是新一代燃料电池驱动系统，这种燃料电池尺寸紧凑、动力强劲、使用安全，且完全适用于日常使用。燃料电池能够在行车过程中产生电力，而产生的唯一排放物质是水，实现了绝对的零排放零污染。

奔驰 B 级 F-Cell 燃料电池电动汽车使用氢燃料作为动力来源，车身底部安装有 3 个巨大的储氢罐，每个储氢罐装可储存约 4kg 的气态燃料。一次充满燃料的时间仅需 3min，但却能实现 400km 的续驶里程。

在后备厢底板下部，还装有一个输出功率为 35kW、容量 1.4kW·h 的锂离子电池组，它和氢燃料组成双重动力一起推动车辆。如外界温度足以仅靠电池能量启动车辆，智能驾驶管理系统则会根据动力需求决定是否需要燃料电池介入工作以提供更充沛的电力。车辆行驶时，能量管理系统可使燃料电池系统始终处于最优化运转状态。锂离子电池能够协助解决不同驾驶情况下的电量需求。在车辆以较低的速度行驶时，车辆将靠锂离子电池来驱动车辆，如果电池电量不足时，系统将自动切换至燃料电池，以拓展车辆的续驶里程。大部分正常速度行驶时，都是以氢动力为动力源泉，而此时如果需要更多的动力，深踩油门，锂离子电池和氢燃料将一起作用，来保证更好的加速能力。奔驰 B 级 F-Cell 燃料电池电动汽车如图 20-3 所示。

图 20-3 奔驰 B 级 F-Cell 燃料电池电动汽车

图 20-4 现代途胜 ix 燃料电池电动汽车

四、现代途胜 ix 燃料电池电动汽车

韩国现代独家研发的途胜 ix 氢燃料电池电动汽车配有现代汽车独自开发的 100kW 的燃料电池系统和 2 个储氢罐（700 标准大气压，1 标准大气压 = 101325Pa），每充满一次氢气便可行驶 594km。现代途胜 ix 燃料电池电动汽车如图 20-4 所示。

参 考 文 献

[1] Iqbal Husain. 纯电动及混合动力汽车设计基础：第 2 版 [M]. 林程, 译. 北京：机械工业出版社，2012.
[2] 陈全世, 等. 先进电动汽车技术 [M]. 第 2 版. 北京：化学工业出版社，2013.
[3] 崔胜民. 新能源汽车技术 [M]. 第 2 版. 北京：北京大学出版社，2014.
[4] 谭晓军. 电动汽车动力电池管理系统设计 [M]. 广州：中山大学出版社，2011.
[5] 徐国凯, 等. 电动汽车驱动与控制 [M]. 北京：电子工业出版社，2010.
[6] 温有东. 电动汽车用永磁同步电机的研究 [D]. 哈尔滨：哈尔滨工业大学，2012.
[7] 张鹏. 电动汽车制动能量回收系统的研究与实现 [D]. 哈尔滨：哈尔滨工业大学，2010.
[8] 秦韵. 增程式电动汽车动力传动系统参数匹配及性能仿真 [D]. 哈尔滨：哈尔滨工业大学，2012.
[9] 尹鹏飞. 电动汽车两挡自动变速器设计与仿真分析 [D]. 哈尔滨：哈尔滨工业大学，2015.
[10] 邱会鹏. 纯电动汽车整车控制器的研究 [D]. 哈尔滨：哈尔滨工业大学，2014.
[11] 赵金龙. 增程式电动汽车动力系统参数匹配及能量管理策略研究 [D]. 重庆：重庆大学，2014.
[12] 张亿. 插电混合动力电动汽车动力耦合系统设计与性能研究 [D]. 重庆：重庆大学，2014.
[13] 朱津明. 串联式混合动力电动汽车动力系统参数匹配与整车性能仿真 [D]. 合肥：合肥工业大学，2012.
[14] 邹发明. 并联式混合动力汽车动力系统参数设计与能量管理策略研究 [D]. 重庆：重庆交通大学，2013.
[15] 刘鹏. 氢燃料电池汽车动力电池 SOC 估算及能量管理策略研究 [D]. 武汉：武汉理工大学，2014.
[16] 孙绪旗. 氢燃料电池汽车动力系统设计及建模仿真 [D]. 武汉：武汉理工大学，2012.
[17] 崔胜民. 新能源汽车概论 [M]. 北京：人民邮电出版社，2019.
[18] 崔胜民. 基于 MATLAB 的新能源汽车仿真实例 [M]. 北京：化学工业出版社，2020.